武术散打体能训练
与技能培养研究

蒋云 著

吉林文史出版社

图书在版编目（CIP）数据

武术散打体能训练与技能培养研究 / 蒋云著 . — 长春 : 吉林文史出版社，2024.1
ISBN 978-7-5752-0049-3

Ⅰ.①武… Ⅱ.①蒋… Ⅲ.①散打（武术）– 研究
Ⅳ.① G850.3

中国国家版本馆 CIP 数据核字 (2024) 第 034470 号

武术散打体能训练与技能培养研究
WUSHU SANDA TINENG XUNLIAN YU JINENG PEIYANG YANJIU

著　　者：蒋　云
责任编辑：程　明
出版发行：吉林文史出版社
电　　话：0431-81629359
地　　址：长春市福祉大路 5788 号
邮　　编：130117
网　　址：www.jlws.com.cn
印　　刷：河北万卷印刷有限公司
开　　本：710mm×1000mm　1/16
印　　张：17.25
字　　数：210 千字
版　　次：2024 年 1 月第 1 版
印　　次：2024 年 1 月第 1 次印刷
书　　号：ISBN 978-7-5752-0049-3
定　　价：98.00 元

前　言

在中国文化的丰富宝库中，武术独具魅力。作为体育、艺术、哲学和心理学的交融，它跨越了时间和空间的界限，融合了人类历史、文化和科学的精华。随着中国改革开放的深入和国际影响力的提升，中国武术，尤其是武术散打，已在全球范围内引起广泛的关注。对于专业运动员和广大武术爱好者来说，掌握和提升武术散打的体能训练与技能培养是一项重要的任务。

基于上述背景，笔者决定撰写本书，以期系统地探讨和分享武术散打的训练理论和实践方法。本书的内容涵盖了武术散打的定义、起源、发展、特点与价值，以及武术散打运动员的专项身体素质分析、体能训练和心理智能训练等方面。在撰写过程中，笔者试图将理论研究与实践经验相结合，使之具有实用性和科学性。

本书的首章从定义、起源和发展三个方面对武术散打进行了概述，并进一步探讨了武术散打运动的特点与价值。第二章和第三章则详细讲述了武术散打运动员的体能训练基础和实际训练方法，从力量、速度、耐力、柔韧性和恢复训练等方面为读者提供了丰富的实践指南。第四章着重探讨了武术散打运动员的心理与智能训练，旨在培养运动员的战术思维和心理素质。第五章和第六章对武术散打的基本功法训练和实战训练作了详细的分析和解读。从预备式与步法训练，到拳法、腿法、摔法和跌法的训练，再到实战训练中的主动进攻、防守反击和攻中反击的技

1

巧，这两章的内容为运动员提供了具有实战指导价值的技术要点。第七章则专门探讨了武术散打的实用战术技能培养，阐述了散打战术的概念、运用原则和具体应用，以帮助运动员在实战中灵活应变，取得竞技优势。第八章中，笔者详细讨论了武术散打运动员训练的科学保障，包括训练疲劳与消除、运动员的营养与恢复，以及运动性伤病与救治等内容。第九章则针对新时代武术散打的发展进行了探索，包括科学竞技体系的构建，未来挑战与机遇的分析等，为读者展望了武术散打的未来发展趋势。

中国武术的发展离不开每一位武术爱好者的热爱和坚持，也离不开科学训练和合理指导。笔者期待本书能为广大读者提供有价值的参考，帮助读者更好地理解、学习和掌握武术散打，激发读者对武术的热爱，共同推动中国武术的发展和繁荣。

目 录 Contents

第一章　武术散打概述

第一节　武术散打的定义

自武术人体徒手对抗项目开展以来，曾经存在两个不同的名称，即"武术散手"和"武术散打"。这种情况导致了两个名称在相当长的时间内被混用，这既不符合体育运动项目的国际惯例，也容易造成对武术的认识混淆。这种混淆不仅影响了武术运动在国内的健康发展，还对武术运动的国际化发展造成了影响。

武术作为一门源远流长的艺术形式，流派众多且演变复杂，具有丰富多彩的内容。不同的流派和分支使得武术的项目众多且错综复杂。如果对武术不同项目的名称、概念、本质属性、表现形式、服务对象、具体内容、行为轨迹和技术特点不能进行准确的界定，就容易将武术内部纵横交错的关系混淆在一起。因此，准确定义和界定不同项目的概念是散打运动理论建设中非常重要的任务。我们需要对各个项目的内涵和外延作出准确的划分，并根据其特点选择合适的名称。这样做不仅有助于澄清各个项目之间的关系，也有助于推动散打运动理论的发展。

一、武术散手

武术散手是一种武术套路项目的专用概念，其主要目的是通过师徒或徒弟之间的交手来理解动作技击含义和掌握演练技巧。在武术散手中，套路中的相连动作被拆散，使用具有技击方法特征明显的动作进行交手。这种交手仅限于本拳种、本流派的师徒或徒弟之间，在默契配合中按照本拳种、本流派的技术要求进行假设性的对抗练习。

武术散手的练习通过两人的喂招、接招和破招等动作互动，要求使用本拳种的动作并保持本流派的技术风格。然而，武术散手并不追求胜负，而更注重体会动作的技击含义和形似技击的演练技巧。因此，武术散手的实质并非真实的格斗比赛，而是一种假设性的对抗练习，旨在加深对动作技巧的理解。

在武术散手练习中，动作的幅度、路线、速度、发力技巧等必须符合本拳种的要求，同时对抗的结果不以胜负为标准。这种特殊的练习方式使得武术散手与人体格斗的客观规律存在一定的差异。在散手练习中，一些动作可能在实际格斗中并不具备优势，因为实战格斗需要更符合快打慢的客观规律。

值得注意的是，武术散手并非真正的格斗比赛，其目的并非展示个人的格斗能力，而是通过动作的表演来传递武术的技术风格和特点。因此，武术散手的练习更注重演练技巧和表现动作，而非个人格斗能力的比拼。

二、武术散打

武术散打是一种武术人体徒手对抗项目的专用概念，旨在继承和发展武术的技击功能。该项目通过将武术套路中具有攻防实用价值的技法动作拆散进行运用，实战性和对抗性强。其中，"散"字表示将武术套路动作拆散运用，而"打"字表示运用各种武术技击方法进行真实的对抗。

因此，"散打"这个概念反映了项目的本质属性和目的。

在过去，武术人体徒手对抗项目被称为"武术散手"和"武术散打"两个名称并存。然而，为了符合体育运动项目的国际惯例，并准确区分不同表现形式，经过专家讨论和论证，国家体育总局武术运动管理中心、中国武术研究院和中国武术协会决定统一采用"武术散打"这一概念作为武术人体徒手对抗项目的名称。

通过使用"武术散打"这个概念，有利于清晰区分武术套路表现形式和武术人体徒手对抗项目的区别。武术散打作为一种新兴的运动项目，在武术对抗项目的发展中逐渐为人们所认知和接受，并成为固定的术语。

武术散打作为一种民族传统体育项目，展现了其独特的性质和目标。该项目的核心是踢、打、摔这些主要运动手段，以及通过两人对抗比赛的形式进行展示。竞赛规则在其中发挥了行为指南的角色，不仅保障运动员的人身安全，还规范了技击内容，并构建了科学模式，为武术散打的发展铺平了道路。

武术散打在注重技击方法的运用上独树一帜，其中包括预备法、步法、调动法、进攻法、防守法、反击法、连击法等相关技法。这些武术技法的最大限度运用，使得武术散打与武术的技击内容保持了一致性，也成了与其他人体徒手对抗项目相区别的重要标志。

不同于武术套路的演练性质，武术散打的表现形式则是通过格斗对抗来展现。直接的对抗性比赛能检验运动员的技击能力，体现出技击对抗的特殊本质。与此同时，武术套路则通过连贯、完整、固定的动作演练技巧，更多地强调了技击含义的演练性质。

作为一种民族传统体育项目，武术散打的行为目的是提高与格斗相关的素质。运动员通过专门训练和实践，努力提高智能、体能、技能、心能等方面，提升自身的竞技水平和格斗素质。在这一过程中，武术散打也在传承和弘扬中华民族的优秀传统文化。

第二节 武术散打的起源和发展

武术散打的起源可以追溯到人类早期的生产活动中。据考证，早在一百多万年前的远古时期，我们的祖先已经在中华大地上进行狩猎等生产活动。在这些活动中，人们逐渐总结出了徒手与野兽格斗的基本技能，如拳打、脚踢、摔打、躲闪等，并辅之以器械格斗。这应该说，是散打的最初形式。然而，这种技能的起源并不是有意识的训练和发展，而是基于本能、自发的身体反应。直到新石器时代末期，随着生产力的发展和私有制的产生，人们开始为了争夺生产资料而进行争斗，也就是部落之间的战争。这种战争中的军事格斗技术，可以被视为武术散打的源头。自此，人们开始有意识地将这种搏杀技能作为专门练习，这种人与人之间的竞争格斗已经基本脱离了生产技术，这就是最原始的、最早的散打技术。①

随着社会的发展和进步，武术散打开始伴随着阶级对立和国家的产生而独立出来，散打技术方法也不断得以发展和完善。到了商周时代，练习搏斗、角力已经成了军事训练的主要内容。《礼记》记载，"孟冬之月，……天子乃命将帅讲武，习射御角力"，"凡执技论力，适四方，裸股肱，决射御"。这表明周代挑选武术时，要考查武力与勇力，在冬天要进行包括角力在内的武艺训练。《诗经·巧言》中有"无拳无勇"。②尽管当时还没出现"拳法"之类的词，但"拳"便包含了徒手搏击的武艺。

春秋战国时期，个人技艺为主的徒手搏击——手搏、角力等在民间有了广阔的市场。春秋时称相搏是集摔跤、拳搏、擒拿为一体的徒手格

---

① 肖清. 武术散打文化传承的理论探索 [J]. 文体用品与科技, 2022 (9)：4-6.
② 无拳无勇，指没有武力，也没有勇气。

斗。"以巧斗力者，始乎阳，常卒乎阴，泰至则多奇巧"，主要是指运用奇妙的技术、战术来战胜对方。当时相搏已成为比赛的一种形式，每年春秋两季还要举行全国性的"春秋角试"来选拔人才，《管子·七法》记载，"春秋角试……收天下之豪杰……"，这便是古代散打竞赛的最初形式。《公羊传》中记载："万怒，搏闵公，绝其脰。""绝其脰"就是擒拿中的锁喉法。《荀子·议兵篇》和《资治通鉴》中记载："若手臂之捍头目而覆胸腹也，诈而袭之，与先惊而后击之"，"岂手臂不救也。"从中可以看出，此时已有了惊上取下、佯攻巧打的战术运用。①

秦汉三国时期，随着多民族的统一，社会政治、经济繁荣昌盛，武术也逐渐从最初的单纯军事技能发展为一种娱乐和竞技形式。在这个时期，出现了一系列竞技性的武术对抗形式，如角抵、手搏和相扑等。《汉书·本纪》载："元封三年春，作角抵戏，三百里内皆来观。"可以看出民间角抵深受百姓的喜爱。

两晋南北朝时期，由于受到游牧民族风格传统角力的影响，社会上开始盛行对抗性的武术。在秦汉时期的文献资料和出土文物中，我们可以看到对抗练习的痕迹。在《汉书·艺文志》中，有关于"手搏六篇"的记载。手搏也被称为"弁"或"抗"，是一种徒手搏斗的形式。

自唐代开始，实行了一项被称为"武举制"的制度，即通过比武考试的方式选拔武艺高强的人才。随着武举制的设立，越来越多的人加入习武的行列，这极大地促进了武术技艺的提高。在隋唐五代时期，角抵和手搏成为社会上广泛开展的活动，不论是皇帝还是百姓都非常喜欢这些项目。在《资治通鉴·本末》中，有记载"汉王好手搏"的事例。

两宋时期，封建制度的进一步强化和社会经济的飞速发展，为武术的发展奠定了深厚的基础。在这一时期，对抗性的武术如手搏和角力得

---

① 白永正，权黎明．武术散打教学与训练［M］．北京：北京体育大学出版社，2004：5.

到了很大发展，还出现了相关专著。宋代的《角力记》中写道："夫角力者，宣勇气，量巧智也。然以决胜负，骋矫捷，使观之者远怯懦，成壮夫，已勇快也。"此外，宋代还出现了"露台争交"。吴自牧在《梦粱录》中记载："若论护国寺南高峰露台争交，须择诸道州郡膂力高强、天下无对者，方可夺其赏。"这种露台争交类似于后来的擂台战，虽然在当时还不完善，但它已经是中国古老的武术对抗竞赛形式。

到了元代，民间武艺受到了极大破坏。统治阶级为了维护其统治，严禁百姓练武，制定"民习角抵、枪棒罪"。连民间私藏武器也要治罪，当时人们多是冒着生命危险，以家传的方式在秘密传承武艺。

明清时期，是中国封建社会的后期，社会阶级矛盾尖锐，农民的起义及秘密宗教的兴起，对武术的发展起到了积极的作用。明代朱国桢《涌幢小品·兵器》中的十八般武艺中包括白打，"白打即手搏之戏"，主要用手法"能拉人骨至死，死之速迟全在手法"。手搏中也多绝技。明代袁宏道在《嵩游记》中写道："晓起出门，童白分棚立，乞观手搏。主者曰：'山中故事也。'试之多绝技。"绝技指相应及战胜对方的绝招，在搏击时战术打法也不一样，清代揭暄在《兵法圆机》中记载了当时相搏时的情景："当思搏法，此临时着也。敌强宜用抽卸，敌均宜用裆抄，敌弱宜用冲燥。"说明比武术时，情况不同，战术、打法也各异。①

近代中国武术中，武术基本上从军事脱离了出来。成了强身自卫的运动，随着时代的变化，武术已逐步成为中国近代体育的有机组成部分。民国时期的武术对抗赛，起于1938年国民政府中央国术馆的"国术国考"，这开启了近代武术散打赛的先河。

现代武术散打运动从1979年开始在中国得到全面发展。随着全国武术运动的蓬勃发展以及国内"武术热"的兴起，为了更好地体现武术攻

---

① 郭玉成，李守培. 中国武术标准化发展研究［M］. 上海：上海人民出版社，2020：85.

防技术，在浙江省体委、北京体育学院、武汉体育学院三个单位进行了武术散打的试点。并在1979年5月的全国武术观摩交流大会上进行了首次试点汇报演出。1980年10月，全国体育委员会开始着手制定武术散打竞赛规则，最初的规则在1982年1月制定并随后开始实施。1988年，武术散打的比赛形式被确定为擂台比赛，这一形式更好地体现了武术的特点和民族风格。1989年，全国体育委员会办公厅发布了《关于加强武术散打比赛管理的通知》，确保了散打运动沿着规范、科学的正确方向发展。同年，《武术散打竞赛规则》正式出版，武术散打被批准为国家正式比赛项目。1990年，由中国武术协会组织编写的《中国散手》一书出版，为武术散手训练提供了理论依据。1993年的第七届全国运动会把武术散手列为正式比赛项目，这标志着武术散手进入了一个新的发展时期。1997年，武术散手在第八届全运会中成为唯一的非奥运项目，金牌数增至3枚。比赛的队伍增加到近30支，比赛更加激烈，也促进了散手水平的提高。2001年第九届全运会更是把金牌数增至6枚，从48公斤级至无差别级，每两个级别设一块金牌，无差别级单设一块。现在的全国性散手比赛不仅有男子项目，同时也设置了女子项目。

为了让武术更快地走向世界，让世界更深地了解武术，中国武术研究院和中国武协于1998年在深圳举办了首届国际武术散手擂台赛，来自15个国家和地区的60名运动员参加了比赛。此外，中国运动员还在国际比赛中取得了良好的成绩，证实了中国散打运动员的高超技艺和在散打领域的领先地位。2000年3月，由中国武术协会和国家体育总局武术运动管理中心合力推出了中国武术散打王争霸赛，这项赛事在国内掀起了"习武"的高潮，并通过电视直播和运动员高额奖金，使这项赛事努力向国际竞技比赛靠拢。①

---

① 张山，温佐惠，马丽娜.中华武术发展的回顾与展望［J］.北京体育大学学报，2001（1）：21–22，51.

第三节　武术散打运动的特点与价值

一、武术散打运动的特点

（一）鲜明的体育性

武术散打作为一项体育运动，表现出鲜明的体育性特征。这体现在它的公平竞赛和对运动员全面素质的提升，以及对社会健康和文明的推动等多个方面。

在公平竞赛的体现上，散打设立了一套全面的比赛规则和评分机制，这既为比赛提供了公正的评定基础，也为比赛增添了竞技性和观赏性。规则中禁止某些可能导致对手重伤的攻击手段，如禁止攻击对方的后脑、肾脏等脆弱部位，保护了运动员的安全，也体现了体育竞赛的公平性和人道性。

在对运动员全面素质的提升上，武术散打对运动员的身体素质和技能的要求都非常高。这项运动需要运动员具备速度、力量、敏捷性、柔韧性和耐力，同时还需要良好的技术和战术。为了满足这些要求，运动员会进行全面的训练，包括力量训练、有氧训练、技术训练和心理训练。这些训练旨在提高运动员的身体素质和技术能力，使他们在比赛中能发挥出最好的水平。[1]

在对社会健康和文明的推动上，武术散打也起到了积极的作用。许多地方会开设武术散打课程，让公众可以参与进来，提高他们的身体素质和防身技能。武术散打比赛也成为一种社会文化活动，吸引了大量的

---

① 白永正，权黎明．武术散打教学与训练［M］．北京：北京体育大学出版社，2004：16.

观众关注，促进了社会文化的交流和发展。在比赛中，运动员展现出的勇气和毅力，也是对社会的一种积极影响。

（二）激烈的对抗性

武术散打是一种激烈的对抗性体育运动，这种对抗性从比赛的形式，运动员之间的对抗，以及比赛规则中都可以看出来。其对抗性不仅仅是体力上的，也是技术和策略上的，这给比赛增加了紧张感和刺激性，使得比赛更具有观赏性和竞技性。

在比赛形式上，散打的对抗性体现得非常明显。运动员需要在规定的时间内，使用自己的技术和策略，尽量打击对手，得到更高的分数。这种形式使得比赛充满了不确定性和紧张感，也使得比赛更具挑战性和刺激性。

在运动员之间的对抗上，散打也体现出了强烈的对抗性。运动员需要具备出色的身体素质和良好的抗击能力，才能在激烈的比赛中取得胜利。他们需要快速、准确地判断对方的攻击，迅速作出反应，进行有效的防守和反击。这种高强度、高技术的对抗，使得比赛充满了紧张感和刺激性。

在比赛规则上，散打也充分体现了对抗性。规则中明确了禁击部位，禁用的方法和相应的罚则，保护了运动员的安全，也保证了比赛的公平性。同时，规则中对得分的规定，使得比赛更具有竞技性。运动员需要在遵守规则的同时，尽可能地得到更高的分数，这也增加了比赛的紧张感和刺激性。

（三）独特的民族性

武术散打是中国优秀的传统体育运动之一，它深深植根于中华文化的沃土上，从而在表现形式上透露出浓郁的民族色彩。这种独特的民族性是武术散打的一个重要特点，也是其在国际舞台上备受瞩目的关键因素。

中国传统的"打擂台"方式，是武术散打比赛形式的核心元素。这种形式历经千年，深入人心，既保留了中国传统武术比赛的特色，也适应了现代体育比赛的需求。这种独特的比赛形式充分展示了中国武术的内在精神和外在形式，展示了武术散打的竞技性和观赏性。

"抱拳礼"是武术散打的礼仪方式，这既是对武术传统礼节的沿用，也蕴含着现代意义的深刻内涵。它表达了对对手的尊重和对比赛的敬畏，体现了中国传统的礼仪文化和伦理观。这种礼仪方式不仅增加了比赛的庄重感，也传达了尊重、公平和正义的体育精神。

在比赛用语上，武术散打采用了具有中国特色的汉语。这些用语既反映了中国武术的专业性，也展示了中国语言的魅力。这些汉语词语的使用，进一步增强了武术散打的民族性，使得国际观众能更好地理解和欣赏武术散打。

值得一提的是，武术散打的民族性并不仅限于比赛形式、礼仪和用语，它还体现在散打的训练方式、技术体系、比赛规则等方面。这些都是散打的重要组成部分，是其独特民族性的集中体现。比如，散打的训练方式强调内外兼修，既重视身体的训练，也注重精神的修炼，这恰恰是中国武术的核心理念。散打的技术体系包含了多种中国传统武术的技巧，如拳法、腿法、摔法等，这些都是中国武术的独特技术。而散打的比赛规则，虽然吸收了现代体育比赛的一些元素，但还保留了许多中国武术比赛的特色，如禁击部位、禁用的方法等。

（四）传统的文化性

武术散打传承自中华古代的武术运动，其形成与发展均建立在中国传统文化的基础之上，深深地扎根于中国传统文化土壤中，从而充分展示了它的传统文化性。散打的出现和发展，是在传统武术的底蕴和现代竞技体育的要求之间找到了一种平衡。虽然它的竞技形式并不能完全体现出传统武术技击中的所有文化内涵，但在人们的观念中，散打却以其集现代与传统、竞技与实用、修身与养性为一体的特点，赢得了广泛的社会认可。它的存在并发展，超越了单纯的竞技属性，同时承载着丰富的社会价值，是中国传统文化与现代体育的成功融合。①

中国传统文化对散打的影响可以说是根深蒂固的，它渗透到散打的方方面面，影响着散打的形成、发展和应用。中国传统哲学思想对散打的影响，使其在形成时就已经确立了独特的思维模式。例如，道家的阴阳对立统一的理念，影响了散打在技术运用和战术策略上的选择，强调攻防之间、动静之间的相互转化。同时，中国传统的伦理道德观也对散打产生了深远影响。这种道德观决定了"尚武要以德为先"的理念成了武术散打的行为准则，对运动员的道德品质提出了更高的要求，这使得散打更具教育意义，体现出了其深厚的文化内涵。

此外，中国古代的兵学、美学、养生学和传统医学等知识领域也对散打产生了不同程度的影响，这些都为散打的形成和发展起到了至关重要的作用。古代兵学中的战术策略、美学中的动态美感、养生学中的身心养护理念及传统医学中的身体运作机理，都被巧妙地融入散打的训练和应用中，使散打既具有实战性，又富有文化韵味。

二、武术散打运动的价值

（一）强身健体，防身自卫

武术散打，这种具有深厚历史文化底蕴和丰富实战经验的运动项目，以其独特的训练方式和全面的体能提升效果，备受全世界人们的青睐。其深远的价值不仅体现在竞技场上，更显现在每一个习练者身上，那就是强身健体和防身自卫的双重价值。作为一种强度较大的体育运动，武

---

① 梁杰. 基于传统特色的武术技巧分解［J］. 电子技术，2020，49（6）：178-179.

术散打能全面提高人的体能素质。精细的拳脚动作和瞬息万变的对抗搏击，对参与者的速度、力量、耐力、灵敏等体能素质提出了极高的要求。系统的训练，使习练者在一次次繁重的实践中，无形中提高了这些基本体能素质。

武术散打对内脏器官的机能也有显著的改善作用。散打运动的高强度训练，给呼吸系统、心血管系统等内脏器官带来了极大的挑战，然而，恰恰是这种挑战，使得这些器官得到了有效的锻炼，功能得到了提高。无论是呼吸系统的肺活量，还是心血管系统的心跳频率，习练散打的人们，通常在这些方面都具有明显地优势。同样值得一提的是，武术散打对中枢神经系统的影响也不容忽视。搏击运动对反应能力、判断能力及身体协调能力的要求都极高，通过训练，可以显著提高中枢神经系统的灵活性，使得人们在日常生活中也能保持出色的反应和判断能力。①

在青少年身上，武术散打的强身健体价值表现得更为明显。散打训练不仅可以促进骨骼的生长发育，形成健美的体格，还能通过锻炼塑造良好的习惯和自律精神，这对青少年的健康成长具有积极的影响。另一方面，武术散打是一种有效的防身自卫手段。在不违反法律的前提下，散打提供了一种能够有效抵御外来威胁的手段。无论在实战中，还是在日常生活中，掌握一些基本的防身技能，都能增加个人的安全感，这也是许多人选择习练散打的一个重要原因。

（二）磨炼意志，培养品德

武术散打的训练和比赛过程，可视为一种精神磨炼的过程，其对意志品质的锻炼和品德的培养价值在运动领域中独树一帜。散打训练的过程中充满了极大的挑战。习练者需要不断地重复基本动作，忍受疼痛，克服恐惧，突破自我。这种训练并非一蹴而就，而需要长时间的坚持和

---

① 黄岩红. 从武术散打的健身价值看高校武术散打的发展［J］. 农家参谋, 2020（11）：296.

努力，从而在这个过程中磨砺意志，培养坚韧和毅力。在这种持续的艰辛中，习练者不仅需要承受身体的疼痛，而且要面对心理上的压力，克服胆怯和畏惧，习得在困难面前坚持不懈、永不放弃的精神。

更重要的是，武术散打的实战对抗为习练者提供了一个实际检验自己勇气和毅力的平台。在对抗的过程中，习练者需要不断调整策略，抵御压力，积极面对挫折，这无疑对习练者的心理素质和意志品质提出了极高的要求。在这种环境下，敢打敢拼、必胜信念和坚忍不拔的精神被进一步深化和强化。

同时，武术散打的实战对抗也对习练者的道德素质提出了更高的要求。无论在胜利或失败的情况下，都要保持冷静和自制，保持对自己和对手的尊重，这种胜不骄，败不馁的品格也是武术散打所倡导的品德。

在散打的世界里，每一个动作、每一次挫折、每一次胜利都是对意志品质的考验和磨炼；每一次挥拳、每一次防守、每一次躲避都是对品德修养的锤炼。散打不仅仅是一项体育运动，更是一种精神修炼，一种对人的全面教育。可以说，磨炼意志、培养品德是武术散打作为一项体育项目所特有的内在价值，也是其吸引世界各地人们广泛参与的重要原因之一。

（三）娱乐观赏，运动休闲

散打比赛因其激烈的对抗和技术的巧妙运用，拥有了高度的观赏性。在快节奏的生活中，人们追求新鲜和刺激，散打比赛的存在无疑满足了这种需求。比赛中，运动员们运用各种战术和技巧，给观众带来了视觉上的享受。胜负的不确定性更增加了比赛的悬念和观赏的趣味性。无论是现场的观众还是电视前的观众，都能感受到散打比赛带来的独特的刺激和乐趣。

同时，武术散打也是一项极好的运动休闲项目。随着健身运动的普及，更多的人选择了散打这项全面性的运动来进行锻炼和休闲。无论是体育爱好者，还是专业运动员，都可以在散打训练中找到乐趣，释放压力，调节心理状态。

（四）交流技艺，增进友谊

武术散打作为一种充满挑战与竞技的体育活动，其价值不仅在于提升体能、塑造意志，也深入到了促进文化交流、增进友谊的层面。在人与人的交往中，散打作为一种独特的交流方式，不仅提升了技艺，而且拓宽了人与人之间的情感联系，塑造了更深的文化交流。在散打的训练和比赛中，各种技艺的交流和切磋成了提升技术水平的重要途径。与人交流、切磋不仅可以增长技艺，也使人们对散打、对中华武术和文化的深厚底蕴产生更深的兴趣和理解。这种技艺的交流并不止于表面的技术交流，而是将交流的深度扩展到文化的层面，使得人们在提高自身技艺的同时，对散打和中华文化有了更深层次的理解和认识。

散打作为一种独特的武术形式，它的传播不仅在中国，更在世界各地都有广泛的影响。通过体育竞技、文化交流、教学活动等各种形式，散打在世界范围内的传播，无疑增进了与世界各国人民之间的友谊，拉近了各种文化的距离，促进了文化的交融。

第四节　武术散打与其他武术形式的比较

一、武术散打与太极拳的比较

在全球范围内，中国武术无疑具有独特的魅力和影响力，而武术散打与太极拳是其中两种具有代表性的武术形式。它们源于同一文化的土壤，却展现出截然不同的面貌，既有异曲同工之妙，又存在风格各异的独特性。

武术散打起源于中国传统武术，是一种全面、实战性强的竞技项目。它综合了拳击、擒拿、摔跤等技术，注重力量、速度和攻击力，使得散打比赛充满了激烈和快节奏的对决。体能素质、反应速度和实战技巧的高低在很大程度上决定了散打运动员的成败。

相比之下，太极拳则以其慢节奏、平和、内敛的特性广受欢迎。它是一种充满哲学意蕴的武术，强调内外兼修，动静结合，刚柔相济，以达到身心合一，寓疗养于练习。太极拳的动作讲究圆润、流畅、连续，追求的是身体的柔韧性和平衡感，以及通过深呼吸和集中精神以实现身心的和谐。①

从技术角度看，武术散打和太极拳的技术体系大相径庭。武术散打技术多样，不仅包括各种击打技术，还有摔跤和擒拿技术，注重对实战技术的运用。而太极拳则主要以推手和散手为主，讲究四两拨千斤，以柔克刚，主张以静制动，达到攻防合一的境地。

在训练方法上，武术散打注重力量、速度和耐力的训练，常用沙袋、搏击垫等设备进行强度较大的实战训练。太极拳则主要通过慢节奏的动作和深呼吸训练身体柔韧性和平衡感，往往在安静的环境中，如公园、花园进行训练。

尽管武术散打与太极拳在形式和内容上存在显著差异，但它们都秉承着中国传统武术的核心理念，即武德。武德不仅仅是武术的技巧和力量，更重要的是一种精神和道德修养。无论是激烈的散打比赛，还是宁静的太极拳演练，运动员们都以尊重对手，尊重比赛，自尊自重的精神面貌亮相，展现了中国武术的风采。

---

① 张永兴.新旧规则下太极推手技术的比较分析 [D].南昌：江西师范大学，2018：6.

二、武术散打与少林拳的比较

少林拳和武术散打都是源于中国的杰出武术形式，然而，它们在技术、训练、理念等方面均有独特之处，既有共通性，又具有各自的特色。

少林拳源于河南少林寺，有着深厚的历史文化底蕴，是中国武术的重要流派之一。它讲究力量与敏捷的结合，动作矫健、豪迈，具有强烈的实战性和观赏性。少林拳招式多样，包括手法、腿法、摔法、抱法、点穴等多种技巧，是一种全面的武术系统。

相较于少林拳，武术散打则是一种更加现代化、竞技化的武术形式，更注重实战应用。它吸收了多种武术流派的优点，包括拳击、腿法、摔跤、擒拿等多种技术。散打比赛激烈，讲究速度、力量、技巧和策略的综合运用，对运动员的身体素质和实战技术有着较高要求。

在训练方式上，少林拳强调"外练一口气，内修心性"，即通过高强度的身体训练来提升力量、速度、敏捷性，并通过冥想修炼增加精神力量。少林拳训练常常在户外进行，需要大量的重复和实践。

武术散打的训练方式则更注重科学性和有效性，训练方法多样，包括力量训练、耐力训练、技术训练和实战模拟等，用具包括沙袋、搏击垫等。散打训练需要严格的体能训练和技术磨砺，以提升运动员的综合作战能力。

从理念上看，少林拳强调"禅武合一"，即修行和武术训练是一体的，追求身心合一，强调武德的修炼。而武术散打则更注重武术的实战应用和竞技性，注重技术的运用和比赛的策略，也同样强调武德精神。

三、武术散打与咏春拳的比较

咏春拳和武术散打，同为源自中国的重要武术形式，各具特色，各有魅力。不同于其他武术，咏春拳和武术散打均强调实用性和实战性，但两者在理念、技巧、训练等方面又存在显著差异。

　　咏春拳源于广东，是中国南拳中的一种，以实用、简洁、直接而著名。它强调中线原则，即所有攻防动作都应尽可能沿直线进行，以实现最直接、最快速的攻击和防守。咏春拳的动作简练，无过多华丽之处，以实用和效率为最高准则，因此在近距离格斗中极为实用。

　　武术散打是一种全方位的搏击运动，综合了拳击、腿法、摔跤和擒拿等多种技术，注重实战性和竞技性。与咏春拳以直线攻防为主不同，武术散打不仅有直线攻防，还有圆形攻防，技术更为多样，旨在提升运动员应对各种实战情况的能力。

　　在训练方式上，咏春拳特别注重"黐手"训练，通过接触对方的手臂，感知并掌控对方的动作，以便进行攻防。这要求咏春拳拳手的感应性和反应速度极高。而武术散打的训练则更加多元和综合，包括力量、速度、灵敏度、耐力等多方面的体能训练，以及拳法、腿法、摔法等各种技术的训练，旨在提升运动员的全面战斗能力。

　　在理念上，咏春拳强调"以柔克刚"，利用对方的力量进行攻击和防守，追求的是一种智慧型的战斗方式。而武术散打则更注重技术的全面运用，同时也强调智勇双全，以灵活多变的攻防策略去应对对手。

　　虽然武术散打和咏春拳在一些方面有所不同，但它们都秉承了中国传统武术的实战精神和深厚底蕴。不同的技术、训练和理念，展示了中国武术的博大精深，为广大武术爱好者提供了丰富的选择。

四、武术散打与泰拳的比较

　　武术散打和泰拳是东方两个重要的搏击文化代表。虽然源自不同的国家，但它们都各具特色，既有相似之处，又有独特性，共同体现了搏击艺术的丰富和多样。

　　泰拳被誉为"八肢的艺术"，源自泰国，是一种激烈的全身搏击运动，强调用拳、肘、膝、腿等八个部位进行攻防。泰拳的技巧多样，包括踢、打、摔、肘、膝等技术，训练强度大，比赛激烈。泰拳讲究力量与速度的结合，要求运动员具有出色的体能、强硬的攻击以及高效的防守。

在技术方面，泰拳强调膝法和肘法，而武术散打则在原有基础上加入了更多中国传统武术技术，如摔法和擒拿，使得技术更全面，攻防方式更丰富。同时，武术散打比赛中，运动员必须穿戴护具，规则相对更严格，注重运动员的安全。

在训练方式上，泰拳训练强度大，注重力量和体能的提升，常用设备包括沙袋、绑腿、拳套等，训练环境一般在室内或户外的专业训练场地。而武术散打的训练则更加多元和综合，包括力量训练、速度训练、耐力训练、技术训练和实战模拟等，用具包括沙袋、搏击垫等。

尽管武术散打和泰拳在形式、技术和训练方法上存在差异，但它们都秉承了搏击艺术的实战精神，注重力量、速度、技巧和战术的完美结合。两种搏击艺术各具特色，都是搏击运动中的精华，对于喜欢搏击运动的人来说，无论选择哪种，都能在训练中提升自己的技术和体能，感受到搏击艺术的魅力。

五、武术散打与巴西柔术的比较

在搏击艺术世界中，武术散打和巴西柔术是两种有着鲜明特点和丰富技术的体系。这两者虽然发源地、技术侧重和战斗理念截然不同，但均秉承着实战性和对技术的精进追求，且在全球范围内均有极高的影响力。

巴西柔术，源自日本柔道，进而在巴西本土发展出了自身独特的风格。巴西柔术的特点在于对地面格斗技术的重视，其理念是：在地面格斗中，体重较小的人可以利用杠杆原理和技巧，成功地对抗体重较大的对手。它的训练主要集中在地面摔跤技术和锁技，包括控制、擒拿和勒脖等技巧，以此来强调技术和策略在战斗中的重要性。

在训练方式上，巴西柔术训练更注重技术的精细化，强调运动员对技术的掌握和应用，训练中大量时间用于地面格斗技术的学习和磨炼。而武术散打的训练方式更为全面，包括力量训练、耐力训练、技术训练和反应训练等多个方面，力求打造出全面的搏击运动员。

在比赛规则上，巴西柔术赛事主要在地面进行，胜负多由积分决定，获得积分的方式包括成功摔倒对手、控制对手，以及实施有效的锁技。而武术散打的比赛则更加激烈，胜负由击倒、出界或裁判判决决定，比赛中运动员需要不断进行攻防转换，展现其全面的搏击技术。

六、武术散打与空手道的比较

武术散打和空手道都是全球知名的搏击运动形式，各自在技巧、理念和训练方式上有着显著的特点，各有独特的魅力和深远的影响。

空手道源自日本，是一种对攻击和防御技术进行系统化和规范化训练的武术形式。空手道强调型（Kata）和组手（Kumite）的结合，注重对技术动作的精确执行和对身体的全面训练。空手道的技术包括手势、步法、拳法和脚法等，训练方式以形式化的组合动作和对打训练为主。

在比赛规则上，空手道分为形式赛和自由对打两种，比赛中重视技术的精确和形式的完美，技术动作要求准确、犀利、有力。而武术散打比赛则更加激烈和直接，胜负由击倒、出界或裁判判决决定，强调实战技术的运用和比赛的策略。

在武德精神上，空手道和武术散打都强调尊重和道德修养。空手道的训练中注重礼仪，尊师重道，强调武道精神。而武术散打同样注重武德，尊重对手，公平比赛，自尊自重。

第二章 武术散打运动员体能训练基础

第一节 武术散打运动员专项身体素质分析

一、散打踢法专项体能分析

散打，也被广泛称为"中国自由搏击"，是一种综合了中国传统武术中的各种腿法、拳法、摔法和防守技术的竞技体育项目。其中，腿法，又被称为"踢法"，是散打中最具有攻击性和特色的技术之一。从古至今，"欲上搏击场，腿脚必成王"这句拳谚，就明确揭示了腿法在实战中的重要性。同时，"手是两扇门，全凭腿打人"这句口诀，更是进一步体现出腿法强大的进攻性特点。

在散打的腿法中，可以粗略地分为五大类，分别为蹬腿、踹腿、鞭腿、勾腿和摆腿。经过相关的研究和统计，鞭腿在所有的腿法中的使用频率和使用效果都十分突出，因此有"腿法之王"的美誉。鞭腿以其强大的攻击力和广泛的应用范围，成了散打技术中的重要组成部分。①

① 王晓敏. 散打运动员体能训练的科学性分析 [D]. 西安：陕西师范大学，2014：16.

以右鞭腿为例，其主要的动作要领如下：首先，进行左转90°角的身体调整，然后将身体的重心转移到左腿上。随后，右腿屈膝前摆，以大腿的力量带动小腿，作力度上的积累。然后，迅速向前挺膝，利用鞭状的动作，向前甩出小腿，力量主要集中在脚背至小腿下端。鞭腿的发力主要依赖于腰腹部的核心肌群和股四头肌的力量。因此，在日常的训练中，强化这些肌群的力量练习，对于提高运动员的鞭腿技术和实战成绩有着至关重要的作用。

散打的腿法训练，不仅仅是力量和技术的练习，更包括了对于攻防意识的培养，对于对手行为的预判，以及对于身体力量、速度和耐力等各方面素质的全面提升。在实战中，腿法的成功应用不仅需要强大的腿部力量，而且需要精准的判断、准确的目标定位和合适的时机把握。因此，散打腿法的训练，不仅仅是对身体素质的训练，更是对综合素质的锻炼。

（一）核心力量的训练

核心力量通常被定义为身体中心区域的力量，它涵盖了躯干前部、背部、侧面和臀部的肌群。核心力量的训练是对散打运动员极为重要的一个训练环节，因为无论是发力、躲闪、瞬间爆发还是保持身体平衡，都离不开强大的核心力量。

1. 稳定状态的无器械练习

一种有效的核心力量训练方式是在稳定的状态下进行无器械的练习。这类训练可以细分为动态练习和静态练习两种。

动态练习的主要目标是帮助运动员感知和理解核心肌群的用力和自己对身体的控制。通过一系列的动作，比如扭转、弯曲、伸展等，可以让运动员体会到核心局部肌群在动作中的起效，增强对这部分肌肉的运用和控制能力。这类训练强调的是身体动态控制能力的提升，运动员可以在这一过程中明显感受到身体的某个部位在动作中发生了变化，从而深入理解核心肌群的功能和作用。

静态练习则更加注重运动员的稳定性和坚持性。它要求运动员在某一静态姿势中，保持长时间的稳定；同时通过控制呼吸，放松无关肌群，让核心肌群保持收缩状态，以此来锻炼和提升核心力量。比如瑜伽中的各种平衡体式，或者是最为常见的平板支撑，都是很好的静态核心力量训练。这类训练能够更好地训练到深层次的核心肌群，增强运动员的身体控制能力。

这两种训练方式各有侧重，结合使用可以更全面地提升运动员的核心力量。而对于散打运动员来说，无论是在攻防转换，还是在快速爆发和稳定输出的过程中，都需要强大的核心力量作为支撑。因此，这类训练对于他们的实战表现具有非常重要的影响。

2. 不稳定状态的无器械练习

在运动训练中，不稳定状态的无器械练习以其独特的方式提供了一种强化运动员核心力量的有效途径。使用诸如瑞士球或者悬吊绳索这样的训练设备，可以大幅度提升训练的难度和效果。

这类训练方式的核心是在提供动态、不稳定的环境中强化身体的平衡和稳定性。由于这种环境需要运动员在运动过程中不断调整自己的身体以保持平衡，从而更多的肌肉和神经元被调动起来，特别是那些在稳定环境中很难被激活的深层次肌群，如腹直肌、背部肌群等。这不仅仅提高了肌肉的活化水平，增强了运动员的核心稳定性，也更好地模拟了实战中的环境，为运动员提供了更接近于实战的训练体验。这种强化稳定性的训练方式对于技术动作的力量定型有着至关重要的影响，使得运动员在实际比赛中能够更好地发挥出训练中所学习的技术动作。[①]

从更深层次的角度来看，这种训练方式对于提升运动员的运动控制

① 王晓敏.散打运动员体能训练的科学性分析 [D].西安：陕西师范大学，2014：21.

能力也有着重大的影响。通过在不稳定的环境中对身体进行控制，运动员可以增强对身体的感知和认识，提升运动的协调性，使得自己在面对更为复杂和多变的实战环境时，能够作出更快速和准确的反应。

（二）股四头肌力量训练

1. 持壶铃蹲起训练

持壶铃蹲起训练是一种极好的股四头肌力量训练方法，特别是对于进行腿部力量训练的散打运动员来说。这种训练方法的主要目标是增强股四头肌的力量，并提高腿部的爆发力，从而能在比赛中更有效地进行鞭腿攻击。

在进行这种训练时，运动员需要双手握住壶铃，将其放在身体前面，然后将双脚分开，与肩同宽。运动员首先要作出深蹲动作，然后快速蹬腿跳起，随后再返回到原来的姿势，重复这个过程进行训练。

这种训练方法的关键在于，运动员在做深蹲动作时，需要保持双臂直直的，不可以俯身；同时，在蹲起跳跃时，需要全力以赴，使得股四头肌得到充分的刺激。在训练过程中，运动员还可以站在台阶上进行训练，这样可以使得训练的难度增加，从而使得股四头肌得到更大的刺激。

通过持续的训练，运动员的股四头肌力量将得到显著的提升，从而能够在比赛中更好地进行腿部攻击。而且，这种训练方法不仅可以提升运动员的腿部力量，还能够增强腿部的爆发力，使得运动员在比赛中能够更快、更猛烈地进行腿部攻击，从而取得比赛的优势。

2. 脚钩壶铃腿屈伸训练

脚钩壶铃腿屈伸训练是一个专为提升股四头肌力量设计的专项练习。运动员需要坐在一个高度适中的台阶或者凳子上，一脚钩住一个壶铃，进行腿部屈伸的运动。这种训练旨在增强股四头肌的力量，为运动员在比赛中发起有力的踢击提供必要的肌肉支持。

该训练方法具体操作如下：运动员需要先选取一个适当重量的壶铃，

然后坐在台阶或凳子上，保持身体正直，一脚钩住壶铃。接着，开始做腿部屈伸动作，尽可能控制腿部的运动速度，保持稳定，同时要注意不要让身体产生太大的晃动。一组动作可以执行 10 次到 15 次，每次训练可以做 3 组到 5 组，休息时间可以根据自身的恢复能力适当调整。这个训练方法的核心在于，通过反复的腿部屈伸动作，可以很好地刺激股四头肌，增强其力量。同时，运动员在训练过程中需要保持身体正直，这不仅能够增强核心肌群的稳定性，还能够提高身体的协调性。另外，因为这个训练方法需要钩住壶铃，所以还可以在一定程度上锻炼到脚踝的力量和稳定性，有助于提升运动员的身体素质。

3. 马步负重训练

马步负重训练是一种重要的股四头肌力量训练方法，它通过模拟和强化散打中常见的下蹲和站立动作，有助于提高股四头肌的力量和耐力，从而提升散打运动员的表现。该训练方法的基本形式是马步静力练习。运动员需要身穿沙衣，站立成马步，静静地保持这个姿势。这种练习的难度在于，由于沙衣的重量，运动员需要用更多的力量来保持平衡和稳定，从而更有效地锻炼股四头肌。随着训练的进行，运动员可以逐渐增加维持马步姿势的时间，以此来提高股四头肌的耐力。此外，还可以通过马步冲拳的动作，增加上半身的参与，使得训练更加全面。为了进一步加大训练的难度和提升训练的效果，运动员也可以尝试在砖头上进行马步负重训练。这不仅可以增强股四头肌的力量，还可以提高运动员的平衡能力和协调能力。

马步负重训练的关键在于保持身体的正确姿态。运动员在训练过程中，需要保持上体直、头正，尽可能地保持平衡和稳定。这种训练方法旨在通过增强股四头肌的力量，提高散打运动员在比赛中的表现。同时，它也可以提高运动员的身体控制能力，使得他们在比赛中可以更好地执行复杂的技术动作。

二、散打打法专项体能分析

在散打中，打法或拳法是实现有效攻击和防守的基础和关键。其主要技击方法包括摆拳、勾拳和冲拳，这些技术都要求运动员对身体各部位的运动进行精细的控制，以确保最大限度地提高攻击的有效性和防守的可靠性。

拳法的基本动作要领，如摆姿态开始右脚用力蹬地，利用腿部的力量经过扭腰送胯，快速带动腰向前扭动，将力量传输到肩部，最终通过前送的拳头实现对对手的攻击。这个过程中的蹬腿、扭腰、送肩三个环节的协调配合，确保了拳击力量的最大化，使得攻击更具有破坏力。

力量的主要来源，包括胸肌、腰腹部的核心群的肌肉、肱二头肌和肱三头肌。其中，胸肌和核心肌群提供了躯干的稳定性和力量输出，而肱二头肌和肱三头肌则负责肘关节的伸展和收缩，以及保持前臂的稳定。通过对这些主要肌群的力量训练，可以提升散打运动员拳法技术的实施效能，增加击打的力度和速度，从而在比赛中取得优异的运动成绩。

（一）胸肌力量练习

1. 杠铃卧推

杠铃卧推是一种标准的胸部力量训练，也是提高上肢推力的重要训练手段。在散打这一打法中，强健的胸肌力量有助于加大拳法的力度，提高攻击的冲击力。杠铃卧推的训练对于散打运动员而言，其重要性不言而喻。

在进行杠铃卧推的时候，运动员平躺在长椅上，握住杠铃，手掌的距离略比肩宽。该动作要求运动员控制杠铃慢慢下降到胸部位置，但要注意保持杠铃不要触碰到胸部。然后，运动员需要用力将杠铃推回原位。这个过程中，胸肌的收缩和放松得到了充分的锻炼，同时也在一定程度上提高了上肢的力量和耐力。通过这样的练习，可以有针对性地提高运动员的胸肌力量，提高攻击动作的力度和速度，从而在比赛中获取更多的优势。而且，这种练习的强度和难度可以根据运动员的身体条件和训练需求作适当的调整，比如增加杠铃的重量，或者增加练习的次数，以适应运动员的训练需求。

2. 平躺哑铃上举

平躺哑铃上举是一种针对胸肌和肱三头肌进行训练的基本练习，这项运动以其简便的操作方式和出色的训练效果广受运动员喜爱。在散打的打法中，强健的胸肌和肱三头肌力量能够提高拳击的力度，增强打击的冲击力，因此平躺哑铃上举对于提升散打运动员的拳法实力至关重要。

在进行平躺哑铃上举的时候，运动员需要选择适当的哑铃，平躺在训练凳上，然后双手分别握住哑铃提至胸两侧。接下来，运动员需要用力伸直手臂，将哑铃举起至上方，直到两肘关节完全伸直。然后，运动员再缓缓放下哑铃，将其恢复到胸部两侧的原位，重复此过程进行训练。

通过平躺哑铃上举的练习，可以有效锻炼胸肌群和上肢的力量，尤其对胸大肌、肱三头肌的锻炼效果尤为显著。此外，这项运动也可以提高运动员的肌肉协调性和稳定性，这对于散打运动员在实战中发力的准确性和稳定性具有极大的提升作用。

3. 坐式推胸

坐式推胸是一种经典的胸部力量训练运动，也是公认的有效锻炼胸肌和提高肌肉力量的运动之一。其特殊的运动形态与坐姿使得它能够更精确地定向锻炼胸部肌群，尤其是胸大肌的上下束，同时也能够有效锻炼肱三头肌和肩部的部分肌肉，提高其力量水平。

在执行坐式推胸的过程中，首先，运动员需要正确坐在座位上，然后双手握住手柄，胸部挺直。接下来，运动员要用力推动手柄，直到双臂完全伸直。然后，运动员再缓缓放下手柄，回到原始位置。在整个过程中，运动员需要保持背部靠在座椅上，以防止背部受伤。此外，坐式推胸运动需要运动员进行控制好运动的节奏，使其在动作过程中能够充分地发力并放松，从而最大限度地锻炼到胸肌和其他相关肌群。同时，运动员需要根据自身体能水平选择适宜的重量，避免过重或过轻的重量对训练效果产生负面影响。

4. 健身球小飞鸟

健身球小飞鸟，也被称为健身球胸部飞鸟运动，是一种利用健身球进行胸部力量训练的运动方式。此项运动主要是通过控制胸部和肩部的肌肉群，从而进行开合运动。由于运动过程中使用了健身球作为支撑，增加了身体其他部位的稳定性需求，因此这项运动不仅能够有效锻炼胸部肌群，还能锻炼到核心肌群以及身体的协调性。

在做健身球小飞鸟的动作时，首先，运动员需要将背部平躺在健身球上，双腿弯曲固定住身体，腰部向上挺起与身体保持平行，手臂则持哑铃平举于胸部。接着，运动员需要将双手慢慢向两侧展开，保持手肘稍微弯曲，感受到胸部肌肉的充分拉伸后，再缓慢地收回手臂，使之回到最初位置。在整个动作过程中，运动员需要控制好速度，保持稳定的呼吸节奏，并时刻注意保持身体的稳定。

健身球小飞鸟运动在强化胸肌，特别是胸大肌，以及肩部力量方面具有显著效果，同时也对提高身体协调性有良好的促进作用。在散打运动中，由于拳法的实施需要强健的胸肌作为支撑，故定期开展健身球小飞鸟运动将对散打运动员的拳法技能提升有重要的促进作用。

（二）肱二头肌力量练习

1. 站姿弯举

站姿弯举是一种经典的肱二头肌力量训练方式，也被广泛应用在各类力量训练中。它主要通过对手臂的反复弯曲和伸直，使肱二头肌得到充分的锻炼。此项训练不仅对提升上肢力量、改善肱二头肌线条效果具有显著效果，而且对于散打运动员而言，强健的肱二头肌将会加大其拳击力度，有利于提高比赛成绩。

执行站姿弯举训练时，运动员需要保持身体挺直，胸部微微向前挺起，双脚打开与肩同宽，并站在阻力绳的中间。接着，双手握住阻力绳的手柄，掌心朝前，将上臂尽量贴近身体两侧。在保持整个身体稳定的情况下，运动员需要呼气并尽量向上弯曲手肘，直到肱二头肌完全收缩，然后在吸气的同时缓慢地将手臂还原到原始位置。在整个动作过程中，要注意力量来自手臂的弯曲，而非身体的晃动。并且，要尽量控制手臂的上升和下降速度，以保证肱二头肌得到最大限度的锻炼。同时，要注意保持上臂始终紧贴在身体两侧，尽量不让它们做过大的前后移动。

通过这种站姿弯举训练，可以有效提高散打运动员的肱二头肌力量，进而提升拳法的攻击力。此外，长期进行此项训练还能够改善肱二头肌的肌肉线条，使上肢更加健硕有力。

2. 仰卧弯举

仰卧弯举是一种常见的肱二头肌锻炼方式，也是许多散打运动员常用的力量训练方法。与站姿或坐姿弯举不同，仰卧弯举在训练过程中，运动员的背部和上臂需要贴着地面，这样的姿势可以使得身体得到更稳定的支持，有助于集中力量在肱二头肌上，从而更有效地锻炼这部分肌肉。

在做仰卧弯举训练时，运动员需要仰卧在地上，将阻力绳固定在低位，双手握住阻力绳的手柄，上臂紧贴身体两侧，然后做弯曲和伸直的动作。由于运动员的上臂需要保持紧贴地面，所以这个动作主要由前臂的移动来驱动，肱二头肌在这个过程中得到充分的收缩和伸展。

改变握法是训练的一种常见变化，如改变掌心的朝向，可以使得肱二头肌的不同部位得到锻炼，从而达到全面提升肱二头肌力量的效果。如掌心朝上可以更多地锻炼到肱二头肌的长头，而掌心朝下则更多地锻炼短头。

这种仰卧弯举训练可以帮助散打运动员提升肱二头肌的力量，提高拳击的攻击力。同时，长期的训练还能够改善肱二头肌的肌肉线条，增强上肢的力量感。总体来说，仰卧弯举是一种对肱二头肌进行有针对性训练的有效方式，对于提高散打运动员的竞技水平具有重要作用。

3. 集中弯举

集中弯举是一种非常具有针对性的肱二头肌锻炼动作，通过特定的体位和动作设计，集中弯举能有效地针对肱二头肌进行深度训练，从而提升其力量和耐力。

在做集中弯举训练时，运动员需要采取半蹲或坐姿，将阻力绳踩在一只脚下，然后使用另一只手臂做弯举动作。具体来说，先将一侧的手臂肘关节垫在同侧的大腿内侧，形成一个支点，使得动作的幅度主要集中在肘关节的弯曲和伸直上，这样可以更有效地锻炼到肱二头肌。然后，运动员需要控制呼吸，吸气时，将手臂弯曲至肱二头肌完全收缩，稍作停留，再慢慢伸直还原到初始位置。这种集中弯举动作可以在一定程度上减少其他肌群的参与，使得肱二头肌得到更为集中的锻炼。在进行训练时，运动员需要注意控制动作的速度和幅度，确保每一次弯曲和伸直都能充分刺激肱二头肌，从而最大限度地提高训练效果。换另一侧手臂重复该动作，可以确保两侧肱二头肌的平衡发展，避免力量偏差。总体来说，集中弯举训练可以有效提升肱二头肌的力量，对于散打运动员在比赛中提供稳定和强大的打击力有着积极的作用。

（三）肱三头肌力量练习

1. 窄握杠铃推举

窄握杠铃推举是一种针对肱三头肌力量训练的核心动作，它的执行能有效地激活和强化肱三头肌，进而提升运动员在散打比赛中的拳击力量和稳定性。训练的开始姿势是运动员仰卧在长凳上，双脚平踏在地上，以确保整个身体的稳定。双手握住杠铃的中部，手握的距离比通常的杠铃卧推要窄，大约为一掌宽。这种窄握距离能更好地刺激肱三头肌的收缩。

在此基础上，运动员需要将上臂固定在体侧，杠铃位于胸前。然后，通过使用肱三头肌的力量将上臂完全伸直，将杠铃推到两肩上方。随后，运动员需缓慢地弯曲手肘，将杠铃下放至胸部位置，之后再用肱三头肌的力量将杠铃推回到初始位置。

窄握杠铃推举这一动作在肱三头肌的收缩和伸展阶段都能提供充分的肌肉刺激，从而有效地增强肱三头肌的力量。这种训练不仅可以提升肌肉力量，更能提高肌肉的耐力和爆发力，这对于散打运动员在比赛中实现强力的打击和连续的出拳都有着显著的益处。

2. 窄握双杠臂屈伸

窄握双杠臂屈伸是一项针对肱三头肌的强度训练，对于提升散打运动员拳法动作的效能尤其重要。这项训练能有效地强化肱三头肌，增加拳击的速度和力量。

训练起始时，运动员双手窄握撑杠，向上推动身体，直至肘关节完全伸直，双眼同时看向前方，肘关节始终指向后方。在这一过程中，重心应集中在肱三头肌上，而非胸部或肩部。吸气后，运动员需要屏住呼吸，缓慢地将身体下降，直至上臂与地面平行。在此阶段，虽然身体的重心向下移动，但应确保胸部和肩部没有明显的牵拉感，这样可以确保训练的焦点始终集中在肱三头肌上。随后，运动员需要收缩肱三头肌，快速伸直肘关节，将身体向上推至肘关节完全伸直的位置。停顿片刻后，重复此动作，以便持续训练肱三头肌。

窄握双杠臂屈伸这一动作在肱三头肌的伸展和收缩阶段都提供了充分的肌肉刺激，从而有力地增强了肱三头肌的力量和耐力。对于散打运动员来说，这种训练能够显著提升拳法的爆发力，对于保证拳击的连贯性和力度都有重要影响。

3. 杠铃颈后臂屈伸

杠铃颈后臂屈伸是一种主要针对肱三头肌的训练方法，对于增强散打运动员的拳法，尤其是增加打击的力度和提高拳速有显著效果。这种练习强调肘关节的屈伸运动，能够有针对性地锻炼肱三头肌，增加上臂的力量，从而改善散打运动员的拳法技能。此训练可以采用坐姿或站姿，但无论采用哪种姿势，都应保持身体稳定，防止身体晃动。如果采用坐姿，应反坐在牧师椅上，肩胛骨下沿抵靠座椅，或者坐在长凳的前端。

训练开始时，运动员需要将杠铃举到头顶，双臂伸直，但肘关节并未完全锁紧，上臂与耳朵保持平行。接着，慢慢屈肘，将杠铃向颈后移动，直至前臂略低于平行于地面的位置。稍微停顿后，运动员需要用上臂的力量，将杠铃推回到起始位置。这个过程需要重复进行，以便对肱三头肌进行持续的训练。此训练中，颈后的杠铃移动给肱三头肌提供了充分的刺激，尤其在肱三头肌收缩和伸展的过程中，能够提高肌肉的张力，从而增强肱三头肌的力量和耐力。

三、散打摔法专项体能分析

摔法在散打中扮演了重要角色，具备精湛的摔法技术可以有效提高散打运动员在比赛中的竞争力。摔法不仅需要有强大的力量、耐力、速度和柔韧性等身体素质，更需要精确地把握时机、敏捷的身体反应以及迅速准确的动作执行。因此，对摔法的研究需要从力量、耐力、速度、柔韧性等身体素质，以及时机把握、反应速度和动作执行等关键素质两方面进行，这些本书将在第三章进行详细的阐述。

在散打比赛中，接腿勾腿摔是一种常见而实用的摔法。运动员需在对方用右侧弹腿踢击时，左手抄抱其小腿，右手由对方右肩上穿过，下压其颈部；同时左手上抬，右脚向前上方踢其支撑腿将对方摔倒。这一过程中，全身的肌肉需要协调配合发力，能在激烈且瞬息万变的对抗中掌握战机，快速有力地将对手摔倒在地。因此，散打运动员在实际比赛中，除了需要有过硬的力量、耐力、速度、柔韧性等身体素质外，更重要的是能在激烈的对抗中对时机进行良好的把握，具备移动迅速、反应迅速、动作快速准确的关键素质。

（一）简单动作反应速度的训练

简单动作反应速度，又被称为反应时间，是指从接受刺激信号到产生反应所需要的时间。这种速度对于进行散打运动的运动员来说至关重要，因为在激烈的对抗中，敌我双方的攻防转换、招式变化无常，一个快速、准确的反应，往往能够在关键时刻起到决定性的作用。

一般而言，提高简单动作反应速度的方法主要有通过信号或指令进行单一或组合的反应动作练习。在实际的训练中，运动员需要在接收到教练发出的口令或信号后，迅速作出响应。这种响应可以是一种指定的攻击动作，比如直拳、摔法等，也可以是一种指定的防守动作，如躲避、防守反摔等。同时，运动员也需要在接收到信号和指令后，进行快速的进退跑、变向跑等练习，以提高其在实战中的移动速度和灵活性。教练或同伴在训练中，常会模拟比赛中的情境，作出攻击动作，而运动员需要在这种情况下，迅速作出相应的防守反摔动作。这种模拟训练，不仅可以提高运动员的反应速度，还可以提高其在真实比赛中的实战能力。

在此基础上，提升简单动作反应速度的训练还需要考虑到运动员个体的生理和心理特性。不同的运动员，他们的反应速度可能因为年龄、性别、训练经历等因素而有所差异，因此在设计训练方案时，需要充分考虑到这些因素，以实现个体化训练。

另外，简单动作反应速度的提高，并不仅仅依赖于单调重复的训练。科学的训练理念认为，反应速度的提高需要通过提高神经系统的敏感度和大脑的决策能力来实现。这就需要在训练中，注重提高运动员的专注力，提高他们对敌我动作的观察和判断能力，从而使他们能在最短的时间内作出最合适的反应。同时，通过各种各样的训练方式，如心理训练、视觉训练、感觉训练等，使运动员的反应速度在不断的实战中得到提高。

（二）复杂动作的反应速度训练

复杂动作反应速度训练，指的是针对复杂环境和复杂刺激下的运动反应能力进行训练。这种反应能力包含了两部分，一是对多种复杂刺激信息的快速接收和处理，二是对判断结果进行快速、准确的动作响应。这种反应能力在激烈的散打比赛中显得尤为重要。

在实际的训练过程中，提升复杂动作反应速度的主要方法是增强实战训练的强度和难度。也就是说，要让运动员在训练中尽可能模拟比赛的真实环境，进行不断的实战练习。这种实战训练不仅可以包括邀请赛、友谊赛等正规的比赛形式，也可以在日常训练中，通过设计各种复杂的对抗练习，来模拟比赛中可能遇到的各种场景和情况。

具体来说，复杂动作反应速度的训练，首先，需要建立起一套科学的训练系统。这个系统需要针对运动员的具体情况，包括其技术水平、体能状况、心理特质等因素，来设计出符合他们的训练方案和目标。同时，训练过程中还需要对运动员的训练效果进行持续的跟踪和评估，根据训练效果的反馈，来对训练方案作及时的调整。其次，复杂动作反应速度的训练，也需要引入一些科学的训练方法和工具。比如，可以通过使用视频分析系统，来帮助运动员分析和学习比赛中的复杂动作和反应策略。通过科学的数据分析，运动员不仅可以了解自己的动作和反应模式，还可以学习到他人的优秀技术和战术。

第二节　武术散打运动员体能状态的调控

一、超量恢复调控

超量恢复是指在接受大强度训练刺激后，通过合理休息和调节，使身体达到一个优于训练前的状态，这是确保运动员在比赛中发挥最佳竞技状态的重要前提。科学的恢复调控方法不仅可以缓解训练带来的疲劳，更有利于运动员身体各项指标的提升，从而在比赛中达到更高水平的发挥。

应用超量恢复原理的调控方式主要包括以下两种。

（一）大负荷诱导刺激性训练

大负荷诱导刺激性训练的目标是通过强化训练强度，让运动员在负荷巨大和复杂因素的比赛中能够保持稳定的发挥。具体而言，此类训练方法旨在向运动员施加超出其当前体能极限的训练负荷，从而在身体和心理上对比赛压力进行模拟和预适应，提升其在实际比赛中的适应性和竞技表现。

大负荷诱导刺激性训练的时间安排要根据比赛的实际时间作调整。通常情况下，这样的训练被安排在赛前一周，但根据实际情况，也可以延长至 2 周至 3 周。训练的具体时间安排需考虑到比赛的时间，以便在训练时间和比赛时间之间实现最佳匹配。

值得注意的是，在实施大负荷诱导刺激性训练时，应明确一点：训练的总量和强度不能同时增加。如果训练强度和总量同时增加，运动员可能会因过大的训练负荷而导致过度疲劳，这不仅会损害他们的身体健康，也可能对他们的比赛表现产生负面影响。因此，合理控制训练强度和总量的增长，找到最适合运动员的平衡点，是这种训练方法的关键。

（二）减量"一致性"训练

减量"一致性"训练是一种经过科学设计，可以促使运动员在由高强度训练逐渐降低到低强度训练过程中，达到最大限度的超量恢复的训练策略。这种方法是基于对运动员超量恢复过程的深入理解，旨在最大限度地提升运动员在比赛时的表现。

在实施这种方法时，教练和运动员需要了解到，不同的训练负荷和强度会引发不同程度的超量恢复反应，并需要不同的恢复时间。这种训练策略的一致性在于，它试图将各种训练刺激引发的超量恢复在时间上同步化，使运动员在比赛期间能够发挥出各项竞技能力的最高水平。这就要求教练对运动员的身体状态有深入的了解，并能灵活调整训练计划。[①]

实施减量"一致性"训练的最终目标是使运动员在比赛时期将自身的最佳竞技状态完全展现出来，从而获得优秀的运动成绩。为此，教练需要详细记录和分析运动员在不同训练负荷和强度下的表现，以便根据运动员的超量恢复特性作个性化的训练调整。同时，也要充分考虑运动员的心理因素，如保持积极的心态和良好的精神状态等，以确保运动员在比赛期间可以达到最佳状态。总体来看，实施减量"一致性"训练是一项复杂而精细的工作，需要教练具备丰富的专业知识和实践经验，才能充分发挥其效果。

二、生物节奏调控

生物节奏，也被称为昼夜节律或者是生物钟，是对生命现象中的一种固有时间变化规律的描述。这些规律主导了生物体在 24 小时周期内的许多生理和行为过程，包括体温、心率、睡眠——觉醒周期、饮食行为、精神状态等。在人体内，这些昼夜节律由大脑中的内分泌系统控制，这个系统在每天的特定时间段内释放特定的荷尔蒙，如皮质醇和肾上腺素。

对于运动员来说，他们的训练和比赛表现受到生物节奏的显著影响。例如，体力和反应速度在一天中的某些时间段可能会达到高峰。许多研究已经证实，运动员在他们的生物钟唤醒期（通常在下午晚些时候）时的表现优于其他时间段。因此，理解并利用这些节奏可以帮助运动员最大化地实现他们的训练效果和比赛表现。

然而，这些生物节奏是可以被改变的，如通过旅行而改变的时区，

---

① 杜威.散打运动员应具备的素质及其培养 [J].搏击（武术科学）2010，7（6）：52-53.

这常常会导致所谓的"时差反应"，其中，人体的生物钟需要适应新的日照周期。时差反应可能导致许多不适，包括睡眠障碍、疲劳、注意力不集中和消化问题，这些都可能对运动员的训练和比赛表现产生不利影响。

对此，运动员和教练应该采取一些策略来尽快适应新的时区，如适当的光照暴露、适应新时区的饮食和睡眠规律，以及某些药物治疗。通过这些方式，运动员可以更快地适应新的时区，减轻时差反应的影响，并尽快恢复到最佳的训练和比赛状态。

三、心理精神调控

对于散打运动员，心理状态的调控和管理尤为重要，因为他们面临的不仅仅是肌肉的对抗，也需要面对竞技环境带来的压力和挑战。研究发现，运动员的心理状态对他们的比赛表现有着显著的影响，对于赛前的心理调控和比赛期间的心理状态管理，这些技巧不仅能帮助运动员更好地在竞技场上发挥出自己的实力，而且能够帮助他们更好地处理赛场外的压力，提高他们的生活质量。

在比赛前期，心理调控主要集中在如何减少焦虑和紧张，提高自信和动力。这种调控可能包括心理疏导、放松训练、正念训练和催眠疗法等。心理疏导可以帮助运动员识别和理解他们的情绪，找出可能导致压力的原因，并找到有效的应对策略。放松训练，如深度呼吸和渐进性肌肉松弛，可以帮助运动员减少身体紧张和焦虑。正念训练可以帮助运动员集中注意力，忽略外界干扰，专注于比赛。催眠疗法可以通过深度放松和建议来提高运动员的信心和动力。

在比赛临场时，心理调控的重点是帮助运动员应对比赛的压力和焦虑。这可能涉及对运动员进行动机和自我对话训练，通过鼓励和积极的自我语言来提高他们的自信和动机。此外，可视化或者心理预演也是有效的技术，它们可以帮助运动员在心中预演比赛的各种场景，提高他们的自信，减少对未知的恐惧。

　　值得注意的是，每个运动员都有其独特的个性和需求，因此，心理调控的策略应当针对每个运动员的特定需求作个体化调整。例如，有的运动员可能需要额外的社会支持和正面反馈来增强自信，而其他运动员则可能需要独处的时间来集中注意力和准备比赛。总的来说，心理调控和管理是提高运动员表现和实现他们最佳比赛状态的关键组成部分，教练和心理咨询师应当协同工作，为运动员提供必要的心理支持和指导。

第三章　武术散打运动员的体能训练

第一节　武术散打运动员的力量与速度训练

一、武术散打运动员力量训练

在散打运动中，力量素质是运动员技术动作的重要支撑，对于技术的学习、掌握及实战运用都具有明显的影响。其主要包括最大力量、速度力量及力量耐力三个方面。

（一）最大力量

最大力量是指肌肉在最大收缩状态下能够产生的最大力量。在散打运动中，运动员对最大力量的需求主要体现在各种摔法的对抗中，需要使用最大力量将对手抱起后摔倒。

在武术散打运动中，力量的发展有着显著的身体部位特性。对于上肢、下肢以及腰腹部分的力量发展，采取的训练手段应当具有针对性，以使得每一部位的力量都能得到最大化的提升。上下肢的力量发展，尤其关键，因为散打运动中，无论是腿法还是拳法，都需要依赖强大的上下肢力量作为支撑。针对上下肢力量的增强，可以通过手倒立推起、引体向上、杠铃屈臂、卧推杠铃、负重深蹲、负重弓步走及马步站桩等练习手段来进行训练。每一种手段都能够有针对性地锻炼上下肢的肌肉群，帮助提升其力量素质。例如，手倒立推起及引体向上对于上肢肌肉的锻炼效果显著，能够有效提高肌肉的最大力量；而负重深蹲和负重弓步走对于下肢肌肉，尤其是大腿和臀部的力量发展起到关键作用。此外，腰腹肌群的力量也是决定散打运动员综合性能的关键因素。腰腹力量的训练，可以采用悬垂举腿、负重仰卧起坐、高翻杠铃及负重体后屈等练习手段。这些手段不仅能够锻炼腰腹肌群，还可以提高腹部核心力量，帮助提高身体的稳定性和平衡能力。

全身的最大力量的发展，需要运动员进行全身的力量训练，抓举杠铃和挺举杠铃是非常有效的训练手段。通过这两种练习手段，可以全面发展运动员的全身肌肉群，增强全身的最大力量。抓举杠铃需要运动员使用全身力量将杠铃从地面抓起，到举过头顶，这个过程中，腿部、腰部、背部、臂部等全身肌肉群都会参与到力量的发展中，使全身力量得到全面的提升。

针对不同身体部位进行有针对性的力量训练是提高散打运动员力量素质的关键。在具体的训练中，需要根据运动员的个体差异和需求，选择合适的训练手段，以提高训练的效果和效率。下面介绍三种常用的训练方法。

1. 重复练习法

重复练习法是针对最大力量训练的常见方式，它依据的是阈限训练原则，即在负荷强度达到70%～90%的情况下进行训练。这种强度足以触动运动员的肌肉纤维，使其产生收缩，而恰当的重复次数（3～6次）和组数（6～8组）能够保证肌肉的充分刺激和有效恢复，让肌肉在不断应对挑战和恢复中逐步增强。此外，每组之间的3分钟间歇，能够有效地保证肌肉得以休息，为下一轮挑战做好准备。①

2. 极限用力法

极限用力法也是一种有效的力量训练方法，这种方法主要是通过从较低的负荷开始，逐渐加大负荷，同时减少练习次数的方式，使运动员的肌肉不断适应更高的负荷，从而增强力量。这种方法是通过不断挑战自我，让身体达到新的极限，从而提升肌肉的力量水平。

3. 静力练习法

静力练习法也是一种提高最大力量的重要方式，这种方法主要是通过大强度的静力性练习来发展力量。在负荷强度为90%以上的情况下进行训练，每次持续时间为3～6秒，重复4次，每次间歇3分钟。这种训练方式要求运动员在高负荷下进行短暂而强烈的肌肉收缩，从而刺激和提升最大力量。

这三种方法都各有特点，有针对性地训练最大力量。其中，重复练习法通过合理的负荷强度和训练量以及恰当的恢复时间，实现了力量的增长；极限用力法则是通过不断挑战自我，逐步提升负荷，刺激肌肉的力量增长；静力练习法则侧重于在高强度的情况下进行短时间的训练，迅速提升最大力量。三者结合，有助于运动员在散打训练中全面提升力量素质，提高竞技水平。

（二）速度力量

速度力量是指肌肉在尽可能短的时间内发挥出尽可能大的力量的能力，主要表现为运动员出拳、出腿的质量，以及在快摔时体现出的快速的力量。

为了发展快速力量，通常会采用中小负荷的强度，负荷范围一般为

---

① 徐荣.散打前腿侧踹的教学与训练模式探索［J］.网络科技时代，2007（14）：30-31.

最大力量的 30% ～ 60%。以 RM[①] 来表示，负荷通常为 8 ～ 15RM。在训练中，也可以采用克服自身体重的方式进行练习。研究表明，采用 8 ～ 15RM 的负荷进行训练，虽然肌纤维的增粗不太明显，但可以明显提高速度力量和力量耐力，其中速度力量的提高效果最为显著。这种负荷对于需要严格控制体重的散打运动员来说特别适宜。基于这些研究结果，有许多人提出了"负荷到 8，训练到 12"的力量训练原则。即在力量训练中使用一次最多能够连续重复 8 次的负荷重量，当连续重复 12 次的负荷已经可以完成时，就需要增加新的重量，使新的负荷再次成为 8RM。当然，由于快速力量训练的负荷区间较大，还有许多不同负荷和重复次数的搭配方式。当负荷较大时，每组可重复 8 ～ 10 次；当负荷较小时，则可重复 10 ～ 12 次。重复练习的组数通常为 3 ～ 5 组。间歇时间应根据机体基本恢复程度来确定[②]。

在训练速度力量时，最常用的方法是先加后减负荷训练法，这种方法基本思路是在运动员适应一定强度的负荷后，逐渐增加负荷强度，使其超出比赛时需要克服的阻力。在运动员适应后，再逐渐减少负荷强度至正常水平。这种训练方式能够有效提高运动员在标准阻力下完成动作的速度，从而提高运动员的速度力量。在训练手段的选择上，针对上肢、下肢以及腰腹部分的速度力量训练，需要采用不同的训练方法。对于上肢的训练，可采用俯卧撑击掌、扑地蹦（连续）、推铅球、抛实心球、持轻哑铃冲拳及系皮筋冲拳等手段。这些手段不仅能够提升上肢肌肉的速度力量，还能够有效地提升上肢肌肉的灵活性和协调性。对于下肢的训练，可采用全蹲跳、立定跳远、蛙跳、多级跳远、高抬腿跑、后蹬跑、负重跳及负重腿法练习等手段。这些训练手段能够充分地锻炼下肢的肌

---

① RM是英文Repetition Maximum的缩写，中文翻译为"最大重复值"，引译为"最大重复次数""最大重复次数的重量""一定重复次数的最大重量"。

② 李想. 核心力量训练在短跑运动员训练中的应用研究［J］. 当代体育科技，2021，11（31）：51-54.

肉群，提升其速度力量，使得运动员在比赛中能够更快地出腿，更具有爆发力。腰腹部分的速度力量训练，可以通过元宝式收腹和实心球抛接仰卧起坐等手段进行。这些训练手段不仅能够提升腰腹部分的速度力量，还能够有效地提升腹部核心力量，从而提高身体的稳定性和平衡性。

（三）力量耐力

力量耐力是指运动员在静力性工作中保持相应强度的肌肉紧张能力，或在动力性工作中多次完成相应强度的肌肉收缩的能力。散打比赛中，运动员的力量耐力，反映的是在规定时间内反复完成比赛动作所要求的高质量的肌肉收缩能力。

在实际训练中，提升力量耐力主要通过以下几种训练方法：循环训练法、重复训练法和规定条件与时间的实战练习。这三种训练方式，能够有效地刺激肌肉的力量耐力，让运动员能够在比赛中持久并有效地发挥出力量。

力量耐力训练是一种用于发展肌肉耐力和提高肌肉适应能力的训练方法。通常采用小负荷或克服自身体重的方式进行，负荷一般在最大力量的 40% 或 30% 以下。以 RM 来表示，负荷一般为 15RM 以上。研究表明，使用 30RM 负荷进行力量训练可以增加肌肉毛细血管网络的密度，提高肌肉内有关有氧代谢酶的活性，从而有效改善肌肉耐力。然而，这种训练方法对于力量和速度的提高效果并不明显。

对于散打运动来说，在进行力量耐力训练时，适宜的负荷范围是 18 ～ 22RM。重复练习的组数通常为 5 ～ 8 组。不同的训练目标可能需要不同的间歇时间。如果只是想发展快速力量耐力，可以在每组练习之间等待身体基本恢复后进行下一组。然而，如果目标是发展普遍适用的力量耐力，就应该在工作能力尚未完全恢复时进行下一组练习。下面列举一个循环训练方法，具体的做法是运动员需要进行 3 ～ 5 次的循环，每次循环持续 20 ～ 30 分钟。这种高强度、长时间的循环训练，可以有效地锻炼运动员的力量耐力（图 3-1）。

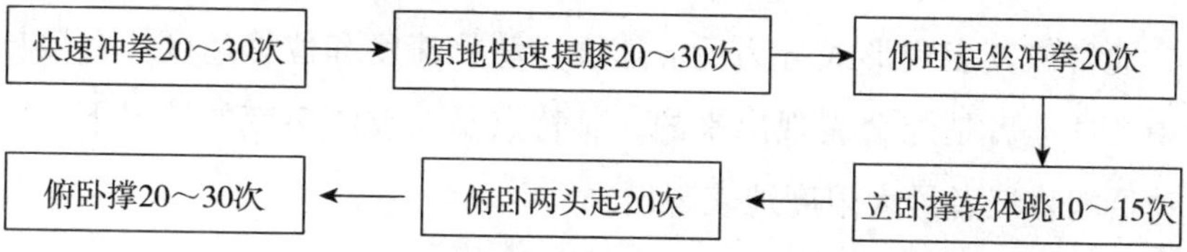

```
┌──────────────┐     ┌──────────────────┐     ┌────────────────┐
│ 快速冲拳20～30次 │ ──→ │ 原地快速提膝20～30次 │ ──→ │ 仰卧起坐冲拳20次 │
└──────────────┘     └──────────────────┘     └────────────────┘
                                                        │
                                                        ↓
┌──────────────┐     ┌──────────────┐     ┌────────────────────┐
│ 俯卧撑20～30次 │ ←── │ 俯卧两头起20次 │ ←── │ 立卧撑转体跳10～15次 │
└──────────────┘     └──────────────┘     └────────────────────┘
```

图 3-1 循环训练法

重复训练法则是通过反复的练习，使肌肉经历多次的收缩与舒张，从而提高肌肉的力量耐力。在散打运动训练中，如进行拳法练习、腿法练习和步法练习等，每组需要运动员重复 20 ~ 40 次，间歇 60 ~ 90 秒，完成 3 ~ 5 组。这样的重复训练，不仅能够有效提高力量耐力，也对运动员的速度、协调性等有着良好的训练效果。

规定条件和规定时间的实战练习，是模拟比赛状态下的训练。这种训练方法能够更好地帮助运动员适应比赛的实际环境，对于提高运动员在比赛中的持久力和反应速度等方面有着重要的意义。

二、武术散打运动员速度训练

速度力量是散打运动中至关重要的一种能力。运动员需要在最短的时间内将自己的力量全部发挥出来，这对于出拳、出腿等散打技术的执行质量具有决定性的影响。同时，快摔（接腿摔）这样的技术动作更是需要运动员能够在瞬间爆发出极大的力量。这就要求运动员不仅要具有较大的肌肉力量，还要有很高的神经肌肉协调能力，能够在瞬间作出快速而有力的反应。[①]

---

① 樊俐，张延绪. 浅析力量素质在武术散打中的作用及其训练方法 [J]. 当代体育科技，2014，4（25）：36-37.

（一）速度素质

通常依其表现形式分为反应速度、动作速度和位移速度。在散打运动中，这三者是综合表现出来的，其特点是在攻防多变的情况下，要求运动员能将三者最大限度地表现出来。

1.反应速度

反应速度是指人体对外界刺激作出有意识响应的快慢程度。它以从刺激出现到运动员作出动作反应的时间来衡量，即反应时。在散打运动中，复杂反应时是主要的训练目标，因为它涉及选择和辨别不同的刺激并作出相应的动作反应。

反应速度受多个因素的影响，其中最重要的是中枢神经系统的延迟。其他影响因素包括感受器的敏感程度、肌肉纤维的兴奋性及中枢神经系统的灵活性和兴奋状态。运动员在比赛时的兴奋程度会影响他们的反应速度，但过度兴奋可能会影响反应的准确性，因此保持适当的赛前状态非常重要。反应速度还与条件反射的巩固程度有关，这强调了提高动作技能熟练程度的重要性。此外，年龄也会对反应速度产生影响，在成长过程中，反应速度在 25 岁之前逐渐加快，然后稳定并逐渐减慢。反应速度的显著提高发生在 9 ～ 10 岁。因此，儿童时期的训练对于发展基本的反应速度非常重要。

从影响因素的角度来看，由于反应速度主要受神经系统的结构和特性所决定，而这又受遗传因素的影响，因此根本上改变反应速度是不可能的。已经有研究表明，同年龄段的优秀运动员、一般运动员和普通人之间的反应时没有显著差异。这似乎与我们的期望相矛盾，因为我们认为优秀运动员的反应速度应该明显优于其他人。实际上，运动训练一方面只是开发运动员遗传因素所决定的最快反应速度；另一方面，训练使运动员积累了丰富的比赛经验，凭借经验，他们可以预测各种刺激的先行信息，从而缩小注意范围并大幅缩短反应时间。这提示我们，在像散打这样比赛环境变化多端的运动项目中，培养运动员的预测能力对提高运动成绩至关重要。

2. 动作速度

动作速度是一种衡量个体完成特定行动的速度快慢的指标。这个度量既可以用于对比身体的外部参考物，也可以用于身体内部的不同部位之间的比较。例如，在散打运动中，动作速度可能会体现在出拳的速度、踢腿的速度、施力摔击的速度，以及防守时躲避和格挡的速度等。此外，多个动作之间的连接速度，也就是我们通常说的动作频率，也被包含在内。

影响动作速度的因素多种多样。首先，中枢神经系统的功能状态对动作速度有着重要的影响。例如，神经系统发出的指令强度越大，动作速度就越快；神经系统对不同肌群工作的协调性越好，动作速度就越快；通过反复练习形成的条件反射越稳固，技能掌握得越熟练，动作速度也就越快。其次，肌肉的生理特性和物理特性对动作速度也有重大影响。例如，肌肉中快肌纤维的比例越高，动作速度就越快；肌肉内的能量物质，如 ATP（三磷酸腺苷）和 CP（磷酸肌酸）的含量越高，以及在无氧状态下通过肌糖原进行能量释放的能力越强，动作速度就越快；肌肉的弹性越大，动作速度就越快。此外，心理上的速度感知能力对动作速度也有很大影响。速度感知能力越强，动作速度就越快。这包括在动作过程中对速度的直觉判断，以及在复杂环境中调整和优化动作速度的能力。

3. 位移速度

位移速度是对一个对象在一定时间内沿特定方向移动的快慢的度量，以单位时间内移动的距离作为评价标准。在散打运动中，位移速度并不同于直线跑步的速度，因为它具有一次性、间歇性、多元性和多方向性的特征。因此，训练位移速度需要针对这些特性运用特定的训练方法和手段。

位移速度由步长和步频决定，而步长可能受到运动员腿长的影响。

同时，影响步长和步频的其他因素，基本上与影响动作速度的因素是相同的。这些可能包括肌肉的力量和弹性，神经系统对运动的协调和控制，以及通过反复练习形成的运动技能。①

要理解和改进位移速度，需要认识到它涉及的复杂性和多变性。位移速度不仅包括直线运动的速度，还包括转向和改变方向的能力，以及在各种情况下适应和调整速度的能力。因此，训练位移速度的方式应该与实际运动的特性和需求相匹配，包括强化肌肉力量，提高神经系统的协调性，以及通过反复实践提高技能熟练度。同时，应注重心理因素，如对速度和距离的判断，以及在高压力和复杂环境下保持稳定的心理状态。

（二）速度力量的训练手段

速度力量的训练手段需要根据运动员的身体各部位进行有针对性的训练，这里介绍一些常见的上肢、下肢和腰腹肌的训练方法。

对于上肢来说，练习项目主要包括俯卧撑、扑地蹦（连续）、推铅球、抛实心球、持轻哑铃冲拳和系皮筋冲拳。这些练习可以让运动员的上肢肌肉在短时间内发力，提高出拳的力量和速度。如俯卧撑，要求运动员快速地作出力量性的推动，这不仅锻炼了肩部和手臂的肌肉，还增强了胸肌和腹肌的稳定性。扑地蹦（连续）则能增强运动员的爆发力和忍耐力，使得运动员在连续动作中也能保持高速度的反应。

对于下肢来说，全蹲跳、立定跳远、蛙跳、多级跳远、高抬腿跑、后蹬跑、负重跳、负重腿法练习等都是常见的训练方式。这些训练不仅能增强腿部肌肉的力量，还能提高腿部肌肉的反应速度，从而提升出腿和步伐移动的质量。比如全蹲跳，要求运动员蹲下后立即跳起，这种动作的反复训练可以增强大腿和小腿肌肉的爆发力。

---

① 樊俐，张延绪. 浅析力量素质在武术散打中的作用及训练方法 [J]. 当代体育科技，2014，4（25）：36-37.

腰腹肌的力量对散打运动员来说非常关键，它直接影响到运动员的身体稳定性和动作协调性。元宝式收腹、实心球抛接仰卧起坐等训练方法可以锻炼腰腹肌肉的力量和耐力。元宝式收腹训练需要运动员在保持平衡的同时，进行腹部肌肉的快速收缩和放松，这对提高腹部肌肉的速度力量非常有效。而实心球抛接仰卧起坐则是一种综合性的训练，不仅能锻炼腹部肌肉，还能提高运动员的手眼协调能力和反应速度。

第二节　武术散打运动员的柔韧性与攻击力训练

一、武术散打运动员的柔韧性训练

武术散打运动员的柔韧性训练是对提升其竞技能力至关重要的一个方面，同时也是他们学习和掌握运动技能的主要基础。在散打运动中，特别是在执行一些需要较高柔韧性要求的高难度动作时，如果没有良好的柔韧性，那么运动员就无法准确地完成这些动作。此外，优良的柔韧素质不仅可以推动其他运动素质的提升，还能有效地预防和减少运动损伤。

在散打运动中，对肩臂、腕、腰、髋、腿、踝等部位的柔韧性都有特殊的要求，这种要求被称为散打专项柔韧素质。训练这些部位的柔韧性主要通过不同的练习手段，包括压肩、拉肩、臂绕环、转肩、吊肩等肩臂部的柔韧性练习，扳腕、弹压、倒立等腕部柔韧练习，屈体运动、甩腰、涮腰、下腰等腰部柔韧性练习，侧压、跪压、坐盘压等髋部柔韧性练习，压腿、扳腿、控腿、踢腿、劈叉等腿部柔韧性练习，以及扳压、对墙压等踝部柔韧性练习（图3-2）。

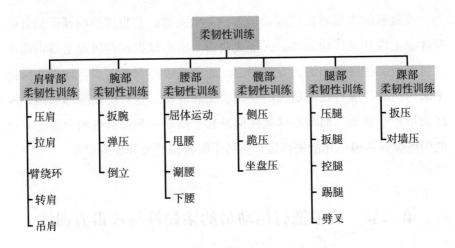

图3-2 武术散打运动员柔韧性训练架构

在进行柔韧性训练时，应该结合主动性练习和被动性练习，动力性练习和静力性练习。主动性练习主要是靠运动员自身的肌肉收缩来增大关节的运动幅度和肌肉、韧带的伸展度；而被动性练习则是通过教师或同伴的帮助，使用外力来提升柔韧性。动力性练习如振臂、臂绕环等，主要是通过动态的方式来提升柔韧性；静力性练习如下腰成桥、控腿等，则是通过保持某种姿势一段时间来增强柔韧性。

在进行柔韧性训练时，需要遵循一些重要的原则和方法。首先，训练要循序渐进，负荷由小到大，同时避免过度的练习导致伤害。其次，训练前必须做好准备活动，以减少受伤的风险。再次，训练应在每类训练课的前半部分进行，此时运动员尚未感到疲劳，更容易保持良好的训练状态。最后，训练的结果需要有足够的恢复时间，以保证肌肉和韧带的恢复和增长。

散打运动员的柔韧性训练是一项复杂而又关键的任务，需要系统性、有计划的训练，并结合各种有效的训练手段和原则。只有这样，运动员才能在保证安全的同时，有效地提高他们的柔韧性，从而提升他们的竞技能力。

二、武术散打运动员的攻击力训练

在散打训练中，攻击力训练是一个重要的环节，它涵盖了力量、速度、耐力等各项身体素质的提升。特别是提高击打力量和抗击打能力，这两点对于散打运动员在比赛中的表现具有显著的影响。

增强打击力量的训练手段包括打沙包、打木桩、打脚靶、打靶、摔打假人等，这些手段都是为了提升散打运动员的击打力度，进而提高其攻击的破坏性（图3-3）。打沙包是一个基础但是非常有效的手段，通过反复练习，运动员不仅可以提升其击打力度，还可以磨炼技术的准确性和连贯性。打木桩和打脚靶则更注重力量的训练，运动员需要在保证技术准确的基础上，尽可能地增加每一次击打的力度。打靶则更注重精度，运动员需要在练习中确保每一次击打都能精确地命中目标，练习时，可将一块垫子固定在墙上，高度适宜，多以直线进攻动作击打。而摔打假人则是综合训练，练习时，可根据自己的体重级别选择适宜的假人，通过练习主要提高运动员摔、打的能力。它需要运动员在模拟真实比赛的情况下，加大自己的攻击力度和提高技术。

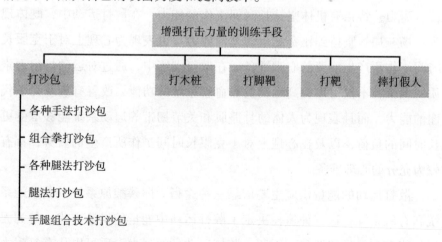

图3-3 武术散打运动员增强打击力量的训练手段

抗击打能力的训练手段则主要包括靠臂练习和拍打功练习。靠臂练习是为了提高运动员上肢的抗击能力，通过自我磕臂和两人进行的三靠臂，可以有效地提升运动员的手臂抗击打能力。拍打功练习则是通过自我或相互拍打，提高运动员身体各部位的抗击能力，特别是人体的要害及易伤的部位，通过反复练习，可以增强这些部位的抗击打能力。

散打运动员的攻击力训练需要在增强打击力量和抗击打能力两个方面同时进行，只有这样才能确保运动员在比赛中能够发挥出最好的水平。同时，这种训练也需要长期坚持和科学指导，不能急于求成，而应注重训练的连贯性和系统性，以确保运动员的身体素质在各方面都得到全面的提升。

第三节　武术散打运动员的耐力与灵敏度训练

一、武术散打运动员的耐力训练

耐力，特指有机体坚持长时间工作的能力，在散打运动中，既体现为一场三局，坚持到比赛结束的充沛体力，也表现为心理上对于克服长时间工作所产生疲劳的心理准备。在散打训练中，通过对运动员耐力素质的训练，不仅可以提高运动员心血管系统的功能，改善有氧及无氧代谢的能力，而且表现为人体的骨骼肌和关节韧带等运动系统能够承受更长时间的负荷，以及在心理上对于克服长时间工作所产生的疲劳，都有较为充分的心理准备。

散打运动的能量供应主要依靠三种途径，即磷酸原系统、乳酸能系统和有氧系统。这三种途径决定了散打运动中能量的供给方式，分为无氧供能和有氧供能两种。因此，散打运动员的耐力素质可以从有氧耐力和无氧耐力两个方面做评估。

（一）有氧耐力

有氧耐力对应的是运动员的长时间、低强度的持续工作能力，对于散打运动员来说，这部分能力主要体现在比赛的持久性和对抗的持久性上。有氧耐力训练的主要手段包括长时间持续训练法、短时间持续训练法和循环训练法。

长时间持续训练法强调的是通过长距离的越野跑、爬山等方式，进行大约30分钟的持续运动，以此提高运动员的有氧耐力。短时间持续训练法则侧重于在较短的时间（如5～10分钟）内进行较高强度的运动，如规定时间的影子拳、跳绳等。而循环训练法则是将多个不同的训练项目编排组合，每个项目间无间断地进行，完成所有项目算作一组，每次训练进行5～10组，以此方式不断地提高运动员的耐力，下面给出一个循环练习的示例（图3-4）。

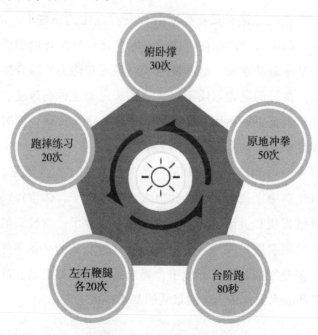

图3-4　循环训练法示例

（二）无氧耐力

无氧耐力对应的是运动员的短时间、高强度的爆发力，这对于散打运动员在比赛中发动攻击，尤其是连续攻击的能力至关重要。无氧耐力的训练主要包括高强性间歇训练法和强化性间歇训练法。

高强性间歇训练法强调在较短的时间内进行极度高强度的运动，如拳法打沙包，腿法踢沙包等。负荷时间为 20 ～ 40 秒，负荷心率保持在190 次每分钟左右，间歇时间以心率降至 120 次每分钟为下次练习的依据。强化性间歇训练法则侧重于训练运动员在较长时间内持续高强度运动的能力，如拳法、腿法及拳法和腿法组合击打沙包的练习，负荷时间在 60 ～ 120 秒，负荷心率保持在 170 ～ 180 次 / 分钟。

二、武术散打运动员的灵敏度训练

灵敏素质指的是运动员在面对各种突然变化的条件下，能够快速、准确、协调地调整自己的动作以适应不断变化的外部环境的能力。它是运动员各种基本运动素质、运动技能和心理感知能力的综合体现，是一种复合素质。良好的灵敏素质不仅是掌握和完善各种高难度、复杂技术的基础条件，也是正确运用和发挥战术功能的重要保证，同时还能有效地应对各种意外事件和预防伤害事故的发生。

在散打中有一句谚语："以巧打拙。"这反映了对灵敏素质的要求。在现代散打比赛中，我们可以看到很多成功的例子，体重较轻的选手凭借出色的灵敏素质和灵活的战术，在比赛中战胜了体重较大的对手。因此，良好的灵敏素质是成为一名出色的散打运动员的必备条件之一。在激烈对抗、多变复杂的比赛环境中，要求运动员能够迅速、准确、协调地完成技术和战术，这正是灵敏素质的基本特征。[①]

---

① 张宝禹，吴博，赵明旭等. 武术散打运动员灵敏性测试研究［J］. 武术研究，2023，8（6）：29-33.

影响灵敏素质的因素有很多，包括神经过程的灵活性、时空判断的心理特征、速度和力量等各种基本素质的优劣、运动技能的储备量、动作结构的合理性，以及神经气质类型等。散打作为一项动态、对抗性强的运动，对运动员的灵敏性要求极高。灵敏性反映了运动员的反应能力、时间感知能力、空间感知能力及适应调整能力。具备良好灵敏性的运动员能够迅速识别和抓住比赛的机会，适应比赛环境的变化，并在短时间内完成精确的攻防动作。相反，缺乏灵敏性的运动员往往反应迟钝，在比赛中无法有效地应对对手的进攻和应对比赛环境的变化。[①]

在散打运动的灵敏性训练中，主要训练手段包括游戏法、躲闪练习、跳绳练习、选手练习法及打梨形球练习等。游戏法包括贴膏药、网鱼、抓俘虏等活动，既增强了训练的趣味性，也有效提高了运动员的反应速度和调整能力。躲闪练习则更具有针对性，可以是静物躲闪，也可以是动物躲闪。静物躲闪就是将木桩、沙袋等当成假想敌，在其周围做各种躲闪练习；动物躲闪就是配对练习，甲徒手或持械做各种进攻动作，乙做闪躲练习。跳绳练习可以提高运动员的灵敏性和协调性，对于运动员的全身灵敏性训练非常有效。选手练习法包括各种跳跃、旋转、滚翻等动作的训练，提高运动员对复杂动作的适应和调整能力。打梨形球练习则主要是提高运动员出拳的协调感和速度（图3-5）。

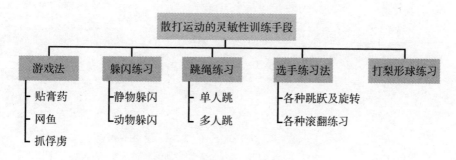

图 3-5　散打运动的灵敏性训练手段

① 金璐. 多方向移动训练对排球运动员灵敏素质的影响研究 [D]. 北京：中央民族大学，2020：24.

在进行灵敏性训练时，训练方法和要求同样非常重要。包括变换练习法、渐进练习法和加难练习法。变换练习法指的是在训练中经常变换练习的方式、方向、节奏、速度，这样可以有效地发展运动员的灵敏性，如交替变换左右侧的实战姿势，控制距离的两人对滑步练习等。[①] 渐进练习法强调训练应由简单到复杂，由易到难，循序渐进，如打梨形球时，先做单手的慢速击打，再做双手交替的左右手快速击打等。加难练习法则是通过增大训练的难度，让运动员在更复杂的环境，更困难的条件下进行训练，从而有效提高运动员的灵敏性，如甲方用拳法进攻，乙方靠近固定位置做躲闪；在擂台的一角，甲方进攻，乙方闪躲防守等。

---

① 张文峰，陈幸，孙健. 软梯训练对灵敏素质效果影响的 Meta 分析 [J]. 体育科技文献通报，2022，30（2）：124-129，132.

第四章　武术散打运动员的心理与智能训练

第一节　武术散打运动员心理训练

一、运动员心理能力训练概述

运动员的心理能力训练是一个关键的组成部分，它涉及与训练和比赛相关的个性心理特性，以及根据训练和比赛需求控制和调整心理过程的能力。这种能力的优化能够最大限度地发挥运动员的身体素质、技术技能、战术能力和运动智能。因此，提高运动员的竞技心理能力是增强总体竞技实力的重要途径。

人的心理现象可以分为个性心理特征（包括兴趣、性格、智力和气质等）和心理过程（包括认知过程、情感过程和意志过程等）两个方面。心理训练就是对运动员的心理过程和个性心理特征进行有目的、有计划的影响，并帮助他们学会调节和控制自己的心理状态，进一步调节和控制运动行为。当运动员掌握了如何动员、调整和控制心理过程和心理状态的技巧，并有效地使用这些技巧，他们就会形成心理技能。这些技能和运动技能一样，可以通过学习和训练来掌握，并需要一个训练的过程。

运动员心理训练的作用主要体现在以下几个方面：它能够提升运动员的心理过程，形成适合专项运动的良好心理特性，获得更多的心理能量，使他们的心理状态适应训练和比赛的要求，提高专项运动的水平和战术效果，达到最佳的竞技状态，并为取得优秀的运动成绩建立坚实的心理基础。

此外，进行心理训练的运动员应追求迁移效果，即他们不仅需要提高在运动场上的心理调节能力，还需要提高在生活中的心理调节能力，这样他们就能够在生活的各个阶段适应环境，创造生活。

二、常见心理障碍及其克服方法

（一）过度紧张

运动员在比赛前过度紧张会导致不必要的精力和体力消耗，影响正常技术和战术的发挥。原因可能包括过度训练、压力过大、过去的失败经历等。克服过度紧张的方法包括：采用各种放松调节方法，如逐渐放松法、自我放松法或静息放松法；想象舒适和放松的环境，如小桥流水、宁静的大海等；听舒缓的音乐；适时排尿以放松肌肉；采用深长而缓慢的呼吸。

（二）过度兴奋

过度兴奋虽然与过度紧张的性质不同，但它们都会引发类似的心理和生理反应。为应对过度兴奋，可以采用与处理过度紧张相同的策略，也可以进行节奏慢、强度小、时间短的准备活动以降低兴奋水平，或者尽可能避开比赛环境的刺激，如通过购物、观光、阅读等避开刺激。

（三）心理淡漠

心理淡漠的运动员往往表现出情绪低落、缺乏激情，这会严重影响比赛技术和战术的发挥。预防赛前心理淡漠的策略包括避免过度训练，同时帮助运动员建立强烈的比赛动机，正确认识比赛态度，分析比赛情况和各种有利条件，制订可行的比赛策略，以增强信心，鼓舞士气。

（四）情绪消极

情绪消极通常是由消极思维引发的，表现形式包括对比赛表现的担忧、过度思考比赛后果、过分自责等。克服消极情绪需要首先从消极思维入手，采取如思维阻断法、自我对话法、积极暗示法等策略。

（五）想赢怕输

想赢怕输通常是由于对胜利的过高期望以及对胜利信心不足造成的。应对策略包括减轻压力，不提过高的要求，只要求尽力发挥训练水平就行；采用成就回忆法，让运动员回忆过去的成功经历，提升信心；通过心理疏导，与运动员交谈，分析原因。

（六）厌烦训练

厌烦训练可能是由于过度训练未能作及时调整，或者存在其他思想压力而产生的。应对策略包括适当调整训练计划，安排一些其他的活动或游戏，或者安排旅游、度假等，以及根据运动员的具体情况作心理疏导，帮助解决生活中的问题。

（七）意志障碍

意志障碍或意志薄弱，通常是由于个性心理特征的缺陷造成的，偶尔也会出现一过性的意志障碍。对于这种情况，要在日常训练和生活中创设困难的条件和环境，培养坚韧不拔的意志品质，改善认知态度，找出产生意志障碍的原因和表现，作专门的心理疏导。对于赛场上一过性的意志障碍，教练应帮助运动员分析形势，提升认知水平，以积极主动的态度去对待困难。此外，运动员也可以适当地放缓进攻节奏，稳定情绪，以积极的思维克服。

三、运动员的心理技能训练方法

运动员的心理技能训练方法主要包括目标设置训练、应激控制训练、表象训练和模拟训练。

（一）目标设置训练

目标设置是指定个人追求的目标，它对运动员的训练方向和努力程度起着关键作用。目标设置训练的原则包括：

1. 长期与短期目标并重

对于运动员来说，长期目标往往与获得冠军或保持竞技顶峰有关，但如果没有明确的中短期目标作为阶段性的指导，就可能对他们的长期目标产生负面影响。因此，必须善于把长期目标细化为一系列可实现的中短期目标，这样可以让运动员更快地看到自己的进步，并激发他们的动力。

2. 设定具体明确的目标

具体和明确的目标可以产生更强烈的动机推动效果，因为它可以帮助运动员采取明确有效的行动，并有助于评估结果。

3. 制定现实性目标

即目标应该是可以通过努力实现的。设置有挑战性但仍可以实现的目标可以有效激发运动员的动力，并在实现目标后增强他们的自信心。

4. 确定自我表现目标

自我表现目标即以提高个人表现为主的目标。设定这类目标可以帮助运动员在比赛中发挥自己的优势、克服弱点。

（二）应激控制训练

应激控制训练的目的是使运动员学会调节自己的唤醒水平，控制应激强度。这种训练包括降低唤醒水平（如控制呼吸，进行放松训练，系统脱敏训练），提高唤醒水平（如自我激励，教练情境创设等），以及认知调节训练（如思维阻断法，自我谈话法，合理情绪疗法等）。

1. 降低过高的唤醒水平

过高的唤醒水平可能导致紧张和焦虑。以下是一些降低唤醒水平的方法。

（1）控制呼吸：通过缓慢深入的腹式呼吸来减少紧张和焦虑，同时提供更多的氧气供应。

（2）进行放松训练：通过一定的暗示语和呼吸调节，让运动员的肌肉得到放松，从而调节中枢神经系统的兴奋性。

（3）系统脱敏训练：这是一种行为疗法，通过在完全放松的状态下想象可能引发焦虑的刺激，使运动员对这些刺激产生"脱敏"效果。

2. 提高过低的唤醒水平

过低的唤醒水平可能妨碍运动员的技术发挥。以下是一些提高唤醒水平的方法。

（1）自我激发：运动员可以通过听兴奋的音乐、想象比赛等方式提高唤醒水平。

（2）教练创设情境：例如，设立目标、赛前谈话、设置标语牌、进行活动热身等。

3. 认知调节训练

这是帮助运动员克服不当或不正确认知，从而消除不良行为模式的方法。以下是一些具体的认知调节训练方法。

（1）思维阻断法：当出现消极想法时，运动员可以大声对自己说："停止"，然后将注意力转移到技术动作的细节上。

（2）自我谈话法：例如，在紧张时告诉自己要保持冷静，疲劳时告诉自己对方也疲劳，只要坚持就能战胜他。

（3）合理情绪疗法：通过理解不合理认知的原因，进行教育和巩固，最后对训练效果做评价，从而改变不合理的情绪反应。

（三）表象训练

表象训练也称为念动训练，是在心理引导下，运动员在脑海中反复想象某种技术动作或运动情境，以提高运动技能和情绪控制能力的方法。表象训练包括身体放松练习，进行"活化"，以及对运动技能或运动情境进行表象。

表象训练分为三个主要步骤。

（1）身体放松：训练开始之前，首先要做放松练习，帮助运动员舒缓身体，减少紧张和焦虑。

（2）活化：放松之后，需要进行"活化"操作，使运动员的身体和大脑进入一种清醒而积极的状态。

（3）表象练习：在这一阶段，运动员会对具体的运动技能或比赛情境进行详细的想象和视觉化。

表象训练包括一般性表象练习和运动专项表象练习两种类型。在一般性表象练习中，运动员会练习想象清晰度，如回忆多年前的房间布置；练习表象的可控性，如将熟人的形象按比例放大或缩小；还有自我感知能力的表象训练，如进行冰袋练习。

然而，针对特定运动的表象练习通常更为重要。例如，运动员可能先放松 3～5 分钟，然后进行"活化"过程，使自己的大脑清醒并集中注意力，接着进行表象练习，想象自己在比赛中的表现，如如何对抗对手的攻击，或是如何运用特定的动作或技巧来制胜。

在做表象训练时，教练应逐步将视觉表象过渡到动觉表象，并使用准确简洁的语言做提示，让运动员用相同的语言来记忆。在进行语言提示时，教练还需要解释每个提示语所对应的肌肉运动感觉，以便运动员理解和记忆肌肉运动的动力学和运动学特征。

（四）模拟训练

模拟训练是为运动员参加比赛做好适应性准备的方法，它模拟比赛中可能出现的情况或问题进行反复练习。模拟训练可以分为实战情景模拟和语言图像模拟。实战情景模拟是在训练中模拟比赛的环境和条件；语言图像模拟是利用语言或图像描述比赛的环境。模拟训练有助于提高运动员参赛的准备程度，提高在比赛中的抗干扰能力，使运动员有效地适应比赛的强度。

在散打训练中，模拟是一种关键的训练手段，目的是更好地预测和应对实际比赛中可能出现的各种情境。以下是散打训练中模拟的几个主要内容。

（1）对手模拟：训练应模拟可能面对的对手的技术风格和战术行为。通过模拟不同的对手，运动员可以提前预设反应策略，适应不同的比赛风格。

（2）比赛场地模拟：场地的不同会对运动员的心理和技术战术产生影响。模拟应考虑比赛场地的种类（地上擂台、水上擂台、有围绳的擂台或无围绳的擂台等）和场地的光线条件。

（3）裁判员行为模拟：裁判员的判罚，尤其是误判和漏判，可能会对运动员的比赛心态产生影响。模拟裁判员的判罚可以帮助运动员将注意力集中于自身的技术和战术上。

（4）比赛气氛模拟：观众的行为和比赛的气氛可能会给运动员带来一定的压力。通过模拟比赛的气氛，如邀请一些观众参与，可以帮助运动员在实际比赛时减轻压力。

（5）比赛时间模拟：运动员在一天中的不同时间段的兴奋度可能会有所不同。在赛前训练时，应模拟实际比赛时间进行训练，以增强运动员在实际比赛中的适应能力。

通过这些模拟训练，运动员可以提前适应比赛环境，更好地应对实际比赛中可能遇到的挑战和压力。

第二节　武术散打运动员智能训练

一、散打智能训练的定义与作用

（一）运动智能定义

运动智能是指运动员运用其所掌握的知识和信息，分析与解决问题的能力。在散打运动中，这种智能主要体现在运动员能够理解并实现教练的指导意图，独立地分析对手的特性并作出相应的判断与决策。散打智能训练是提高运动员整体竞技能力的关键部分，它是运动员知识与技能的综合表现。在实际训练中，运动员需要用大脑去分析和理解，如被对手击中一拳，他们需要分析为什么被击中，是反应速度太慢，防守技巧不够熟练，还是距离感知不强。然后找到问题并进行针对性的训练，这样在后续的训练和比赛中，类似的攻击就不太可能再次击中。在这个过程中，知识就成了智能的源泉，运动员的知识深度与广度与他们的智能水平直接相关。

（二）运动智能的作用

运动智能在散打运动训练中起着至关重要的作用，对于拥有丰富运动智能的散打运动员来说，他们能够深入理解和掌握散打运动的特点和规律。这不仅表现在他们对散打技术和战术的理解，更体现在他们能准确理解教练的训练意图，对训练的目标和任务有更深的认识，从而以自觉的行为去配合教练，实现高效的训练计划。

同时，他们的理论知识和实践经验相结合，使他们能够正确理解先进的运动技术，并将其转化为实际的技巧。这样的运动员能更精准地把握散打战术的精髓并运用在训练和比赛中，从而更为灵活机动地应用各种战术，以适应不断变化的比赛环境，取得更好的比赛成绩。

此外，具有较高运动智能的散打运动员，善于动员和控制自己的心理活动，他们能及时调整自己的心理状态，避免由于心理压力过大而影响比赛的表现。他们有能力在心理上准备好应对各种挑战，以良好的心态面对训练和比赛，确保在比赛中发挥出自己最好的水平。

二、智能训练的内容

（一）运动理论知识教育

这一部分涉及一般的运动知识教育和特定的散打运动知识教育两大领域。一般运动知识包括运动训练有关的理论，如运动解剖学、运动训练学、运动生物力学、运动生物化学、运动医学、运动心理学、体育教育学、运动训练学及运动竞赛学等。散打运动知识则涵盖散打运动技术分析、战术分析、训练原则、运动原理、竞赛规则、裁判法、训练计划、训练方法与手段、辅助措施、负荷与恢复及训练监控等方面。[①]

（二）运动智能构成因素的培养

这包括培养运动员在运动行为中的观察力，即对自身行为和对手行为的感知能力；运动行为的记忆力，指建立运动表象的速度、力度和准确性；运动行为的思维想象力，包括动作概念的准确性以及战术思维的敏捷性、灵活性与创造性；运动活动的适应能力，主要涉及在身体、技术、战术等方面的训练适应能力；运动活动的操作能力，主要指学习、掌握和运用运动技术的能力。

---

① 彭亦兵.浅议优秀运动员的智能素质教育［J］.当代教育论坛（宏观教育研究），2008（5）：58-59.

三、智能训练的任务

（一）培养运动员独立完成训练和参加比赛的能力

智能训练是一个以增强运动员的自我训练和比赛能力为核心的任务。其目标聚焦于让运动员对训练和比赛的目标、任务有明确的认识，为他们提供现代散打的科学训练方法，让他们深度了解散打竞赛规则，以期在无数次的实战中，他们能够积累丰富的比赛经验。

智能训练不只是在提高运动员的体能上下功夫，更在于高度发展他们的运动感知能力，这包括对运动概念的理解力和战术思维能力。运动感知能力，能使运动员对比赛的各种动态有更快的反应和更准确的判断；对运动概念的理解力，能帮助他们深度理解和快速掌握散打的各种技术、战术和规则；而战术思维能力，则是他们在面对不同对手、不同场景时，能有灵活的应对策略，以获取比赛的优势。[①]

通过这样的智能训练，运动员的实战操作能力，以及对训练和比赛的适应能力将得到显著提升。他们能够更好地适应各种比赛环境，独立完成训练，并在实际比赛中表现出色，从而提升自身竞技水平，走向更高的领域。

（二）培养运动员参与制订和修改训练计划的能力

智能训练中的另一个重要目标是培养运动员参与制订和修改训练计划的能力。对散打运动的客观规律和运动训练原则的深入理解，使运动员能够结合自身的具体情况，与教练一起携手制订出最适合自己的训练计划。

智能训练的核心在于使运动员更加主动地参与训练计划的制订和执

---

① 刘涛智. 对运动训练中"智能训练"的探讨 [J]. 体育研究与教育，2011，26（S2）：171-173.

行过程。这不仅需要运动员对散打的全面理解，也要求他们具有自我分析、自我评估的能力，同时能够理解并适应训练计划中的各种变化。

与教练共同制订和调整训练计划的过程，能让运动员更加明白自己的优势和劣势，理解训练的目标和方法，同时也能增强他们对训练计划执行过程的责任感和主动性。

在这一过程中，运动员不仅能提升自己的体能素质和技术水平，还能够提高自己的自我管理能力和决策能力，为未来的竞技之路打下坚实的基础。

（三）培养运动员在训练中进行自我调控的能力

智能训练的任务还包括培养运动员在训练中进行自我调控的能力。这不仅需要运动员深入学习和掌握运动医学和运动心理学等知识，更需要他们具备对自己身体健康、机能和心理状态进行有目的的观察和检查的能力。

在运动员的训练过程中，能够准确了解并科学地控制自身的状态，是提高训练效果、预防运动伤病的关键。运动员需要掌握如何根据自身的状态，配合教练合理地安排运动负荷和恢复，从而更有效地管理和控制训练过程。[①]

智能训练就是要培养出这样的运动员，他们不仅在技术和体能上有所提升，还能够在训练过程中更好地了解自身，更有效地作自我调控。这种能力不仅能让他们在训练中达到更好的效果，还能对他们的长期运动生涯产生积极的影响。

通过自我调控，运动员能够更精确地把握训练的节奏和强度，从而更好地优化训练效果，提高比赛表现，实现他们的竞技目标。同时，这也有助于他们更好地理解自己，提高自身的心理素质，成为更优秀的运动员。

---

① 彭亦兵.浅议优秀运动员的智能素质教育［J］.当代教育论坛（宏观教育研究），2008（5）：58-59.

四、智能训练的方法

（一）提升运动员的基础理论知识水平

1. 学习运动理论知识及相关训练原理

散打运动员需要深入学习并掌握包括运动解剖学、运动生理学、运动生物力学、运动生物化学、运动心理学、运动医学、运动训练学、运动营养学等在内的基础知识。这些学科的知识可以帮助运动员更深入地理解运动训练的本质，更好地分析和判断训练和比赛中的各种情况。这些知识是人类在运动训练方面逻辑思维的结晶，同时也是运动员提高思维能力的重要基础。因此，散打运动员需要把这些理论知识学习到位，将理论知识融入训练和比赛实践中，从而提高自己的运动技能和运动智能。

2. 采取多样化的教学手段

在散打训练过程中，教练应当采取多种多样的教学手段，以帮助运动员更好地理解和掌握训练知识和技能。例如，可以通过图示、录像等直观教学法来帮助运动员了解和掌握各种散打技术动作，更好地理解散打运动的原理和规则。同时，教练也可以利用各种现代化的教学工具和设备，如多媒体、VR虚拟现实等，以增加教学的趣味性和效果，从而提高运动员的学习效率和学习效果。

3. 引导运动员运用多种思维方式

散打运动员在训练和比赛中需要灵活运用各种思维方式来解决问题，如分析、比较、综合、概括、判断、推理等。因此，教练在训练过程中应当通过提问、复习、测验、考试等形式，引导运动员积极运用这些思维方式，以发展其思维能力，提高其解决问题的能力。

4. 教练引导运动员将理论知识应用于实际

散打运动员需要将所学的理论知识应用到训练和比赛的实际中去，

才能真正提高其运动技能和运动智能。因此，教练应当引导运动员在训练和比赛中将所学的理论知识运用到实际中，以提高其实践操作能力。例如，运动员在学习了运动生理学、运动生物力学等理论知识后，应当在教练的引导下，将这些知识应用到散打技术动作的学习和训练中，以提高其动作的科学性和有效性。同时，教练也应当引导运动员将所学的运动心理学知识运用到比赛的心理准备和心理调整中，以提高其比赛的心理素质。

（二）提升运动员的专项理论知识水平

1. 强调散打技术分析及战术意识的培养

散打运动员应具备扎实的散打技术基础和清晰的战术意识。运动员需要能够充分理解并应用运动生物力学知识，分析并评价自己和对手的散打动作，从而更好地掌握和改进散打技术。此外，运动员还需要具备良好的观察力和思维力，这样才能在比赛中灵活运用散打技术，实施有效的战术策略。教练可以通过组织各种散打技术分析活动和战术讨论会，以及制订个性化的技术训练计划，来培养和提高运动员的散打技术分析能力和战术意识。

2. 熟悉散打竞赛规则及裁判法

熟悉并了解散打竞赛规则和裁判法是每个散打运动员必备的知识。只有充分了解比赛规则，运动员才能在比赛中作出最有利于自己的决策，避免因违反规则而受到不必要的处罚。同时，对裁判法的了解也能帮助运动员理解裁判的判决，调整自己的比赛策略。教练可以通过讲解、模拟比赛等方式，帮助运动员熟悉并掌握散打竞赛规则和裁判法。

3. 通过参与制订训练计划，深入理解训练的具体情况

运动员参与制订训练计划，可以帮助其深入理解训练的目标、内容、方法和过程，从而提高其对训练的积极性和主动性。同时，这也可以增强运动员的责任感和使命感，帮助其树立良好的训练态度和习惯。此外，

运动员参与制订训练计划，还可以提高其实践操作能力和自我保健意识，使其能更好地处理训练中的各种问题，保证训练的顺利进行。教练应鼓励和引导运动员积极参与制订训练计划，并为其提供必要的指导和帮助。

（三）提升运动员在运动训练过程中运用知识的能力

1. 强化运动员的专项素质和技战术训练

散打运动员应进行充分的专项素质训练和技战术训练，以提升其运动技能和战术意识。专项素质训练旨在增强运动员的身体素质，提高其散打技术的执行效率；而技战术训练则着重于提高运动员的战术决策能力，帮助其在比赛中实施有效的攻防策略。教练在训练过程中应以实际情况为基础，制订出具有针对性的训练计划，引导运动员理解和掌握散打运动的规律和本质，全面提升其观察力、思维力、记忆力及实际操作能力和创造力。

2. 通过定期的模拟实战比赛训练

模拟实战比赛训练是提高运动员运动智能的有效方法。通过定期的模拟实战比赛训练，运动员可以在类似比赛的环境中将已获得的运动素质、技战术知识和技能应用到实战中，提高其对比赛环境的适应能力，加强其对比赛压力的管理，从而提升其在实际比赛中的表现。教练应精心组织这些模拟实战比赛训练，确保运动员能够在模拟比赛中尽可能地模拟真实比赛环境，提高其实际操作能力。

3. 教练培养运动员独立分析和评价训练计划的能力

教练应引导运动员学会独立思考，分析和评价训练计划的完整性、训练内容的适当性、训练方法的合理性等。训练计划是运动训练的纲领，是指导训练的重要依据。运动员对训练计划的独立分析和评价能力，是其运动智能的重要表现。教练应鼓励和引导运动员积极参与训练计划的制订和实施，使其能够根据自身的特点和需要，制订出符合自己的训练计划，完成各项训练任务，进一步发展其思维能力和实际操作能力。

五、智能训练的基本要求

（一）提升运动员对智能训练重要性的认识

为了实现智能训练的最佳效果，培养运动员对其重要性的深入理解是关键。教练在指导训练的同时，需要强调智能训练的价值，让运动员明白其在武术散打竞赛中的作用。在理解的基础上，运动员对智能训练的接受度和投入程度将大大提升。

智能训练的主要目的是提升运动员的反应速度，决策能力和战术意识，这对于武术散打这种高度依赖技巧和策略的运动至关重要。当运动员对智能训练的重要性有深刻理解时，他们将更容易全身心投入训练中，积极配合教练的指导，或者独立进行智能训练。

运动员的主动性和自觉性是智能训练取得成功的关键因素。他们需要明白，智能训练不仅是提高他们技术能力的有效途径，更是他们在激烈竞争中获取优势的关键工具。只有这样，他们才会真正地珍视智能训练，主动地投入其中，充分发挥其效果。

（二）制订全面的智能训练计划

智能训练，作为一种针对武术散打运动员决策能力、战术意识和反应速度的训练方式，应被有效地纳入各级训练计划之中。无论是年度、季度、月度，还是每周和日常的训练，都应囊括智能训练的内容。这样可以保证运动员的智能水平能够按照既定计划，有序地提升。

在制订智能训练计划时，需要考虑到运动员的个体差异，包括他们的技术水平、身体状况、学习能力等，以便更精准地对他们的智能训练进行指导。另外，智能训练计划应与整体训练计划相协调，这是因为智能训练并非孤立的，而是与技术训练、体能训练等其他方面的训练相辅相成。只有当各方面的训练都得到有效的实施，运动员才能全面提升自己的竞技水平。

同时，智能训练计划应该灵活，能够根据运动员的训练反馈和进步情况作相应的调整。通过对运动员智能水平的持续评估，教练可以更精准地了解运动员的训练效果，进而优化训练计划，实现运动员全面发展的目标。

（三）加强跨领域合作

智能训练并非仅仅涉及技术层面的训练，而是一个涉及多个领域，包括心理、生理、文化等方面的全面训练。这就需要在训练过程中加强跨领域合作，利用各领域的专业知识和技能来提高智能训练的科学性和有效性。

教练需要与运动员进行深度合作，了解运动员的身体状况、技术水平、心理状态等，以制订出最符合运动员个体差异的智能训练计划。教练也需要关注运动员的训练反馈，通过运动员的反馈调整训练计划，使训练更具针对性。文化课教师的参与也是必不可少的。他们可以通过教授相关的理论知识，帮助运动员理解和掌握智能训练的原理和方法，提升运动员的认知水平和自我训练能力。

医务监督人员的作用也不能忽视。他们可以对运动员的身体状况进行定期检查，防止因训练强度过大或训练方法不当导致的身体伤害。同时，他们可以给出科学的饮食和休息建议，帮助运动员保持良好的体能状态，提高训练效率。运动生理学、生物力学、生物化学、运动心理等领域的专业人士也是重要的合作伙伴。他们的专业知识可以为智能训练提供科学的理论支撑，帮助运动员更深入地理解和掌握智能训练的内在机理，使训练更具科学性。各领域专家之间的交流和合作也是提升智能训练质量的关键。通过专家之间的交流和讨论，可以发现和解决训练中遇到的问题，不断优化训练方法，提高训练效果。

（四）根据运动员实际情况选择合适的训练方法

在智能训练的实施过程中，选择与运动员个人特征相匹配的训练方法至关重要。因为每一名运动员都有他们独特的身体条件、文化水平、基础知识储备、专业理论知识程度及年龄特点等。这些因素决定了运动员在接受训练时的接受能力、理解力和应用能力，因此，需要教练针对每名运动员的个体差异，选择具有针对性的训练方法。

比如，对于一名具有较高文化水平和理论知识水平的运动员，教练可以更多地采用理论与实践相结合的训练方法，使其在理解智能训练原理的基础上，更好地将理论转化为实践。而对于年龄较小，基础知识储备较少的运动员，教练可能需要更多地采用示范、引导和反馈等基础训练方法，以帮助他们逐步掌握训练的要领，增强他们的基础能力。

此外，教练还需要考虑运动员的心理因素，如学习动机、信心水平、焦虑程度等，以选择合适的激励和支持策略，进一步提升训练效果。比如，对于信心不足的运动员，教练可以适时提供鼓励和肯定，增强他们的自信心；对于学习动机低落的运动员，教练可以通过设定挑战性但可达成的目标，激发他们的学习兴趣和积极性。

（五）建立运动智能测定和评价制度

在进行智能训练的过程中，建立一套针对运动智能的测定和评价制度是至关重要的。这样的制度可以对运动员智能水平的提升作定期和系统的评估，为教练和运动员提供关于训练效果的明确反馈，从而进一步优化训练计划和方法。

这样的测定和评价制度可以依托多元化的评价方式，包括对运动员在实际训练和比赛中的智能表现的观察，也可以包括组织专门的智能测验和考查。在实际训练和比赛中，教练可以观察运动员对战术的理解和应用，对比赛形势的判断，以及在压力下的决策能力等方面的表现，对运动员的智能表现作出评价。而专门的智能测验和考查，如模拟比赛场景的问题解决测试，可以更加直接和精确地测试运动员的智能。

　　无论使用哪种评价方式，都需要对运动员提供明确的反馈。教练可以根据评价结果，与运动员一起分析他们在智能训练中的优点和不足，明确他们需要改进和加强的方面。同时，运动员也可以通过这种反馈，更好地了解自己的智能水平，明确自己的训练目标，以更积极主动的态度参与智能训练。

第五章 武术散打基本功法训练

第一节 预备式与步法训练

一、预备姿势

散打的预备姿势是进行对抗前的准备姿势，它有多种表现形式，通常习惯将力量大的拳放在后面。以正架为例，双脚分开与肩同宽，右腿后撤一步前后站立。左脚稍内扣，脚掌着地，膝微屈；右脚前掌着地，脚尖斜向前方约45°角，膝微屈，重心在两腿之间。左手握拳屈臂抬起，拳与下巴等高，肘关节夹角略大于90°，肘尖下垂护肋；右手握拳，屈臂抬起，肘关节夹角小于90°，后手拳自然置于下巴外侧处，肘部下垂轻贴在右肋部。身体侧向右侧，微收下颌，胸微内含，目视前方。

在散打的预备姿势中，需要注意以下技术要点以保证正确的姿势和动作表现：预备姿势的技术要点之一是身体斜向对方，旨在减少对方能够攻击到的面积。通过稍微斜向对方，可以降低被对手击打的风险，增加自身的防御能力。保护重要部位与器官是另一个重要的技术要点。在预备姿势中，肩关节与髋关节应处于同一立面上，手臂要灵活自如，以有效保护下颌、肝脏、胃等身体重要部位与器官，降低受伤的风险。以腰和髋关节为轴进行转动是预备姿势中的关键技术要点。当需要转动身体时，应以腰部和髋关节为轴，实现身体的旋转。这样的转动方式可以增加力量输出和身体的灵活性，为后续的攻击或防守动作提供更大的力量和效果。双膝微屈，保持腿部的灵活有力也是预备姿势的关键技术要点之一。通过微屈双膝，将后脚跟抬起，同时前脚稍微内扣，可以保持腿部的灵活性和强大的力量。这种状态有助于进行步法的移动和腿法的灵活运用，使运动员能够更有效地应对对手的进攻并进行反击。

为了训练和提高预备姿势的技术水平，可以采用以下练习方法：首先，反复练习转体动作，注重重心的分配和身体立面的统一。这可以通过练习身体的旋转和转动，让身体逐渐适应正确的转体姿势，并注意将重心平衡地分配在双腿之间。其次，一旦掌握了转体动作，可以进行上肢配合的练习。这意味着将手臂的动作与身体的转动相结合，使上半身和下半身的协调更加流畅和自然。通过不断的练习，使转体动作和手臂动作的配合更加默契，提高技术的准确性和效果。进行前后左右的摇晃练习，以协调放松身体。通过在预备姿势中进行前后左右的摇晃，可以增强身体的协调性和平衡感。这种练习有助于培养身体的敏捷性和灵活性，使运动员能够更加迅速地适应不同的对抗情况。根据实际情况，改变体位方向进行快速调整和变化的动作，以提高运用预备姿势的能力。这包括在不同的方向上迅速调整和变化预备姿势，以适应对手的动作和变化。通过不断练习和反复调整，运动员可以更加灵活地运用预备姿势，使其更适应不同的对抗需求。

在练习预备姿势时，需要避免以下常见错误，以确保姿势的正确性和效果。首先，避免双脚站立在同一直线上。双脚应该稍微分开，与肩同宽，以保持稳定的支撑基础。站立时，应该让双脚的外缘与肩同宽，而不是站立在同一条直线上。其次，避免上体紧张，挺胸或弓背，以及双臂肌肉僵硬。在预备姿势中，身体应该放松自然，胸部略微内含，避免挺胸或弓背的姿势。同时，双臂也应该保持灵活，肌肉不要过于僵硬，以保持动作的流畅性和敏捷性。另外，要注意身体重心的分配，确保重心在两腿之间。预备姿势时，重心应该平衡地分布在双腿之间，而不是倾斜或偏向一侧。同时，要确保膝关节微曲且具有弹性，避免过度紧张和僵硬的状态，以保持身体的灵活性和应对能力。

二、基本步法

步法在散打比赛中扮演着核心技术的角色。在快速变化的对抗中，灵活敏捷的步法是有效发挥攻防技术、打击对手和自我保护的关键。散打步法首先需要与攻防动作相配合，以达到预期的攻防效果。在比赛中，单一的站位方式不能灵活调整与对手的相对位置，不仅无法有效发挥攻防技术，反而会处于被动挨打的局面。其次，散打步法用于保持动态平衡和有效距离，即通过步法调整身体平衡和与对手的距离。在比赛中，保持最佳距离能够有效打击对手，而要实现这一目标，需要依赖灵活的步法，并进行有目的、有意识的调整和移动。步法是散打运用的基础，也是构成单个技术动作的基本要素，"有招必有步"和"步动招随，招起步进"正是这个原理。此外，灵活的步法还可以用于有效防守。在比赛中，要成功进行防守，除了掌握合理的防守技术和适当的防守时机，还应结合灵活的步法，以使防守更加有效。最后，步法还可以利用假动作迷惑对手。在散打比赛中，利用步法的假动作来分散对手的注意力，并进行打击的战术运用是常见的。总而言之，步法在散打比赛中发挥着重要作用，它要求与攻防动作相配合、保持动态平衡和有效距离，并具备防守和迷惑对手的能力。对于散打运动员来说，灵活运用步法是取得优势和成功的关键。

（一）滑步

在散打中，滑步是一种基本且重要的步法。它具有快速突然、平缓移动和小预兆的特点，能够有效地在进攻和防守中发挥作用。滑步在进攻时可以迫使对手作出防守反应，从而暴露出对方的防守空隙或诱使对方发起攻击并暴露弱点。而在防守时，滑步的移动能够有效躲避对手的进攻，并保持适当的距离，以便进行反击。刚开始练习滑步时，可能会感到动作笨拙、乏味，并且身体协调性不够。但只要坚持练习，就能够掌握滑步技术，使其变得熟练自如，能够随意地进退。

在散打中，滑步可以分为前滑步（图 5-1）和后滑步（图 5-2）两种基本形式。前滑步的动作是从预备姿势开始，后脚掌蹬地，前脚稍离地向前滑动 20～30 厘米，后脚随后跟进相同距离，身体重心保持在两脚之间，最后回到预备姿势。然后可以继续向前滑动，重复这个过程。后滑步则是从预备姿势开始，前脚掌蹬地，后脚稍离地向后滑动 20～30厘米，前脚随后后退相同距离，身体重心保持在两脚之间，最后回到预备姿势。然后可以继续向后滑动，重复这个过程。

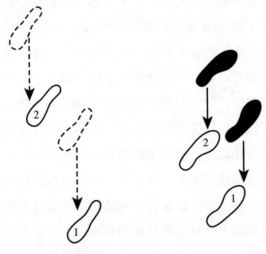

图 5-1　前滑步　　　　　图 5-2　后滑步

滑步的练习需要注重身体的平衡、步伐的快速和灵活性。通过不断的练习和磨砺，运动员可以逐渐掌握滑步技术，并在实际的散打比赛中灵活运用，以提高攻防的效果和战术的多样性。

在练习滑步时，需要注意以下技术要点。

（1）先移动靠近运动方向的一侧脚：滑步时，先移动靠近要前进或后退的方向的脚，以启动步伐。

（2）脚要沿着地面滑动：在滑步过程中，脚应平贴地面，以确保稳定的移动，并避免跳步的现象。

（3）保持身体重心平稳移动：滑步时，身体的重心应随着步法的进退平稳移动，不应前俯或后仰，以保持稳定的姿势。重心不应超出两脚的支撑面。

（4）脚掌尽可能不离开地面：滑步时，脚掌应尽量贴近地面，腿部肌肉应放松自然，避免作出跳跃式的步伐。

（5）保持双脚平行：在滑步过程中，两脚应始终保持平行，以确保移动时的稳定性。

（6）以脚掌为支撑点：滑步时，应以脚掌作为支撑点，不应出现迈步的现象，即脚离地过高。

在滑步技术中常见的易犯错误如下。

（1）同时移动双脚，形成跳步现象：滑步时，应先移动一只脚，然后另一只脚跟随移动，以避免同时迈步的情况。

（2）脚掌离地过高，身体重心不稳定：滑步时，脚掌离地过高会导致身体重心随步法的移动而上下起伏，造成姿势不稳定。应保持脚掌贴近地面，确保重心的稳定移动与步法一致。

（二）闪步

闪步是一种身体向左或向右移动而不失去平衡的步法，被广泛应用于散打的防守技术中。它主要用于迅速躲避对方的正面进攻，为自己创造有利的反击条件。根据实战需求，闪步可分为左闪步（图5-3）和右闪步（图5-4）两种形式。

左闪步：从预备姿势开始，上体保持原来的姿势，前脚向左侧迅速蹭出 20～30 厘米，紧接着后脚以前脚为轴迅速向左滑动。完成动作后，身体大致回到预备姿势。

右闪步：从预备姿势开始，后脚向右方横向蹭出，随后以髋部带动前脚向右侧滑动。完成动作后，身体回到预备姿势。

在闪步的动作过程中，不论是左闪步还是右闪步，都是以同侧脚先移动。例如，向左闪步时，左脚先向左侧移动；向右闪步时，右脚先向右移动。两脚的步法移动需要快速、灵活。

在实践中，需要注意避免以下常见错误。首先，避免随步法的左右移动而导致上体倾斜、扭转等姿势错误。其次，要注意步幅的移动应合理，不应使两脚之间的距离过小或过大。

通过正确练习闪步，并避免上述错误，可以使闪步动作更加准确、灵活，提高躲避能力和创造反击机会的效果。

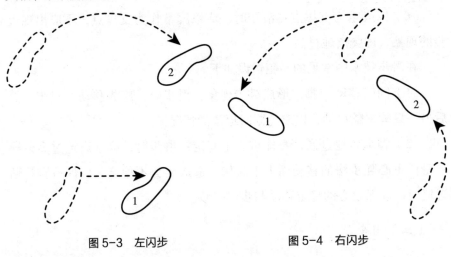

图 5-3　左闪步　　　　　　　　图 5-4　右闪步

（三）垫步

垫步（图 5-5）是散打中较难掌握的技术动作之一，主要用于主动纵深攻击，并结合踹腿、蹬腿等腿法进行攻击。它要求运动员具备良好的身体协调性，否则容易失去平衡。

　　垫步的动作过程如下：从预备姿势开始，重心前移。后脚蹬地向前脚内侧并拢，紧接着前脚屈膝提起。根据需要使用蹬腿或踹腿等技术动作。在动作中要保持连贯性，上体微向后侧倾以助于发力，同时保持身体平衡。垫步后的支撑腿脚尖应斜向前方，以增加力度和伸展性；蹬腿后的支撑腿脚后跟也应斜向前方。

　　在执行垫步时，需要注意以下技术要点。首先，后脚向前脚并拢的动作要快速进行，前腿提起的动作要与后腿的并拢动作无间隔、无停顿。其次，垫步与腿法的动作要同时完成，但要避免腾空的情况发生。同时，在完成腿法进攻的同时，上体微向后侧倾以助于发力，并保持身体的平衡。

　　在练习垫步时，要避免以下常见错误。首先，避免在后脚蹬地向前脚内侧并拢时过早向后侧倾，这样的动作预兆明显，不利于腿法的进攻。其次，要避免垫步时腾空或与腿法的动作先后完成，应保持连贯性和协调性。通过正确练习垫步，并避免上述错误，可以使动作更加准确、稳定，增强腿法进攻的效果。

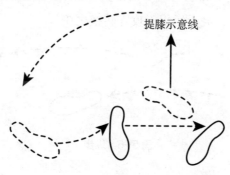

图 5-5　垫步

（四）纵步

　　纵步（图 5-6）是一种迅速且突然的前进或后退动作，主要用于远距离时快速接近对手或在中近距离时迅速摆脱对手。在执行纵步时，必须保持身体的平稳性和稳定性。根据散打实战经验，纵步可分为前纵步和后纵步两种。前纵步主要用于结合拳法的进攻，而后纵步则主要用于结合防守技术的应用。

以前纵步为例，动作过程如下：从预备姿势开始，双脚同时蹬地，以脚踝的力量向前迅速移动。在前纵步过程中，重要的是避免过度腾空，而是注重动作的快速、平稳推进。后纵步的动作要领与前纵步相同，只是移动方向相反。

在执行纵步时，需要注意以下技术要点。在纵步启动之前不宜过分降低重心，以免暴露动作意图。启动纵步主要依靠脚踝的力量推进，但不应过度腾空。后纵步的要领与前纵步相同，只是移动方向相反。

在练习纵步时，需要避免以下常见错误：避免在纵步启动和落地时上体过度挺起、后仰或屈弓，动作完成后未能回到预备姿势。要避免纵步时过度腾空，以免身体重心起伏过大。

通过正确练习纵步，并避免上述错误，可以使纵步动作更加流畅、稳定，提高纵深攻击和脱离对手的能力。同时，纵步的应用需要结合实战情况和战术需要，灵活运用于攻守转换之中。

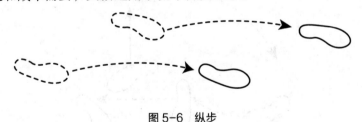

图 5-6　纵步

（五）击步

击步是一种流行的战术步法，常见于散打实战中，是在拳击、踢拳等搏击运动中非常重要的一种步法。击步的核心理念是利用力的爆发和体重的移动，以便快速接近或远离对手。依据具体的战术需求，击步技术主要分为前击步和后击步两种。

前击步（图 5-7）是进攻的必备步法，它的执行者会在预备姿势下将重心前移，然后借助后脚的力量，向前脚内侧迅速靠拢，这个过程中后脚负责向前推进，前脚随后跟随。后脚踏地的同时，前脚会迅速向前方跃出，而当两脚再次着地时，就会重新回到预备姿势。这种步法可以结合各种拳法和腿法，如横打腿等，以实现突然的进攻。

相比之下，后击步（图 5-8）则是防守的利器，允许搏击者在必要时迅速撤退。执行者会在预备姿势下将重心后移，然后前脚蹬地，迅速向后脚内侧靠拢，随后后脚向后方迅速跃出，前脚踏地。这种动作可以让你快速摆脱对手，或者在必要时结合踹腿等技术进行反击。

不论是前击步还是后击步，技术要求都比较高。首先，击步动作需要快速且连贯，且在完成动作的过程中，身体的重心必须保持平稳。搏击者在做击步时不能腾空过高，需要控制好身体的高度。

然而，即使是经验丰富的搏击者，也常常会犯一些常见的错误。例如，在进行击步的时候，他们可能会因为重心移动不平稳，导致身体随着步法的前进或后退而前俯后仰。此外，有时候在进行前击步时，后脚前进的幅度可能会过大，超过前脚；在后击步时，前脚后退的幅度也可能过大，超过后脚。

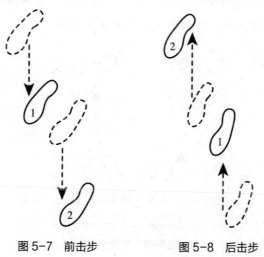

图 5-7　前击步　　　　　图 5-8　后击步

（六）交换步

交换步（图 5-9）是一种十分独特的步法，尤其在正反架交替打法的运动员中使用频繁。这种步法的核心在于其灵活性和迅速性，允许搏击者在动态中快速转换身体的前后位置，并改变攻防方向。

交换步的运行从预备姿势开始，涉及前后脚同时离地的动作，这需要搏击者拥有足够的爆发力和身体协调性。在脚离地的瞬间，左右腿需要迅速前后交替，整个转体的角度大约是 120°。这种交替并非是随意的，而是需根据比赛的实际情况灵活应对。值得注意的是，这种转换不仅涉及下肢的交替，上肢也会跟随作出前后体位的交换。这样的设计可以使得整个动作看上去连贯而自然，让对手很难抓住攻击的机会。

在实施交换步的过程中，技术要点需要特别注意。首要的一点是，转换时需依赖髋部的力量带动两腿交换，而非仅仅依赖脚的力量。同时，虽然交换步涉及脚离地的动作，但是身体不能腾空过高。如果腾空过高，会使得搏击者的身体暴露在对手面前，很容易被对手抓住机会进行攻击。

然而，即使是技艺高超的搏击者，也可能会在执行交换步时犯一些常见的错误。其中，一个典型的错误就是在进行交换步时，由于重心起伏过大，导致上体随着交换步的转动而幅度过大。这种情况下，搏击者的防御能力会大打折扣，甚至可能会导致失去平衡。

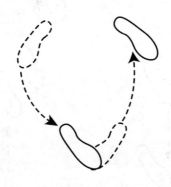

图 5-9　交换步

（七）绕环步

绕环步（图 5-10）是一种复杂且实用的步法，以其特殊的弧形路径和身体的转动为特点。以左势为例，绕环步的起始动作是左脚经过右脚，向右前方作出弧形的步伐。在这个过程中，脚尖会稍微外展，增加了步法的稳定性和灵活性。

但是，绕环步的关键并不仅仅是这个弧形的步伐。在以左脚作为轴心，身体开始左转的同时，右腿会跟随身体的动态作出弧形绕步。这样的设计使得右腿可以迅速地移动到左脚的后侧，形成一种全新的实战姿势，而眼神始终保持向前方，保持警觉和准备。

在实施绕环步的过程中，有一些技术要点需要格外注意。首先，拧腰与斜身的动作需要与弧形绕步相配合，这是因为在转动的过程中，身体的每个部分都应该保持连贯和协调。其次，步法应该保持轻灵快速，而非重重踏步。这样可以确保你在完成绕环步的过程中，有足够的灵活性和迅速性。最后，无论怎样移动和转动，保持身体重心的平衡始终是最重要的。失去平衡可能意味着失去攻击或防御的机会。

图 5-10　绕环步

（八）进退反弹步

进退反弹步（图 5-11）是一种动态且生动的步法，常见于搏击运动中，尤其是在快速进攻和迅速撤退之间转换时。这种步法依赖于跳进步的动作和紧随其后的突然停止，这个停止需要及时且牢固，使得运动员可以迅速调整攻防姿态。

在停止的瞬间，两脚同时用力蹬地，就像是弹簧被压紧然后突然释放，从而产生向后的动力。这种反弹力会驱动身体快速后退，同时保持重心后移，撤回一小步，而上半身则始终保持在实战姿势，眼神始终锁定前方。

在执行进退反弹步的过程中，有一些技术要点需要重点关注。首先，停顿的牢固性是决定整个步法成功与否的关键。只有牢固的停顿，才能产生足够的反弹力。其次，反弹动作需要迅速，用力蹬地的动作应该像是弹簧被释放一样快速。再次，撤退动作同样需要快速且灵活，如果撤退的速度过慢，可能会让对手抓住进攻的机会。最后，身步的协调一致性也非常重要。上下半身的动作应该相互配合，以实现最大的效率。

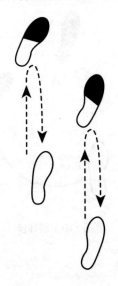

图 5-11　进退反弹步

三、步法的训练

步法在搏击运动中起着至关重要的作用，决定着搏击者在比赛中的表现，尤其是他们的攻防转换能力。掌握并运用恰当的步法，能够帮助搏击者在比赛中占据优势，取得胜利。因此，对步法的学习和熟练掌握是每个搏击者训练的重要部分。如何有效地学习和训练步法，是我们今天要讨论的主题。

在学习新步法后，每个人都需要进行大量的练习和揣摩，这是技术巩固和提升的关键。一开始，可能需要集中精力练习一种步法，以便更好地理解其运行机制，掌握其技术要点。当一种步法熟练后，可以尝试将多种步法组合起来进行练习。例如，可以将进步和退步、垫步接单跳步、跳闪步中突进转突退或突退转突进等组合起来，形成一种复杂的步法体系。这样的练习方式，不仅可以提升搏击者对各种步法的掌握程度，更重要的是可以帮助他们适应实战中的复杂情况，提升他们的战斗能力。

为了更好地巩固步法，我们还可以结合信号来练习。例如，教练或同伴可以通过掌心、掌背的朝向、手指的数量，或者特定的动作等作为信号，搏击者根据这些信号进行相应的步法操作。这种练习方式可以提升搏击者对步法的反应能力，使他们能够更快地作出反应，提升他们的战斗实力。此外，这种方式还可以帮助他们更好地理解步法的运行机制，提升他们的技术水平。

另一种有效的步法训练方法是两人配合练习。两人一组，面对面站立，并保持一定的距离，分别扮演主动和被动的角色。主动的一方随意进行各种步法的练习，被动的一方则需要根据对方的步法变化作出相应的反应。例如，当一方进步时，另一方则退步；一方左闪，另一方也左闪；一方垫步，另一方则收步等。这种方式不仅可以提升搏击者的反应能力，也能够提高他们步法移动的准确性，即距离感。这是因为在这种训练方式中，两人需要尽可能保持相同的距离，这就需要搏击者准确地控制自己的步法和移动速度。

但是，我们必须明白，步法的目的不仅仅是移动，更重要的是它应该配合攻防动作，提高搏击者的实战效果。因此，我们需要将步法和攻防动作结合起来进行练习。例如，同一个冲拳，可以结合进步、退步或左右闪步等进行练习，这样能够更加便于对各种比赛战况进行适应。这种结合攻防动作的步法练习，不仅可以提升搏击者的步法水平，也可以提升他们的攻防技术，使他们在比赛中更加有竞争力。

最后，实战中的练习是对所有技术进行检验和提升的最有效方法。通过实战，搏击者可以对步法移动的时间、速度、幅度等效果进行检验，找出自己的不足，从而为技术的改进提供依据。在实战中，搏击者可以深入理解步法的运行机制，熟练掌握各种步法的运用，提升他们的战斗能力。

第二节　拳法训练

一、直（冲）拳

直（冲）拳是武术散打中一种非常基础和重要的拳法，能有效地攻击对手的面部和躯干。它的特点是快捷、直接，如闪电一般疾冲而出。在实施直拳时，需要保持身体稳定，拳头向前冲出，注意力集中在拳头上，全身力量贯穿其中，使拳打出的力量最大化。要让拳头与腰部的运动保持一致，这样才能在攻击的同时保持身体的平衡。

然而，许多初学者在训练时，常常会犯一些错误。常见的错误包括在冲出拳头时身体晃动，这将导致力量分散，不能有效地攻击对手。另一个常见的错误是忽视拳头的收回，只顾冲出，这将使人在攻击结束后暴露出防守的空当，给对手以反击的机会。正确的做法应是在拳头冲出后，立即收回，做好防守。同时，练习者还需要注意呼吸的协调，拳出时呼气，拳回时吸气，使力量与呼吸相协调，从而使出拳更有力量。

二、摆（掼）拳

摆（掼）拳作为武术散打中的一种拳法，也是极其关键的技巧，源于中国传统的拳术。摆拳之名，寓意着其动作中蕴含的力量，就如同挥舞、摆动的鞭子，蓄势待发，一旦发力，如破竹之势，势不可挡。

运用摆拳，需要一种自然且流畅的身体动态。摆拳不同于直拳的直线冲击，而是一种需要身体转动、手臂摆动的拳法，拳头像鞭子一样摆动，然后突然发力，打击对手。摆拳讲究的是发力的瞬间，这种力量不是平常的线性力量，而是蓄积在身体中的势能，一旦释放，就像弹簧一样瞬间打出，给对手带来强大的打击。

训练摆拳时，也常有误区。有些人在摆动手臂时过于用力，这将导致肌肉过度紧张，进而影响到拳力的释放。正确的做法是，应该在摆动手臂时，保持手臂的放松，使力量可以自由地在手臂中流动，然后在发拳时，再将这股力量集中到拳头上。另一个误区是，忽视了腰部的转动，只用手臂发力。而实际上，腰部的转动对于摆拳的发力至关重要。只有通过腰部的转动，才能真正发挥出摆拳的威力。

在动作完成之后，也应当注意保护自己。许多人在完成拳击之后，由于动作过大，暴露出了防守的空隙。因此，在发拳的同时，也要留心防守，做好回拳的动作，随时准备应对对手的反击。

三、勾（抄）拳

勾（抄）拳的特点就在其名字之中，象征着一种犹如钩子般的拳击方式。在散打中，勾拳的作用是非凡的，无论是对付接近的对手，或是在防守反击中，它都能发挥出巨大的威力。

勾拳的种类包括上勾拳、下勾拳、平勾拳及斜上、斜下勾拳等多种勾拳，每一种都有其独特的打击方式和攻击目标。例如，上勾拳主要用于攻击对手的胸、腹及下颌，而平勾拳则是以侧面部为主要攻击目标。各种勾拳在不同的距离和角度下，有各自的使用时机和适用条件。在练习中，熟练掌握所有适合不同距离、多种角度的打法，才能在实战中灵活应用。

在使用勾拳时，应注意发力的连贯性。打出勾拳的动力来自蹬地、转体、挺腹至臂，最后集中在拳面，这是一个完整的力量传导过程。在实施勾拳时，大、小臂的夹角会根据攻击目标的位置和距离的不同而变化，这也是勾拳中的一个重要细节。

勾拳中的左勾拳和右勾拳在使用上有些许不同。左勾拳在发力时，腰部向内转动，力量短促而集中。而在实施右勾拳时，发力应借助左脚蹬地、扣膝、转腰的力量，由下往上，力量顺达。无论是左勾拳还是右勾拳，在发力后都应迅速放松肩部，避免导致动作僵硬，影响接下来的拳法或连击。

然而，在使用勾拳时，也有一些常见的错误。一个常见的错误是在发力时，上体后仰、挺腹。这种错误可能是由于对发力机制理解不准确导致的。解决的方法是，慢动作练习，注意体会蹬地转腰的要领，以及发力时的短促感。另一个常见的错误是，发力时身体重心过分上提，这可能会导致上体后仰，影响到攻击的准确性和力量的发挥。对此，也需要在慢动作练习中，体会动作的要领，或者在练习时由同伴帮助调控重心的转移。

在实战中，勾拳的运用非常灵活。可以先做一些假动作虚晃，然后快速靠近对手，用上勾拳攻击对手下颌。或者当对手用右摆拳击向头部时，用左手挂挡防守，同时以右上勾拳反击对手下颌。这些都是在实战中运用勾拳的例子。

四、鞭拳

鞭拳在散打中是一种重要的横向进攻拳法，以其独特的动力传导方式和突发性攻击而备受重视。不同于其他拳法，鞭拳的力量是通过腰带动臂，借助身体转动的惯性来达到的。这种转体带来的惯性力量使鞭拳的攻击力十分强大，威力无比。

鞭拳的攻击目标主要是对手的头部和颈部，这也决定了其在格斗中的关键作用。由于鞭拳的动作幅度大且运行路线长，能够发出强烈且迅猛的攻击。而且，因为鞭拳是借助转体击打，所以在发出攻击时有一定的隐蔽性和突发性，使得对手很难预判和防御。因此，鞭拳既可以用于连续进攻，也非常适合防守反击。

实施鞭拳时，需要注意的关键是转体的快速和稳定，同时要保证动作的协调连贯。发出鞭拳后，身体也要迅速恢复到防守状态，以备对手的反击。然而，有些练习者可能会出现转体不连贯，站立重心不稳的问题，这时可以通过专门的转体练习来改善。另一些练习者可能没有作出正确的鞭打动作，而是形成了直臂鞭打，这将导致力点不准确，影响攻击效果。对此，可以通过在原地进行鞭拳练习，体会前臂鞭打的要领和用力感觉。

在实战中，鞭拳的运用需要灵活多变，出其不意。例如，可以先用左直拳作出佯攻，然后突然插步转体，利用右鞭拳快速攻击对手头部。或者，当对手用左侧弹腿攻击中盘时，可以迅速用左手挡防，随即转体，以右鞭拳反击对手头部。

五、组合拳技术

组合拳技术俗称连击拳，是武术散打中一种关键的进攻手段。它将单个的拳法进行有效组合，构建一套连续的拳法攻击，从而让对手防不胜防，从心理上施加压力。成功的组合拳技术需要在理解单拳技术的基础上，结合合理的步法，形成一套流畅且连续的拳击动作。

组合拳技术中最常见的组合包括左直拳和右直拳。在这一组合中，步法和拳法需要协调配合，快速连贯，特别是左拳需要快，右拳需要狠。这种组合可以打破对手的防御，使其处于被动状态。另一个常见的组合是左直拳、右直拳和左摆拳。在这个组合中，左、右直拳要快速连贯，左摆拳则需要借助上体的骤停向右拧转增力，快速还原。这样可以在连续攻击的同时，保持自身的防守。

再如左直拳、左摆拳和右勾拳的组合。在这个组合中，左直拳和左摆拳要协调连贯，左摆拳要猛；右勾拳则要借摆拳攻击后的缩身蓄力，突然挺腹、转体，爆发出强烈的攻击。这样可以在连续攻击的同时，准备好下一步的攻击。同样，左直拳、右摆拳和左鞭拳的组合也非常有效。在这个组合中，步法和拳法需要协调配合；左直拳要快，能破坏对手的防御；右摆拳要猛，为鞭拳做好准备；转体与鞭击要协调一致，鞭击要迅速有力。这样可以让攻击连贯流畅，让对手难以防备。此外，右直拳、左摆拳和右摆拳的组合也是一种有效的攻击手段。这个组合中，重心要前移，右直拳要重击；左摆拳要快，为右摆拳蓄力；转体与右摆拳要协调一致，能"超目标"地击打。这样的连续攻击，能给对手带来极大的压力。

在实际的训练和比赛中，组合拳技术的运用需要根据对手的情况和自身的条件进行灵活调整，不能僵化。理解和掌握了这些基本的组合拳技术后，练习者可以根据自己的情况，创造出自己独特的组合拳技术，从而在比赛或实战中占据优势。

第三节　腿法训练

一、正蹬腿

正蹬腿是散打中一种常用的技巧，它的应用既广泛又实用，既可以作为攻击手段，也可以用于防守。这种蹬腿技术能够有效攻击对手的头、胸、腹部，也可以在对手冲锋逼近时，反击其腹部，制止对手的进攻。正蹬腿不仅能使力量达到脚跟，还可以在蹬击对手的同时，利用脚踝发力，让前脚掌下压，使对手失去平衡并倒地。

运用正蹬腿时，需要做到动作迅速且猛烈，将腰部的力量充分传递到腿部，使得蹬腿时有爆发力。同时，蹬腿后还需要快速回收腿部，做好防护。这样的技术在比赛中的应用频率较高，对获得比赛优势具有重要作用。

左正蹬腿和右正蹬腿在动作上有些许不同。左正蹬腿是从左势站立开始，身体重心稍后移，同时左腿屈膝提起，脚尖上勾，向前蹬出，右腿直立或稍屈支撑。而右正蹬腿则是从左势站立开始，身体重心稍前移，同时右腿屈膝提起，脚尖上勾，随上体左转向前直线蹬出，左腿直立或稍屈支撑。

除了正蹬腿，还有一种技术叫作后蹬腿。后蹬腿主要用于配合其他技术动作形成连击或反击对手的前冲逼打，具有隐蔽性及转体增力的优点。做后蹬腿时，需要先将身体向后转，同时将要蹬出的腿屈膝抬起，脚尖勾起，然后向后蹬出。在实施后蹬腿时，另一条腿需要直立或稍微屈曲以提供支撑。

在实际比赛中，正蹬腿的运用也需要灵活应变。例如，当对手用右弹腿攻击时，可以用左腿抢先出腿蹬击对手的腹部或髋部。或者在对峙状态下，可以先用拳法佯攻，然后快速以右正蹬腿抢攻对手的胸部或腹部。

二、弹腿（鞭腿）

弹腿，又名鞭腿，是一种灵活多变的腿法技巧，它快速敏捷，击点广泛，形成的弧线使其具有相当的隐蔽性，难以被对手预判。它既可以配合多种拳法进行佯攻，形成连击，也可以借助灵活的步法侧闪，避开对手的正面攻击后进行反击。在散打格斗中，弹腿能够灵活运用于主动进攻或防守反击之中，运用时要做到快速连贯、爆发用力，并要击点准确，快打快收，以防对手抄抱。

左侧弹腿和右侧弹腿的动作虽然相似，但有其独特之处。左侧弹腿起始于右势站立，重心稍后移，左腿屈膝展髋，随即由曲到伸，向右前横弹。右侧弹腿则从左势站立开始，上体稍向左倾，右腿屈膝展髋，大小腿折叠，脚背绷直，随后大腿带动小腿向左前横弹。

在实际操作中，注意提膝、翻胯、弹击三个动作要一气呵成，完成动作要连贯、协调，以腰带腿，充分挺膝发力。弹腿发力时要明确挺膝，甩小腿，就像鞭子抽击物体一样，这种"鞭打"动作要明显。同时保持身体平衡，攻击到位后，要迅速还原。

尽管弹腿技术看似简单，但在实践中，也存在着一些常见的错误。例如，有些人在执行动作时，可能会坐髋、突臀，没有翻胯，形成撩摆，或者鞭打动作不明显。对于这些错误，我们可以通过一些特定的训练进行纠正，如做专门的提膝练习和左右转换蹬腿练习；注意上体稍立起，支撑腿应挺髋站稳；可多做踢击靶及打沙包的练习，体会动作要领等。

实际比赛中，弹腿的运用需要根据战况灵活变换。例如，可以先用左侧弹腿佯攻对手下盘，然后立即使用左侧弹腿实击对手上盘形成连击。或者在对峙状态下，当对手用右弹腿攻击你胸部时，可以迅速进行左侧闪步躲避，然后以右侧弹腿反击对手的头或胸部。

三、横踢腿

横踢腿是一种强大的横向型进攻动作，在搏击格斗中被广泛应用。它的攻击面大，范围广，可以直接踢打对手的头、躯干及下肢。这种动作需要运动员转体带腿，横向踢打，所以它的攻击力极大。而且，由于横踢腿可以与其他技法进行连击，或者以假动作掩护后进行攻击，所以在实战中使用横踢腿不仅可以突然发起攻击，还可以快速回到防守状态。

左横踢腿和右横踢腿在动作上有所不同。在执行左横踢腿时，运动员需要右势站立，重心稍后移。接着，运动员的左腿稍提膝，然后上体右转带动左腿由稍屈到直腿向右上方弧形扫踢。执行右横踢腿时，运动员需要左势站立，重心稍后移，然后上体左转带动右腿由稍屈到直腿向左上方弧形扫踢。

在实际操作中，重要的是保持连贯性和速度，并确保身体的平衡。在踢腿时，力量要从腰部发出，通过腿部传递到脚部。当完成攻击后，要迅速回到防守状态。这种快速的攻防转换是横踢腿的关键。另外，横踢腿的力量主要来自腰部和腿部的配合，所以在训练时，需要特别强化这两部分的力量和协调性。

四、踹腿

踹腿是搏击格斗中的一种重要技术，以其攻击范围广、变化多端，以及强大的攻击力而受到广泛的运用。踹腿不仅可以直接攻击对手的头部、躯干和下肢，还可以配合步法和其他技术进行连环攻击，进可踹，退可踹，展现出多样的攻击方式和巧妙的策略变化。在执行踹腿动作时，运动员需要灵活的步法，转动的支撑脚和突然的髋部扭转，才能达到最佳的攻击力度和距离。此外，还要保持快速的进攻和快速的防守，以防止对手的反击。

在实际操作中，左侧踹和右侧踹的动作要领有所不同，但其基本原则是一样的。首先，无论是左侧踹还是右侧踹，都需要将身体的重心移动，然后屈膝提起腿，接着展开髋关节，使脚掌面向攻击的方向。接着，迅速从屈腿状态伸腿，向前踹出，力量集中在整个脚掌上。完成踹腿动作的过程中，踝关节、髋关节和肩部要保持在一条直线上。而在完成踹腿动作后，都需要迅速恢复防守状态。

转身踹腿则是一种更为复杂的踹腿技术，需要运动员有较强的柔韧性和反应能力。在执行转身踹腿时，运动员需要迅速将身体转向对方，同时将腿提起，然后迅速展开髋关节，使脚掌面向攻击的方向，并迅速从屈腿状态伸腿，向前踹出。整个动作需要连贯快速，不能有任何停顿。

然而，在实际操作中，运动员可能会犯一些常见的错误，例如，踹腿时膝盖过于弯曲，或者踹腿无力，无法达到预期的攻击效果。为了避免这些问题，运动员需要进行大量的练习，特别是在力量的运用，支撑腿和攻击腿的配合，以及在空间中的位置关系等方面，都需要进行详细的训练和磨炼。

在实际比赛中，踹腿和其他技术的结合使用是非常重要的。例如，当对手用侧踹腿攻击时，运动员可以用低踹假装攻击对方下盘，然后立刻改变方向，用高踹攻击对方的上盘。或者当对手用左侧弹腿攻击时，运动员可以用前臂防守，然后立即用左侧踹反击对手。这就需要运动员在比赛中做到高度的警惕，灵活的调整策略，根据对方的动作和场上的局势，灵活运用踹腿和其他技术，以达到最好的攻防效果。

五、扫腿

扫腿是搏击格斗中一种独特的技术，通过使用身体的惯性和技巧，使得运动员能够在低位进行强力的弧线攻击，这种技术主要包括前扫腿和后扫腿两种，是一种高难度和高分值的动作。在运动员进行扫腿攻击时，一般需要先主动倒地，然后借助身体的转动来带动腿部的扫击，对对手的支撑腿进行突然的扫击。因为这个技术的难度较大，因此在实际比赛中使用的频率并不高。

在执行前扫腿的过程中，运动员需要保持连贯的动作，以及使用身体的转动来驱动扫腿，同时在扫腿时要注意加速发力，使得整个扫腿动作有足够的力量。而且，运动员在执行扫腿动作时，脚面需要保持绷直，同时也需要结合鞭腿的动作进行。在执行前扫腿的过程中，可能会出现扫腿无力的问题，这时候运动员可以通过慢动作的练习，反复体会动作的运行路线，充分利用身体转动的惯性来带动小腿加速发力。

在实战中，前扫腿可以在对手前冲逼打时，运动员迅速倒地横扫对手的踝关节，或者在对手用横踢腿攻击头部时，运动员迅速下蹲闪躲，同时以前扫腿猛力扫击对手左支撑腿的脚踝处。后扫腿则需要运动员在预备状态下，左腿屈膝全蹲，然后利用左脚前脚掌作为轴心，向右后方转体带动右腿向左后方进行弧线擦地直腿后扫，力量要达到脚跟。在这个过程中，运动员要注意下潜倒地转体时，要以头部领先，动作要协调连贯，同时在扫腿时，接近身体中线的区域要加速发力，力量要达到脚后跟或者跟腱处。后扫腿可以在对手用侧踹腿击打时，运动员两手迅速扑地用后扫腿扫对手的脚跟处，或者在对手用正踢腿攻击胸部时，运动员迅速下蹲闪躲，同时以前扫腿猛力扫击对手左支撑腿的脚踝处。

六、勾踢腿

勾踢腿是一种搏击技术，主要通过攻击对手的脚跟和踝关节来破坏其平衡，这样可以阻止对方的进攻并直接得分。这种技术需要运动员配合步法，主动接近对手，并且在执行勾踢的过程中，必须快速有力，且击打的位置必须准确。但由于这种技术在近距离作战中使用，所以运动员必须注意保护自己。

在执行左勾踢腿的时候，运动员需要将身体重心后移，右腿稍微弯曲作为支撑，同时左腿稍微提起膝盖，脚尖勾起。接着，上半身向右转，同时收腹和合胯，带动左腿向前和向右做弧形的勾踢，力量主要集中在脚弓内侧。完成这个动作后，运动员需要迅速恢复到预备姿势。

在执行右勾踢腿时，运动员需要将身体重心前移，左腿稍微弯曲作为支撑，脚尖外展。同时，右腿稍微提起膝盖，脚尖勾起，然后身体左转90°角。接着，收腹和合胯，带动右腿向前和向左做弧形的勾踢，力量主要集中在脚弓内侧。

倒地勾踢则是一个比较特殊的动作，运动员需要左倒侧扑，同时右腿由右向左擦地横摆，力量集中在脚弓内侧，目标是对手支撑腿的踝部。

在实际比赛中，如果对手逼近欲攻击并且身体重心落在左脚时，运动员可以迅速用右勾踢腿勾击对方的脚跟。另一种情况是，当对方用左正蹬腿攻击运动员的胸部时，运动员可以迅速抱住对方的腿，接着垫右步以左勾踢腿勾击对方右支撑腿下端，同时用手上托对方的腿，将对手摔倒。

勾踢腿技术需要高度的协调性和力量，以及精准的力点和方向感知。运动员在训练时，可以通过多次练习来体会动作的运行路线、用力方向和着力点，从而更好地掌握这一技术。在比赛中，运动员需要灵活运用这种技术，结合其他技巧，以达到更好的攻防效果。

七、截腿

截腿是一种兼具进攻和防守双重作用的技术，主要目标是对手的膝关节或小腿。这种技术不仅可以主动进攻，同时也能有效阻断对手的腿法进攻。在实施截腿时，需对战局有精确的判断，以快速、精准的反应，抢先出腿，以快打慢，用强烈的力度截击对手的小腿，进而打乱对手的攻击节奏。在这一过程中，运动员需要时刻保持对自己身体的保护，并在截击成功后迅速恢复防御姿态。

右截腿是这项技术的一种典型实施方式。运动员首先需要将身体重心前移，并稍微左转身体，左腿略微弯曲作为支撑。与此同时，右腿需外旋并屈膝提起，脚尖向内勾起并外翻，然后迅速向前下方进行截击，力道主要集中在脚掌部位。在实施这项技术时，关键在于脚踝的紧张，出腿的速度，出腿时的髋部推进，以及在执行过程中保持身体的平衡。然而，也有可能在实施截腿时出现一些常见的错误，如重心后仰、动作幅度过大、上肢防守存在漏洞等。为了避免这些问题，运动员可以通过反复对木桩或沙包进行截腿练习，不断体会动作的要点，同时也要时刻注意对自身上体的防护。在实战中，如当对手进步准备用拳攻击时，运动员可以快速用右腿截击对手小腿正面，打乱对手的进攻步伐。或者，在对峙状态下，当对手准备用右腿进行攻击时，运动员可以抢先出腿，直接截击对手的小腿，削弱对手的攻击力度。

八、转身后摆腿

转身后摆腿是一种横向击打的弧线性腿法，它以其长的运行路线、大的动作力量和强烈的杀伤力而闻名。该腿法一般分为前转身后摆腿和后转身后摆腿两种，因其技术难度较大，在比赛中使用频率较低，但也因此常能给对手造成意外的打击，使其防不胜防。

在前转身后摆腿的动作中，运动员首先需要将重心前移，后脚向前上步至前脚前方，脚尖内扣，然后向左后转体，将重心移至上步脚上。接着，以上步脚的前脚掌为轴，向左后转体180°角，随着转体动作上体向左侧倾倒；同时提起左腿向身体侧前方伸腿，然后向左、向上横摆，脚面绷直，力道主要集中在脚前掌或脚后跟。后转身后摆腿则是从预备式开始，前脚内扣，重心前移，以前脚掌为轴身体朝右后转体180°角。随着转体的动作，后腿向前展髋伸直，至中心线区域时小腿加速横摆，脚面绷直，力达脚前掌或脚后跟。完成动作后，收腿回到原来的预备姿势。

这些动作的要点在于转身时以头领先，并借助其惯性，出腿、摆腿动作要协调连贯。转身后摆出腿先朝前展髋伸腿至体位的中心线区域，然后大腿后侧发力，屈膝收小腿向后摆动。这样能够更好地控制力量和方向，实现精准的打击。在实战中，如当双方对峙的情况下，以后鞭腿做假动作佯攻后，再顺势迅速前转身后摆腿攻击对方躯干部位，这样可以使对手防不及防，造成意外的打击。或者当对手向前进攻时，可以趁其不备突然后转身后摆腿攻击其躯干部位，打断对方的进攻节奏，扭转局面。

九、腾空侧踹腿

腾空侧踹腿是一种在实战中较难运用的腿法，尽管在散打规则中被列为4分动作，但其技术难度与要求高，一般运动员会在主动进攻，追击和逼打对手时使用。运用这种腿法，需要运动员借助自身的冲力增加攻击威力，力求重创对手，同时要注意时机适当，距离适宜，并快打快收，注意对自己身体的防护，以免给对手造成可乘之机。

在进行腾空左侧踹时，运动员首先将身体重心前移至左脚，上体随之稍左转，同时右腿屈膝提起并向前摆出；随即左脚用力蹬地使身体腾空，同时左腿屈膝、勾脚尖，迅速由屈到伸向前踹出，力达全脚掌。踹击结束时，右腿自然落地缓冲。在这一过程中，腾空与踹击要快速连贯，全身要协调配合，踹击时要借助自身的冲力，踹击后要注意保持自身平衡。另外，腾空的高度要根据对手的位置而定，一般不可跳得过高。

在实战中，腾空侧踹腿的使用需要灵活多变。例如，当主动进攻致使对手防守失措时，可以迅速腾空踹击对手头部或胸部，这样能有效利用对手的失误，获取比赛优势。或者当对手消极抵抗或疲惫不堪时，用腾空侧踹腿攻击其头部或躯干，也能有效提高比赛的积分和胜算。

十、组合腿法

组合腿法是散打比赛中的一种常用技术，其核心思想是将各种单个腿法技术进行合理组合，形成连续攻击，以期打乱对手的节奏，获取比赛优势。这种技术方法需要运动员具备出色的技术储备，同时也要求他们具有敏锐的观察力和快速的判断力，才能根据比赛情况灵活运用。例如，"左低侧弹—左侧踹"这个组合，运动员要快速并且准确地执行左弹腿，打击对方的小腿或脚踝，然后顺势向前落步，并在右脚用力蹬地、身体重心前移的同时，借助身体的冲力，猛力进行左侧踹，力求打出连贯、迅猛的攻击。在"左侧踹—右侧弹"这个组合中，运动员要做到左侧踹攻击迅猛有力；随着踹击身体重心迅速前移，左脚顺势左前落步并迅疾进行右侧弹击；侧弹击点要多变，以增加对手的防守难度。至于"连续侧踹腿—后鞭腿—左转身后摆腿"这个组合，首先运动员需连续左腿侧踹对方，踹击后快速收回，右脚迅速鞭打对方，打击后顺势向前落步，然后迅疾进行左转身后摆腿，整个动作需要协调、连贯，一气呵成，保持身体平衡。

组合腿法的运用，既体现了散打比赛的激烈程度和技巧性，也展现了运动员的技术实力和策略智谋。正确地运用组合腿法，不仅能打出精彩的连击，提高比赛观赏性，也能在一定程度上决定比赛的胜负。然而，无论哪种组合腿法，都需要运动员根据实际比赛情况灵活选择，因此需要他们经过大量的训练和比赛实践，提高对比赛节奏的把握和应变能力。

十一、拳腿组合

拳腿组合是散打比赛中的一种常用技术，它主要是将单个的拳法与腿法组合，或者拳法组合与腿法组合再进行组合，依据动作转换的合理性和实战的可行性进行组合编排。在这种技术方法的使用中，运动员需要考虑到攻击的连贯性，速度及对手的应对可能性，选择最有利于自己的拳腿组合形式。

拳腿组合的运用，对运动员的技术功底和反应速度要求较高。例如，在"左低侧弹—右冲拳"的组合中，运动员需要首先快速且有力地执行左侧弹腿，攻击对手的小腿或脚踝，然后右脚蹬地，使身体向前移动，借助身体的冲力，猛力进行右冲拳。这样的动作需要在瞬息之间完成，要求运动员具有很强的技术储备和反应能力。"左正蹬—左冲拳—右冲拳"这种组合则要求运动员在蹬腿后快速收腿，向前落步，借助右脚蹬地的力量，使身体向前冲去，然后同时出击左右冲拳，要求动作连贯，打击力度大。"左掼拳—右横踢"组合中，运动员需要在执行掼拳后，迅速利用上体右转蓄力，接着快速左转体带动右腿猛力向左横向踢击。这要求运动员在出拳和踢腿间的转换动作中，做到动作连贯，速度快，力度大。"左右掼拳—右鞭腿—转身后摆腿"这个组合更是考验运动员的技术和速度，他们需要快速连贯地完成掼拳、鞭腿、转身后摆腿三个动作，整个过程要一气呵成，无论是拳法还是腿法，都要求速度快、力度大，打击准确。在"左冲拳—右冲拳—右勾踢"的组合中，运动员首先需要迅速地出击左、右冲拳，尽可能地控制对手，不给对手反应的机会。然后，在对手应对冲拳的瞬间，运动员需要迅速地变换动作，利用短促爆发的力量，执行右勾踢。这种组合旨在通过连贯的冲拳控制对手，然后利用对手应对冲拳的瞬间，快速地转换到勾踢，以期达到出其不意，打乱对方节奏的效果。"左侧踹—左直拳—右鞭腿"的组合则是利用了迅猛有力的侧踹，以期破坏对手的防御，然后在侧踹后迅速地发力，执行左直拳。在直拳攻击的同时，再迅速地转换到右鞭腿，利用鞭腿的弹击力，对对手进行连续的打击。这种组合的目标是通过侧踹打开对方的防线，然后利用直拳和鞭腿的连续攻击，对对手进行压制。

无论哪种拳腿组合，都需要运动员准确地判断比赛情况，选择最适合的拳腿组合形式。同时，他们也需要经过大量的训练，提高自己的技术储备和反应速度，才能在比赛中灵活地运用拳腿组合技术，取得比赛的胜利。

第四节 摔法训练

一、抱腿过顶摔

抱腿过顶摔，这种技巧要求练习者以果断和迅猛的行动，在防守反击时用对手向前冲的力量将其扛起并摔出。由于其凶狠的动作和对对手造成的极大心理压力，使得这个动作在搏击格斗中被频繁使用。虽然这种技巧看似直接和有力，但在使用时，我们需要精心设计策略来引诱对手，同时保护自己的头部和颈部，以防受伤。

抱腿过顶摔分为抱双腿过顶摔和抱单腿过顶摔两种形式。在抱双腿过顶摔中，运动员需要抱住对手的双腿根部，然后用左肩顶住对手的髋、腹部。接下来，运动员需要迅速地上右步，同时蹬腿、挺腰、抬头，最终将对手向后摔。与此同时，抱单腿过顶摔是另一种变体，其中，左手抱住对手的左腿根部，右手由外向内抱住对手的左腿，左肩则前顶对手的髋、腹部，用肩为支点将对手抱起后向后摔。在实际应用这两种技巧时，关键在于快速、连贯的动作，以及准确的抱腿。在抱双腿过顶摔中，运动员必须下潜、闪快，上步要迅速，顶肩、蹬腿要连贯，抱腿要紧，两手要上托助力。在抱单腿过顶摔中，也是同样的原则。

在实战中，运动员可以运用截腿佯攻的方式，引诱对手前冲攻击，当对手用拳攻击你头部时，运动员需要迅速下潜躲闪，同时上步，屈膝、弓腰，抱住对手的腿并用肩前顶对手的髋、腹部，然后通过蹬腿、挺腰、抬头的连贯动作，将对手向后摔。此外，通过精心设计的策略，运动员还可以在使用抱腿过顶摔时，利用对手的力量，通过抱腿、转移重心、使用身体的冲力，将对手抱起，以达到快速摔倒对手的目的。然而，这种技巧需要非常精确的判断和快速的反应，这也是为什么在使用抱腿过顶摔时，对运动员的训练和经验有很高的要求。

二、抱腿前摔

抱腿前摔是一种依赖破坏对手平衡来将对手摔倒的技术，虽然其摔法没有过顶摔那么凶狠，但同样能给对手产生心理压力。这种招式需要运动员近距离下蹲攻击，这往往容易使运动员的头部和颈部受到对手的压制，因此，出手必须果断、迅猛，同时需要注意对自身的防护。

抱腿前摔分为两种类型，即抱双腿前顶摔和抱单腿挫膝摔。在抱双腿前顶摔中，运动员首先要抱住对手的双腿。当对手重心下降防守时，运动员需迅速用力回拉，同时用左肩前顶对手的髋、腹部，并配合两腿向前蹬伸的动作，将对手顶倒。另一种技术则是抱单腿挫膝摔。运动员首先抱住对手的双腿。当对手的重心下降并且按压运动员的背部反抗时，运动员要迅速用右手猛力回拉对手的小腿下端，同时左手收回抱住对手的左大腿中下部，左肩前顶对手的左大腿根部，最终使得对手的膝关节受挫，倒在地上。

在实战中，为了使这两种技术更为有效，运动员需要迅速下潜，抱腿要紧，两手后拉与顶肩要协调一致，发力要迅猛。运动员可利用截腿佯攻的策略引诱对手前冲攻击，当对手用拳攻击头部时，运动员迅速下潜躲闪，同时上步，屈膝、弓腰，两手由外向内抱住对方双腿，再根据对手的反应，运用抱双腿前顶摔或是抱单腿挫膝摔，将对手摔倒。这种技巧的运用，不仅需要运动员拥有高超的实战技巧，还需要具备精准的判断力和快速的反应力。

三、切摔

切摔是一种高级的摔法，主要是通过别住对手的腿部，同时拧转对手的上体，从而破坏其平衡，使其摔倒。在搏击格斗中，切摔往往被用于主动进攻中，借助其强大的气势压制对手。运用这一技术时，上步必须突然、出手必须果断且迅猛，同时要特别留意防范对手的拳击，迅速进行格挡，然后利用快速而有力的动作将对手别倒。

要完成切摔，运动员首先需要使用左脚向对手的左腿后方插步，这样可以将对手的腿部别住。同时，左臂要从对手的右肩上穿过，然后向前下方进行切压，目标是对手的颈部。在作出这一系列动作的时候，上体要向前俯，并向右进行拧转，最后将对手摔倒。在实践切摔的过程中，插步别腿和切压的动作必须协调一致，且要快速有力。

在实战中，如当对手使用左摆（掼）拳攻击运动员的头部时，运动员需要迅速用右前臂向外格挡并搂抓对手的手臂。然后，迅速使用左脚向对手的左腿后方插步，别住对手的腿部。接下来，左臂从对手的右肩上穿过，向前下方切压对手的颈部。同时，上体向前俯并向右拧转，最后将对手摔倒。这个过程需要运动员的反应速度快、动作熟练，并且需要对摔法的技术有深入的理解和实践，才能在实战中灵活运用。

四、夹颈过背摔

夹颈过背摔是一种相当独特的摔法，通过利用自己的侧臀部作为支点，翻转对手，将其摔倒。这种技术在搏击格斗中，主要用于防守反击环节。在使用这种技术时，需要快速地进行格挡，迅速地上步，并且出手要果断和迅速。这需要运动员对摔法的技术有深入的理解和实践，才能在实战中灵活运用。要实现夹颈过背摔，运动员首先需要将右脚放在对手右脚的前方，然后右臂屈肘夹紧对手的颈部。紧接着，运动员需要向左转身，使得左脚后退至与右脚平行的位置，此时背对对手。接下来，运动员需要屈膝，利用右侧的臀部抵住对手的腹部。最后，通过蹬伸双腿，弓腰向下，低头，将对手背起并摔倒。

在实战中，如当对手用摆（掼）拳攻击运动员的头部时，运动员需要迅速用左前臂向外格挡并搂抓对手的手臂。接着，迅速上右步，落在对手右脚前方，同时右臂屈肘紧夹对手的颈部。继之向左转体，使左脚背步与右脚平行，背对对方，两腿屈膝，用右侧臀部抵住对手的腹部。最后，两腿蹬伸，向下弓腰、低头，将对手背起并摔倒。整个过程需要运动员的反应速度快，动作熟练，同时必须对摔法的技术有深入的理解和实践，才能在实战中灵活运用。

五、接腿涮摔

接腿涮摔是一种高级的搏击技巧，主要目的是通过移动对手的重心，破坏他们的平衡，最终达到摔倒对手的目的。这种策略在搏击格斗中，主要用于防守反击。执行此项动作时，需要保证后扯和涮腿动作连贯，迅猛且有力。

在执行接腿涮摔时，首先需要做的是迅速抓握对手的左脚踝关节，并迅速向后扯。这个动作的目标是迅速打破对手的平衡，并使他们无法稳定自己的身体。随后的动作就是涮腿，也就是向下和左下方向进行弧形摆荡，以将对手完全摔倒。在这个过程中，动作的连贯性和力度至关重要。只有保证动作迅猛、有力，才能成功地执行接腿涮摔。

对于实战应用而言，比如当对手用左正蹬腿踢击你的胸部时，你应迅速用两只手抓住对手的左脚踝关节，然后迅速向后扯，接着，向下和左上方向进行弧形摆荡，最终将对手摔倒。这一系列动作要求运动员反应迅速，动作准确。

六、拉膝拨腰

拉膝拨腰是一种巧妙的防守反击技巧，其关键在于利用对手向下压制头部、颈部的力量，借助这股力量推倒对手。这个技术能给对手造成一定的心理压力，使他们不敢轻易尝试夹颈摔。在搏击格斗中，拉膝拨腰技术主要用于反反击的情况。该技术的运用需要掌握好顺势借力的技巧，利用"四两拨千斤"的原理，轻而易举地将对手推倒。在这一过程中，保护自身安全也至关重要。

具体的动作要领包括：当对手夹住你的颈部，试图使用夹颈摔时，你需要迅速下蹲，右手从外向内，回拉对方的膝关节下侧，同时，左手（前臂）向前下方拨压对手的腰部，利用这种动作，你可以将对手向前摔倒。在这个过程中，下蹲的动作要快，而拉膝和拨压的动作需要协调一致，而且要快速有力。

在实战中，当你用摆（掼）拳攻击对手的头部时，对手可能会迅速用左前臂向外格挡并搂抓你的手臂，然后上右步，落在你的右脚前，同时用右臂屈肘夹紧你的颈部，准备使用夹颈摔。在这种情况下，你可以迅速下蹲，用右手从外向内回拉对方的膝关节下侧，同时，左手（前臂）向前下方拨压对手的腰部，利用这种动作，你可以将对手向前摔倒。

七、压颈推膝摔

压颈推膝摔是一种搏击技术，其中的诀窍在于利用对手的腿作为支点，翻转对手，使对手失去平衡并摔倒。在搏击格斗中，这种技术主要用于反反击。使用时，首先需要按压对手的头部或颈部，控制其反抗的机会，然后迅速上步，托起对手的膝部，破坏对手的平衡，进而摔倒对手。

具体的动作要领如下：当对手抱住你的左腿膝关节时，你应立即降低重心，并用左手按压对手的后颈部，右手由内向外推托起对手的左膝关节，然后向左后转体，将对手扳倒。在整个过程中，反应要迅速，按压颈部与托起膝部的动作需要协调一致，动作要迅猛有力。

在实战中，当你以拳击的方式攻击对手的头部时，对手可能会迅速下潜躲闪，并试图上步，以抱单腿前顶摔将你摔倒。在这种情况下，你应立即降低重心进行防守，然后用左手按压对手的后颈部，右手由内向外推托起对手的左膝关节，最后向左后转体，将对手扳倒。

压颈推膝摔是一种高效的反击技巧，需要准确判断时机，迅速下降重心，协调执行压颈和推膝动作。这种技术不仅要求对战斗策略有深刻的理解，而且还需要高度的灵活性和反应速度。熟练掌握这种技术，可以帮助你在对抗中快速反击，打破对手的攻势，甚至逆转战局。

八、搂腰过背摔

搂腰过背摔是一种利用运动员的侧臀部作为支点翻转对手，使对手摔倒的格斗技巧。这种技术在搏击格斗中，主要用于防守反击环节，以便在一瞬间转变为攻击。实施此技术时，运动员需要迅速地进行格挡，突然上步，并果断、迅猛地出手。在执行这一系列动作时，运动员需要时刻警惕，确保自身的防护。

搂腰过背摔的动作要领主要包括：运动员首先使用右臂从对手的腋下穿过，搂抱对手的腰部。然后，运动员迅速上右步，让自己的右脚落在对手的前方。接着，运动员向左转体，背对对手，两腿屈膝，用右侧臀部抵住对手的腹部。最后，运动员两腿蹬伸，向下弓腰、低头，利用臀部的支点将对手背起并摔倒。

在实战中，如当对手用摆（掼）拳攻击运动员的头部时，运动员需要迅速用左前臂向外格挡，并用右臂从对手的腋下穿过搂抱对手的腰部。随后，运动员迅速上右步，使自己的右脚落在对手的前方，然后向左转体，背对对手。两腿屈膝，用右侧臀部抵住对手的腹部。最后，运动员两腿蹬伸，向下弓腰、低头，利用臀部的支点将对手背起并摔倒。这个过程需要运动员的反应速度快，动作熟练，同时必须对摔法的技术有深入的理解和实践，才能在实战中灵活运用。

九、抱腿过背摔

抱腿过背摔是一种精确而有力的摔法，以自身的右肩作为支点，翻转对手，最终将对手摔倒。在搏击格斗中，这种技术主要在防守反击时使用，要求运动员有敏捷的下蹲躲闪动作，精确的时机判断，以及突然而果断的扛腿动作。执行此项技术时，还需要特别注意自身的防护。

执行抱腿过背摔的步骤包括：首先，运动员需要迅速地使用两手抓住对手的右小腿或脚踝处，然后向左后转身，左腿做背步动作，两膝同时屈蹲，将对手的右腿抬扛至右肩上。这一系列动作要求动作快速连贯，整个过程应当一气呵成。接着，低头弓腰，两腿同时发力蹬伸，两手向前下方猛力拉拽，最终将对手过背摔倒。

在实战中，当对手使用右蹬腿或侧弹腿攻击你的胸部时，你需要迅速使用两手抓住对手的右小腿或脚踝处。然后，迅速向左后转身，左腿做背步动作，两膝屈蹲，将对手的右腿抬扛至右肩上。接下来，低头弓腰，两腿蹬伸，两手向前下方猛力拉拽，将对手过背摔倒。

十、接腿勾踢摔

接腿勾踢摔是一种战术性的摔法，通过尽可能地控制对手的反击，破坏对手的支撑点，使对手失去平衡而将其摔倒。这种技术的威力较接腿上托摔大，主要在搏击格斗中的防守反击时使用。使用该方法时，要注重抄抱腿的时机，要有效地控制对手，同时防止对手用膝部顶击自己的胸部。

接腿勾踢摔的主要动作包括：首先，用左手抄抱对手的小腿。同时，右手从对手的右肩上穿过，向下压对手的颈部。然后，左手上抬，同时右脚从右向左猛力勾踢对手的左侧支撑腿的踝关节处，这样就可以将对手摔倒。在执行这一系列动作时，左手抱腿要紧，左手上抬、右手拉拽与勾踢动作的协调性、迅猛性和力度都是成功的关键。

在实战中，如果对手用右侧弹腿踢击你的头部，你可以迅速向左上左步，用左手抄抱对手的小腿。然后，右手从对手的右肩上穿过，向下压对手的颈部。同时，左手上抬，右脚从右向左猛力勾踢对手的左侧支撑腿的踝关节处，这样就可以将对手摔倒。这就是接腿勾踢摔在实战中的应用，需要运动员具有良好的反应能力、力量和技术配合才能成功执行。

十一、接腿转压摔

接腿转压摔是一种依赖于摧毁对手平衡以达成摔倒效果的战术。这种战术具有一定的攻击力，并在搏击格斗中的防守反击时段得以广泛应用。使用此方法时，必须把握住抄抱腿的恰当时机，扳压和旋转动作要果断迅速。同时，由于与对手的距离相当接近，也必须注意对自身的防护。

接腿转压摔的核心动作包括：左手快速抄抱对手的腿腋窝处，右手则抓住对手小腿下端。随后，右脚向后撤步，身体向右旋转，右手向内扳压。与此同时，左肩前部顶向对手的大腿内侧，以此破坏对手的平衡，最终达成将对手摔倒的目标。在这一系列动作中，抱腿需要紧固，撤步、旋转和扳压的动作要快速连贯，且各部分的协调一致性非常重要。[①]

在实战中，如果对手使用左侧弹腿向你的腹部发起攻击，你可以迅速向前迈步，用左手抄抱对手的腿腋窝处，右手抓住对手小腿下端。稍微低下头，接着撤回右脚，含胸收腹，身体向右旋转。与此同时，右手向内猛烈地扳压，左肩的前部顶向对手的大腿内侧，使对手失去平衡并摔倒。这就是接腿转压摔在实战中的运用，它需要运动员具备良好的反应能力和准确的技术配合。

十二、接腿打腿摔

接腿打腿摔是一种通过控制对手的支撑点，破坏对手身体平衡，使对手失去控制并摔倒的战术。在搏击格斗中，这种战术主要应用于防守反击阶段。使用这一战术时，左腿打腿的时机把握要准确，发力需迅猛并且快速，同时也要注意保护自己的颈部避免受伤。

接腿打腿摔的关键动作是：左手迅速抄抱对手的左腿腋窝处，右手

---

① 佟庆辉. 散打擒摔技法［M］. 北京：北京体育大学出版社，1994：15.

同时抓住对手左小腿的下端，然后迈右步，使身体向右后方转动。接着，左腿猛力地从右向左扫向对手的右支撑小腿，这样就可以破坏对手的平衡，使对手摔倒。在执行这些动作时，抱腿必须紧固，转体和打腿的动作需要协调一致，速度也要足够快，发力要强烈。

在实战中，如果对手用左正蹬腿攻击你的胸部，你可以迅速地向左侧移动来躲避攻击，同时左手抄抱对手的左腿腋窝处，右手抓住对手左小腿的下端。接下来，迅速迈右步，使身体向右后方转动，然后用左腿猛力地从右向左扫打对手的右支撑小腿，破坏对手的平衡并使对手摔倒。这就是接腿打腿摔在实战中的应用，需要运动员有良好的反应速度，精准的技术配合，以及足够的力量。

十三、接腿搂腿摔

接腿搂腿摔的主要目标是通过控制对手的支撑点，破坏对手的身体平衡，从而使对手失去控制并倒地。这种技巧在搏击格斗中常用于防守反击时，对手的攻击给了你机会接腿，然后用你自己的攻击来回击，最终将对手摔倒。在实施这种策略时，需要果断迅猛地执行动作，同时也要注意防止对手用膝顶击打你的胸部。

接腿搂腿摔的主要动作包括：首先，左手迅速抄抱对手的左腿腋窝处，右手同时抓住对手的小腿。接着，迅速向前迈右步，然后抬起左腿，从前向后搂踢对手的右支撑腿小腿，同时两手向上抬起，前推，将对手摔倒。在这一系列动作中，抱腿必须牢固，转体和搂踢的动作需要快速且有力，以确保将对手成功摔倒。

在实战格斗中，如对手用左侧踹腿攻击你的胸部，你可以迅速向左侧移动躲闪。然后，左手迅速抄抱对手的左腿腋窝处，右手同时抓住对手的小腿。接着，迅速向前迈右步，抬起左腿，从前向后搂踢对手的右支撑腿小腿。同时两手向上抬起，前推，将对手摔倒。这一系列动作要快速连贯，以确保能有效地将对手摔倒。

十四、接腿上托摔

接腿上托摔是一种通过破坏对手身体平衡来使其摔倒的技术。尽管其威力可能不及过顶摔或过背摔，但其简单、迅速的特性也能给对手带来一定的心理压力，并阻止对手轻易出腿。在搏击格斗中，该技术常用于防守反击时。运用此技术时，要在适当的时机含胸抓腿，推举动作要果断而迅猛，并且要注意防止对手蹬踏自己的胸部。

执行接腿上托摔的关键步骤包括：首先，运动员需要用两手抓住对手的小腿下端或脚踝处，然后屈臂向上抬起。接着，运动员用两手交换挟住对手的脚，然后猛力向前上方推举，使对手摔倒。在这一系列动作中，抓脚和换手的动作需要快速连贯，推举动作需要迅猛有力。

在实战中的应用示例是：当对手用右正蹬腿踢击运动员的胸部时，运动员需要迅速用两手抓住对手的小腿下端或脚踝处。然后，运动员迅速屈臂上抬，同时用两手交换挟住对手的脚。与此同时，运动员需要迅速上右步，然后猛力向前上方推举，使对手摔倒。此动作需要运动员迅速、准确，同时必须对摔法的技术有深入的理解和实践，才能在实战中灵活运用。

十五、腿摔组合

腿摔组合结合了各种动作以达到打破对手平衡，最终摔倒对手的目的。下面笔者将详细探讨以下几种腿摔组合的技术要点和实战应用。

（1）左侧弹—左切摔。这个技术需要的是侧弹的速度和力度，同时右前落步，然后快速连贯地进行切摔。在这个过程中，身体的上下部分需要协调一致，这样才能确保技术的流畅性和强大的力量。

（2）左正蹬—抱腿前顶摔。在这个技术中，重点在于快速蹬腿并快速收回，然后顺势向前落步。在下潜抱腿的过程中，拉腿与顶肩的动作需要协调。

（3）左低侧弹—右横踢—右夹颈摔。这个技术的要点是侧弹脚的速度和力度，同时快速收回，然后顺势左前落步。在这之后，运用夹颈、背步和摔倒的动作，这些动作需要快速连贯，一气呵成。

（4）左侧踹—接腿勾踢摔。在这个技术中，侧踹的速度和力度是关键，同时还需要快速收回腿。在上步接腿的过程中，勾踢需要爆发出强大的力量，同时两只手需要配合上抬。

（5）右低横踢—左转身横扫腿—接腿打腿摔。这个技术的要点是横踢需要对准目标，同时需要顺势左前落步。接着，进行转身扫摆，这需要迅猛的力量。在接腿、打腿的过程中，整个身体需要协调一致，动作需要快速连贯。

除腿摔组合外，还有拳腿摔组合。这是一种结合了拳击和腿摔的技术，其中包括左低侧弹—右冲拳—抱腿摔，右冲拳—左侧踹—左切摔，左正蹬—右掼拳—右夹颈摔，左冲拳—右侧弹—接腿搂腿摔，以及左掼拳—左侧踹—接腿打腿摔。这些技术都需要快速的拳击动作，强烈的踢腿力度，以及快速连贯的接腿和摔倒动作。这种技术的掌握需要熟练的拳腿技巧，快速的反应速度，以及灵活的身体协调性。

第五节 跌法训练

散打中的跌法，尽管看似简单，但实际上涉及的身体协调性和灵活性十分深厚。其精髓在于身体和大脑的快速反应，以及身体肌肉的力量和灵活性。身体每一个部位，无论是膝盖、背部、手腕还是脚踝，都必须在瞬间作出正确的反应，保持最佳的姿势，以保护自身不受伤害。这需要借助日常的严格训练和实践，培养身体的敏捷性和反应力。

一、前倒

前倒的核心技术是能够在落地的瞬间利用手臂的动作来缓解对身体的冲击。这是一种防御性的技巧，旨在保护运动员在跌倒过程中受到伤害。

（一）手臂外旋

手臂外旋是实现前倒的关键一步，也是最初的动作。运动员在意识到自己即将倒地时，需要迅速作出反应，通过手臂外旋，为后续的拍地动作做好准备。此时，两手前掌朝内，肘部微曲，双臂略微打开，保持平行于地面，这种姿态能够为即将发生的前倒提供较好的保护。

在这个过程中，运动员需要保持肌肉的紧张，尤其是肘部周围的肌肉。这样做可以避免在外旋时手臂受到过度拉伸，造成肌肉或韧带的损伤。另外，保持手臂的弹性也可以帮助运动员更好地吸收落地的冲击力。

手臂外旋的练习对于提高运动员的前倒技术有着重要的作用。不仅如此，这个动作的训练也能够增强运动员上肢的力量，提高手臂的反应速度，使运动员在面对突发情况时能更快更准确地作出反应。因此，教练在进行前倒训练时，应该重点指导和督促运动员进行手臂外旋的练习。

（二）两手小臂内侧拍地

当身体失去平衡，开始倾倒的一瞬间，两手小臂内侧拍地的动作成了前倒过程中的关键一环。这一动作的目的是通过运动员的手和小臂将即将冲击到身体的力量向外引导，从而尽可能地减少冲击力对身体的伤害。

这需要运动员对自身肌肉与关节运动的精准掌控。当身体开始下落，运动员需立即使两手小臂内侧贴近地面，紧贴地面滑行，将下落的动能分散开来，避免身体的直接撞击。在执行这一动作时，手部的排列应保持一定的形状，使得手指、手掌及前臂的力量得以合理分配，增加对冲击力的承受面积，进一步分散力量，保护头部和躯干避免受伤。在执行这一动作的同时，运动员的上半身、头部和颈部需要与地面保持一定的距离，避免头部直接与地面碰撞。肩膀的力量和稳定性在这里也发挥了重要的作用，它们需要与小臂一起协同工作，形成一个支撑系统，帮助身体在触地时缓解冲击。[①]

对两手小臂内侧拍地的训练，可以提高运动员的手臂力量、灵活性和协调性，让他们在面对突然的跌倒时能作出更快速、更准确的反应。因此，这一动作应在日常训练中得到充分的重视和实践。

（三）冲击力的消耗与分散

当身体开始前倒时，运动员面临的挑战是如何有效地消耗并分散即将对身体产生的冲击力。对于这一点，运动员在进行前倒的过程中，通过合理的运用身体各部分的力量和位置，可以成功地将冲击力消耗并分散。

通过运动员的两手小臂内侧拍地这一动作，运动员可以利用手和前臂的接触面积分散落地时产生的冲击力，减少对单一部位的冲击，降低受伤的可能性。运动员在前倒时适当地调整身体姿态，如弯曲膝关节，塌陷臀部，可以帮助身体形成一种缓冲区，进一步消耗冲击力。通过顺势翻滚，运动员可以将冲击力转化为滚动的动能，使得落地的冲击力能够在更大的范围和时间内分散开来，从而降低对身体某一部位的冲击。此外，在落地的一瞬间，呼气可以帮助身体放松，减轻对内脏的冲击。

在训练中，运动员需要不断地练习并掌握这些技巧，以提高在实际比赛中成功消耗并分散冲击力的能力，防止身体受到损伤。这一点对于任何级别的散打运动员来说都非常重要，需要在日常训练中得到充分的

---

① 权黎明. 武术散打运动训练理论与方法 [M]. 北京：中国商务出版社，
2008：95.

重视和实践。

（四）身体协调性和力量训练

为了有效执行前倒，运动员需要拥有良好的身体协调性和力量。这些能力并非自然而然就能得到，而是通过精心设计和持续的训练才能获得。

身体协调性训练是为了确保运动员在前倒过程中的每个部位都能够协同工作，形成流畅、有力的动作。这包括手臂、腿部、躯干的协调运动，以及在运动中保持平衡和稳定。身体协调性训练通常包括多种不同的运动和练习，如瑜伽、舞蹈、体操等，这些活动可以帮助运动员提高他们的灵活性和平衡感。

力量训练是为了提高运动员的肌肉力量和耐力，使他们能够快速、有力地执行前倒。此类训练主要集中在核心肌群、上肢和下肢，这些部位在前倒中起着关键作用。常见的力量训练包括举重、抗阻训练、核心稳定性训练等。

除了单独进行身体协调性和力量训练外，运动员还需要将这两方面的训练融合到具体的技术训练中。通过反复的进行前倒训练，运动员可以在实际动作中体验和理解身体协调性和力量的作用，从而提高他们的技术水平和比赛表现。

二、后倒

（一）手臂内侧拍地与肩背部着地

在后倒的技术中，手臂内侧拍地与肩背部着地是分散落地冲击力的关键动作。这一动作需要运动员拥有良好的身体协调性和反应速度，能够在瞬间作出正确的决定和动作。

当运动员进行后倒时，他们需要迅速将手臂内侧伸展并接触地面。

手臂内侧的大面积接触可以分散落地时的冲击力，减少对某一部位的冲击，从而减少受伤的风险。此外，手臂内侧拍地也为身体提供了一定的支撑，有助于运动员控制倒地的方向和速度。

肩背部着地是后倒的另一项重要技术。在后倒过程中，肩背部需要在恰当的时机接触地面，以进一步分散冲击力，并通过与地面的摩擦力减缓身体的滑行速度。这一动作需要运动员在倒地的过程中保持稳定的姿态，避免头部首先接触地面，减少受伤的可能。

在训练中，运动员需要反复练习这两个动作，以提高他们在实际比赛中的执行速度和准确性。此外，教练应在训练中给予运动员具体的反馈，帮助他们更好地理解和掌握这两个技术。

（二）分散冲击力

分散冲击力是在进行后倒动作中避免受伤的关键环节。这一过程涉及一系列精细的身体调整和动作配合，目的是将从高处落地产生的冲击力分布到身体的多个部位，而不是集中在某单一部位，以减少受伤的风险。

手臂内侧拍地是分散冲击力的首要步骤。当运动员的手臂内侧与地面接触时，冲击力首先在手臂和地面之间进行分散。此时，手臂的弯曲可以作为一种减震器，进一步吸收并分散冲击力。随后，肩背部的着地继续分散冲击力。通过调整身体的角度和位置，运动员可以控制冲击力的分布，使其主要在肩背部和地面之间传播。这个过程中，一腿的抬起和另一个腿的屈膝撑地同样起到关键的分散冲击力的作用。一腿抬起使得身体的重心得以转移，而另一腿屈膝撑地则提供了额外的支撑，帮助运动员在落地时保持平衡，并分散冲击力。

此外，身体的紧张和放松状态也影响冲击力的分散。通常，运动员需要在落地的瞬间放松身体，以便肌肉和关节更好地吸收冲击力。然而，必要的肌肉张力则可以帮助运动员保持正确的姿态，减少受伤的风险。

（三）一腿上抬，一腿屈膝撑地的姿势练习

在后倒的动作中，一腿上抬，一腿屈膝撑地是重要的防御和缓冲动作。这一姿势的训练不仅需要力量和平衡，还需要熟练的技巧和时机把握。

训练中，应以低强度和慢速的方式开始，逐步增加难度和速度。运动员可以先在地面上模拟这一动作，逐渐熟悉身体各部位的运动顺序和协调性。一开始，可以由教练辅助，确保运动员在做这一动作时，动作正确且保持稳定。

一腿上抬的动作需要臀部和大腿肌肉的力量。这一腿的抬起能够帮助运动员调整身体重心，同时也为下一步的快速起立提供支撑。因此，这一动作的训练既需要力量训练，也需要灵活性和协调性训练。另一腿的屈膝撑地，是在后倒中快速站立起来的关键。这需要运动员具备良好的身体协调性和反应速度。屈膝的动作能够让运动员在着地时更好地分散冲击力，而撑地的动作则为身体提供了稳定支撑，从而使得运动员能够快速而稳定地站立起来。

在训练中，重复练习这一动作至关重要，因为只有经过大量的反复训练，运动员才能在需要的时候准确、快速地完成这一动作，有效防止后倒时的受伤。

（四）快速站立起来的训练

在后倒的练习中，快速站立起来是至关重要的一步，它能让运动员尽快恢复战斗状态，并准备应对接下来的比赛。快速站立起来的能力需要运动员具备良好的身体协调性、反应速度、肌肉力量，以及坚韧的意志。

训练中，首先应确保运动员已经掌握了后倒的基本动作，包括一腿上抬，一腿屈膝撑地等。接下来，可以将快速站立起来的动作纳入训练。初始阶段，可以从慢速的站立开始，以此来掌握正确的站立技巧和身体

的动作顺序。随着运动员技巧的提高，可以逐渐增加站立的速度，以此来提升反应速度和肌肉的爆发力。

在训练中，教练应始终监控运动员的动作，以确保运动员能在保持身体稳定的同时，准确、迅速地完成站立。如有必要，可以利用影像技术来分析运动员的动作，以便更好地指导运动员改正动作。同时，为了增强运动员的快速站立能力，可以加入一些有针对性的力量训练和反应训练，如深蹲、跳跃、起身等，以提高下肢的爆发力和反应速度。

此外，为了提高训练的实战性，可以在模拟比赛中让运动员执行这一动作，让他们在类似比赛的压力下进行快速站立的训练。这样可以让运动员更好地适应比赛的环境，提高在比赛中的应变能力。

快速站立起来的训练是一种复杂的过程，需要运动员具备良好的身体素质，同时也需要他们有坚韧的毅力和决心。只有这样，才能在比赛中迅速地从倒地中恢复过来，展现出强大的竞技状态。

三、侧倒和斜后倒

（一）侧倒中的重心控制与平衡

在武术散打中，侧倒是一种常见的防御动作，需要运动员有出色的重心控制和平衡能力。在侧倒的过程中，重心的调整和移动对于减少伤害、保持身体稳定并为下一步动作做准备至关重要。

一般来说，侧倒动作开始时，运动员应立即将重心向即将倒下的一侧转移，这种重心的转移可以通过身体的倾斜和腿部力量的调整来实现。重心的转移需要运动员的腿部有足够的力量和控制能力，以保证在转移重心的同时，不会失去平衡。

同时，运动员需要利用大腿外侧和手臂来触地，以缓冲身体倒下时的冲击力。手臂的触地应该同步于腿部，确保力量的平均分配，同时也要防止因倒地过程中不当的手部触地而导致的手部或肩部受伤。

对于侧倒中的重心控制与平衡的训练，一个有效的方法是让运动员反复练习侧倒动作，可以从静止的姿势开始，然后逐渐增加动作的复杂度和速度，如在移动中进行侧倒，或者在模拟对抗中执行侧倒。这种反复的训练可以帮助运动员逐渐掌握重心控制和平衡的技巧，增强他们的侧倒能力。

（二）斜后倒中的全身协调与重心移动

斜后倒是一种更复杂的防御动作，它需要运动员在短时间内完成一系列全身协调的动作，包括重心的移动、手臂和腿部的协同工作，以及快速恢复站立姿势的能力。

斜后倒的动作开始于重心的快速后移。这需要运动员具有出色的腿部力量和平衡感，以确保在重心移动的过程中不会失去平衡。同时，运动员还需要利用一只手在身体侧面拍地，来辅助重心的移动和减轻落地的冲击力。随后，运动员需要在倒地的过程中保持全身的协调。这包括小腿、大腿和臀部依次触地，确保力量的平均分布，减少任何一部分受到过大压力和可能的伤害。此外，手臂的位置和力度也需要精确控制，以配合身体的动作和防止手臂受伤。最后，运动员需要在倒地后尽快恢复站立姿势，以准备下一步的动作。这需要运动员有足够的腿部力量和灵活性，以及良好的反应速度。

对于斜后倒中的全身协调与重心移动的训练，一种有效的方法是进行分步训练。运动员可以先单独训练重心的移动，然后训练手臂和腿部的协调动作，最后结合起来进行完整的斜后倒动作的训练。通过这种分步训练，运动员可以更好地理解和掌握斜后倒的技巧，提高他们的防御能力。

（三）触地减缓下降速度的训练

在侧倒和斜后倒的训练过程中，触地减缓下降速度是一项关键的技巧。这不仅可以帮助运动员减轻冲击力，降低受伤的可能性，还可以让他们更快地恢复站立，准备应对接下来的攻防转换。

为了有效地实施这一技巧，运动员需要学习如何利用手臂和大腿外侧来触地。在倒地的瞬间，手臂的力量和角度需要精确控制，以便在保护手腕的同时，帮助分散冲击力。同时，大腿外侧的触地可以提供额外的支撑，进一步减缓下降的速度。

此外，脚部的动作也有助于控制下降的速度。运动员需要学会如何在触地的瞬间，利用脚尖或脚跟来控制下降的角度和速度，从而使身体以最佳的姿势倒地。

触地减缓下降速度的训练需要一定的技巧和练习。开始时，运动员可以在软垫或沙子上进行练习，以减少摔倒时的疼痛和伤害。随着技巧的提高和信心的增强，他们可以逐渐在硬地面上进行训练，以更接近实战的条件。

整个训练过程需要教练的细心指导和反馈，以确保运动员的动作正确，防止可能的伤害。同时，运动员也需要保持耐心和毅力，因为掌握这项技巧可能需要花费一段时间。

（四）最大限度地减轻冲击力的方法

为了最大限度地减轻冲击力，运动员在侧倒和斜后倒时需要采取一系列的动作和技巧。这些动作和技巧可以帮助运动员在倒地时分散并减轻冲击力，防止运动损伤的发生。

倒地时，运动员需要避免直接用关节、脊柱或头部接触地面，这可以通过调整身体姿态，以手臂和大腿外侧先接触地面实现。手臂的部署，以及肩膀和胯部的移动都能有效地分散冲击力。在倒地的过程中，运动员应保持呼吸流畅，而不是屏住呼吸。通过呼气可以减少身体的紧张感，同时也能减轻内部器官受到的压力。通过提高身体各部位的灵活性和柔韧性，运动员在倒地时能更好地适应和应对冲击力，减少受伤的可能性。如果运动员能够在心理上接受并适应倒地的感觉，他们在实际比赛中就能更快速、更自然地作出动作，从而更好地减轻冲击力。

四、抢背

（一）抢背的动作细节与训练

抢背技巧的学习和训练，不仅要求运动员有迅捷的动作和力量，更需要准确的时机判断与精细的力量控制。在一次成功的抢背中，运动员先将对手的背部锁定为目标，精确捕捉最佳实施抢背的时机，这往往需要将对手的动作和意图进行敏锐的观察与判断。确定了目标和时机后，运动员需迅速冲刺靠近对手，以臂力和胸肌力量抓取并推动对手，使其背部向地面倾斜。在这个过程中，运动员必须学会控制发力的方向和力度，以确保动作的成功执行并尽可能减少自身的伤害风险。值得注意的是，在执行抢背动作时，运动员也需保持身体的平衡，防止跟随对手一起倒地。这就需要运动员有出色的身体协调性和对身体各部位的精准控制。这一系列的训练需要在教练的指导下进行大量反复实践，以提高动作的准确性和效率，保证抢背技巧在实战中的有效性。

（二）抢背的实战运用与策略

抢背技巧在实战中的运用，需要运动员具备敏捷的反应能力和高度的战术意识。首先，对于运动员来说，观察和判断对手的动作是非常关键的。这不仅可以帮助他们找到实施抢背的最佳时机，而且可以让他们提前预测和规避对手可能的反击。此外，运动员需要灵活运用各种技巧和策略，如通过假动作或连续攻击来迷惑对手，创造抢背的机会。在实战中，抢背技巧并不总是一蹴而就的，有时需要通过连续的攻防来逐步打开局面。

同时，运动员也需要掌握适当的防守策略，防止被对手抢背。这可能包括保持稳定的站桩，使自己难以被对手移动，或者时刻注意保护自己的背部，避免被对手抢背。更进一步的，运动员可以利用对方抢背的

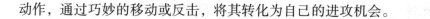

动作，通过巧妙的移动或反击，将其转化为自己的进攻机会。

五、前滚翻

（一）前滚翻的基本动作与训练

前滚翻是一种基础的武术动作，不仅能够帮助运动员在做高难度技巧时保持稳定，还能在比赛中起到规避攻击、快速调整站位的作用。由于其重要性，训练者需要在日常训练中反复练习和强化，以提高其技术熟练度和动作准确性。

在做前滚翻的基本动作时，运动员首先需要站立在开放空间中，然后低下身体并伸出一只手，接着向前用力推动身体，让身体沿着手臂的方向向前滚动。在滚动过程中，运动员需要保持身体紧实并尽量做到整个身体成一个球形，这样可以保证滚动的稳定性。同时，头部应尽量向胸部靠近，以免在滚动过程中受到伤害。

在训练中，教练需要引导运动员在动作细节上达到精确，如手的放置位置、滚动时的身体形态，以及滚动结束后快速站立的动作等。此外，为了提高训练效率和效果，可以通过不断提高滚动的速度和难度，如进行连续的前滚翻，或在不同地面条件下进行前滚翻等，使训练者在不同环境和条件下都能灵活运用这一技术。

（二）前滚翻的实战运用与策略

前滚翻在散打实战中的运用并不仅限于基础的躲避和规避技巧。在某些情况下，它也可以作为一种战术策略，以达到调整位置、制造机会或消除风险的目的。然而，运用前滚翻必须基于对比赛环境和对手动态的精准判断，否则可能会陷入不利的局面。

在防守方面，当对手发起强力攻击时，运动员可以通过前滚翻快速移动自己的位置，从而规避对方的攻击，同时通过滚动结束后的快速站立，可以立即调整到有利的战斗位置，准备进行反击。

在进攻方面，前滚翻也可以作为一种意外的进攻动作，让对手产生短暂的失去判断的瞬间。运动员可以在快速接近对手时，突然进行前滚翻，然后在滚动结束后立即发起攻击。由于滚动的快速和突然，对手很可能在短时间内无法作出正确反应，从而为运动员创造出有利的攻击机会。

值得注意的是，前滚翻在实战中的运用需要基于对比赛节奏、对手动态和自身状态的深入理解和快速判断。过于频繁或无的放矢的使用前滚翻，可能会让对手抓住机会进行反击。因此，运动员在比赛中使用前滚翻，必须充分考虑到比赛的全局和即时的局势。

六、后滚翻

（一）后滚翻的基本动作与训练

后滚翻是一种常见的散打跌法技术，其主要目的是在被击中或失去平衡时，能够通过滚动动作快速站立起来，重新进入比赛。后滚翻的基本动作需要运动员在倒地的同时，将身体快速蜷曲成球状，并用两手护住头部，然后利用身体的动能，作出后向的滚动动作，最后通过一个快速的起身动作，将自己从地面上弹起，重新进入比赛状态。

训练后滚翻的关键在于提高身体的协调性和反应速度，尤其是在出后滚翻动作的同时，保持头部的安全和身体的平衡。在日常训练中，可以通过以下几个步骤进行。

（1）运动员需要学会如何正确地倒地，即在倒地的过程中，利用手臂和肩膀吸收冲击力，尽可能保护头部不直接碰到地面。

（2）运动员需要学习如何在倒地的同时，快速将身体蜷曲成球状，以便做后向的滚动动作。

（3）运动员需要训练如何从滚动状态中快速站立起来。这需要强大的腿部力量和良好的身体协调性。为了达到这个目标，运动员可以进行一系列的力量训练和灵活性训练，以提高自己的身体素质。

（4）运动员需要进行大量的实践训练，以提高自己在实战中进行后滚翻的能力。这需要运动员在训练中不断模拟比赛情况，以提高自己的反应速度和应变能力。

（二）后滚翻的实战运用与策略

后滚翻在散打比赛中的运用策略，主要关注于防守和恢复站立的快速性。这一技巧作为倒地后的应对措施，有助于运动员在被对手击倒或失去平衡时，能够快速地恢复站立姿势，减小对手的进攻机会。

在比赛中，后滚翻的运用需要运动员具备高度的判断力和应变能力。当被对手的攻击击中或失去平衡时，运动员需要立即判断是否有足够的空间和时间做后滚翻。如果条件允许，运动员需要立即做后滚翻，以最大限度地减小倒地所带来的危险。

在执行后滚翻的过程中，运动员的视线应始终保持警觉，随时关注对手的动作。当完成后滚翻并快速起身后，运动员需要立即调整自己的姿势和站位，尽快作出应对的策略。

此外，后滚翻不仅在防守中有所应用，也可以作为攻击的一种策略。例如，运动员可以利用后滚翻的动作，制造出对手的错觉，然后在起身的瞬间发动攻击，给对手带来出其不意的打击。

运动员应根据自身的技术水平和比赛情况，灵活地运用后滚翻，既能够有效地防守对手的攻击，也能创造出自己的进攻机会。在比赛中，运动员应随时保持警惕，准备应对各种可能出现的情况，这样才能更好地利用后滚翻的技术，赢得比赛。

七、鱼跃前滚翻

（一）鱼跃前滚翻的基本动作与训练

鱼跃前滚翻是一种复杂而又有趣的跌法技巧。这种技巧融合了跳跃、翻滚和接地等多种元素，对于运动员的爆发力、灵活性和协调性有着很高的要求。通过学习和训练鱼跃前滚翻，运动员可以提高自己的身体控制能力和反应速度。

鱼跃前滚翻的基本动作可以分为三个阶段：起跳、翻滚和着地。

起跳阶段，运动员需要集中力量，利用腿部的爆发力进行高度跳跃。在这个阶段，运动员应该保持身体直立，目视前方，同时尽量提高腿部的跳跃力量，为接下来的动作做好准备。

翻滚阶段，运动员在空中需要迅速作出前滚翻的动作。这一阶段，运动员需要把手臂放在胸前，然后利用腹部的力量，使身体快速前翻。为了保持空中的稳定性，运动员需要保持身体紧实，同时尽量收紧身体，减少空气阻力。

着地阶段，运动员需要精确地利用手臂和双脚完成接地动作，消耗落地时的冲击力。首先，双手着地，缓冲一部分冲击力，然后双脚着地，稳定身体，最后立即起身，做好接下来的动作。

在训练鱼跃前滚翻的过程中，运动员需要多次反复练习，不断调整自己的动作，以找到最合适的起跳力度、空中姿态和着地方式。同时，为了提高这一技巧的实用性和实战性，运动员在熟练掌握基本动作后，还需要模拟比赛场景，进行更高强度和更复杂环境下的训练。

（二）鱼跃前滚翻的实战运用与策略

在实战中，鱼跃前滚翻能作为一种高效的闪避和反击技术。这种技术能使运动员迅速改变位置，同时为下一步的攻击动作创造机会。

当对手发起攻击时，鱼跃前滚翻能让运动员快速跨出袭击范围，然后立即回到对抗的状态。这不仅能有效避免对手的攻击，而且在对手攻击未果、暴露出破绽时，为反击提供了机会。

鱼跃前滚翻也可作为进攻的一部分，特别是在一些复杂的对抗中，如对抗有很强防守能力的对手。运动员可以用这一技术突破对手的防线，打乱对手的防守节奏，进而寻找攻击机会。

此外，鱼跃前滚翻在面对多个对手时，也能显示出其优势。运动员可以用这一技术在对手之间迅速移动，制造混乱，分散对手的注意力，从而有效应对多角度的攻击。

然而，这一技术的实战运用需要依赖于精准的判断和熟练的控制。运动员需要在最合适的时机，利用最合适的角度，执行这一技术，才能取得最好的效果。这需要运动员有丰富的实战经验和高度的应变能力。因此，虽然鱼跃前滚翻是一种很有价值的技术，但也需要运动员经过大量的训练和实战磨炼，才能真正地掌握并灵活运用。

八、鱼跃后滚翻

（一）鱼跃后滚翻的基本动作与训练

鱼跃后滚翻作为一种灵活的躲避和转移技术，涉及身体的灵活性、协调性、力量，以及平衡感。鱼跃后滚翻在动作的执行上与鱼跃前滚翻有所不同，因为它是向后进行的动作，因此运动员需要对这一动作有足够的认识和训练才能在实战中有效地运用。

训练鱼跃后滚翻的基本动作，首先要培养运动员的后向感知能力。由于动作是向后进行，运动员在动作过程中无法直接看到身后的情况，因此需要培养他们的空间感知能力和反应能力。可以通过后向跳跃、后向翻滚等动作来训练。

在动作的执行上，鱼跃后滚翻需要运动员以一个强有力的后跳作为开始，然后在空中进行后滚翻，落地时以手臂和大腿外侧缓冲，以保护头部和脊柱。在动作过程中，运动员需要保持身体紧张，以保持良好的空中姿态和稳定的落地。

此外，运动员还需要训练从后滚翻到站立的过渡动作。这一动作需要运动员迅速地转变身体姿态，从横向滚翻到竖向站立，这需要良好的身体协调性和力量。

（二）鱼跃后滚翻的实战运用与策略

鱼跃后滚翻在散打比赛中的应用广泛，不仅可以作为闪躲对手攻击的策略，也可以用于制造攻击机会或调整自身战斗节奏。然而，正确有效地将其应用到实战中，需要依赖对战斗环境的敏锐观察、对对手动作的精准判断，以及对自身动作的灵活控制。

在防御策略上，鱼跃后滚翻可以作为对抗对手强烈攻势的一种策略。当对手发动强烈的攻击，尤其是直线攻击时，运动员可以利用鱼跃后滚翻迅速撤离攻击线，以规避对手的攻击。而且，由于鱼跃后滚翻的动作较为复杂，能够产生一定的视觉混淆效果，从而对对手产生迷惑。

在攻击策略上，鱼跃后滚翻可以帮助运动员在闪避对手攻击的同时，迅速调整自己的位置和姿态，为下一轮的攻击做好准备。在完成鱼跃后滚翻后，运动员可以立即进行反击，对对手进行突袭。

此外，鱼跃后滚翻也可以作为调整战斗节奏的一种方式。在连续的攻防交替中，运动员可能会感到身体疲劳或失去战斗节奏，这时，运动员可以通过执行鱼跃后滚翻，以获取短暂的喘息机会，同时调整自己的节奏和姿态。

在实际应用鱼跃后滚翻时，运动员应注重观察和判断，以及灵活运用。鱼跃后滚翻虽然是一种有效的战术，但并非在所有情况下都适用。因此，运动员应在训练中多加实践，提高对其的掌握程度和运用水平。

九、前扑

（一）前扑的基本动作与训练

在散打训练中，前扑被视为一种基本而重要的动作。它以低姿态向前的迅速移动为主，对运动员的身体协调能力、力量和灵活性都有较高的要求。具体而言，运动员需要在短时间内完成地面的移动，为接下来的动作做好铺垫。

初步站姿的设定是前扑训练的起点。运动员需要保持身体低矮，双腿微弯，重心向前倾，以便做好即刻发力的准备。发力主要依赖后脚的蹬地力和前脚的弹跳力，尤其是后脚，它向地面施加的力会将身体向前推进。

随着身体的前进，运动员需要迅速用手掌贴向地面。在这一过程中，掌心向下，手臂保持伸直，以便用手臂的力量支撑住身体。这样，身体在空中就会形成一个弧形，为滚翻动作提供了可能。

在手掌接触地面之后，身体继续前行。运动员要做的是尽快收缩头部，使其靠近胸部，进而使得身体形成一个滚动的动力，以完成前扑动作。

对于前扑这一动作的训练，无论是力量提升、协调性增强，还是灵活性和反应力的锻炼，都离不开运动员对以上动作的反复实践。在训练中，必须注重动作的连贯性，不能出现停顿。同时，头部和手臂的保护也尤为重要，以避免在实施动作时受到伤害。

（二）前扑的实战运用与策略

在散打实战中，前扑的运用并非简单的地面移动。它更多的是作为一种策略性的动作，用来打乱对手的节奏，创造攻击机会，或者是作为一种应急的防御手段，用以躲避对手的攻击。因此，对于前扑的实战运用，运动员需要有足够的洞察力和快速的反应能力，以便在适当的时机选择使用前扑。

运用前扑打乱对手节奏和创造攻击机会时，运动员需要以突然的动作将自己的身体向前扑出，以达到出其不意的效果。前扑的快速移动能够使运动员快速接近对手，而对手往往需要一定的时间来调整自己的动作和防守策略，从而为运动员赢得攻击的先机。

前扑的防御作用主要表现在躲避对手的攻击上。在对手的攻击即将到来时，运动员可以利用前扑的快速移动，改变自己的位置，避开对手的攻击。与此同时，前扑的动作也可以帮助运动员在避开攻击后迅速站稳，以备进行反击。

在学习跌法时，安全是最重要的考虑因素。在教练的指导下，使用保护垫进行训练，以防止受伤。每一个动作都需要反复训练和实践，以提高身体的协调性和对冲击的承受能力。只有这样，才能在比赛和实战训练中更好地保护自身，避免受伤。每一个散打训练者都应该意识到，跌法的学习和掌握并不是一蹴而就的，需要的是持之以恒的训练和反复的实践。只有这样，才能真正做到在比赛中镇定自若，从容不迫。

第六章 武术散打实战训练

第一节 主动进攻的实战训练

一、抓臂按颈别腿摔

（一）抓臂按颈别腿摔技术解析

抓臂按颈别腿摔是一种经典的散打摔法技术，被广泛用于实战中的防守和反击。这种摔法技术的实施，要求选手有高度的技术熟练度和准确的判断能力，以确保在对抗中有效地抓住机会，一举摔倒对手。

在执行抓臂按颈别腿摔的过程中，选手面临的首个挑战是对方的攻击，特别是当对方出右拳击打头部时。面对这种攻击，选手需要迅速作出反应，转动身体避开对方的拳击；同时，利用左臂格挡对方的攻击；然后，左手顺势下滑，抓住对方的腕部，开始进入摔法的实施阶段。

在实施摔法的过程中，选手的动作必须灵活、准确，而且要做到连贯、协调，一气呵成。首先，选手需要迅速地向左转动身体，同时，右脚向前迈出一步，用右腿别住对方的右腿，形成一种稳定的支撑。其次，右臂快速夹住对方的颈部，身体继续向左拧转，形成一个强大的力量，将对方牵引至身体的另一侧。最后，左手向后用力拉动对方的右臂，同时，右臂向左下猛烈挟拧对方的颈部，配合之前形成的稳定支撑，利用身体的力量，将对方摔倒在地。①

在实施这种摔法技术时，有几点是需要特别注意的。首先，挟颈的动作必须做到紧密，确保能够有效地控制住对方的身体。其次，整个动作的执行必须做到迅速、准确，避免给对方反击的机会。最后，选手在摔倒对方时，必须保证自身的安全，避免受到对方的反伤。

（二）抓臂按颈别腿摔技术训练

训练抓臂按颈别腿摔技术，是一个渐进而富有挑战性的过程。这一技术涉及一系列的动作和步骤，需要选手对自己的身体有高度的掌控，并能够根据对手的动作和反应，灵活调整自己的行动。因此，对于这一技术的训练，通常会采用分解训练、完整训练、模拟训练和实战训练等方法，以帮助选手逐步掌握并熟练运用这一技术。

分解训练是基础训练阶段的主要方法。教练会将抓臂按颈别腿摔的技术分解成一系列的小步骤，让选手反复练习，熟悉每一个动作，包括躲避、格挡、抓腕、转体、挟颈、拉臂和摔倒等。通过反复练习，选手可以对每个步骤有深入的理解和熟练的掌握，为后续的整体训练打下坚实的基础。

完整训练是在分解训练的基础上，让选手开始练习将各个步骤连接起来，形成一个连贯的整体动作。在这个阶段，选手需要注意动作的连贯性和流畅性，确保整个摔法可以一气呵成地完成；同时，也要开始注意力量的控制和力度的分配，确保在实施摔法时，可以有效地控制对方，而不是仅仅依赖蛮力。

---

① 马继刚.散打实战技术的基本方法［J］.才智，2011（33）：188.

　　模拟训练是将摔法技术应用到实战情境中，选手在教练的指导下，模拟实战中可能遇到的各种情况，如对手的反抗、逃脱、反击等，来练习运用抓臂按颈别腿摔技术。这个阶段，选手不仅要熟练地执行摔法，还要学会在复杂的情况下，灵活地调整自己的动作，找到最适合的时机和位置，来实施摔法。

　　实战训练是最后的阶段，也是检验选手掌握程度的最好方式。在实战训练中，选手会与其他选手进行实际的比赛，其中，抓臂按颈别腿摔的技术会被真正地运用到比赛中。在这个阶段，选手需要利用自己的技术和智慧，来面对各种复杂和多变的情况，找到最适合的机会，实施抓臂按颈别腿摔。

二、抱腿前顶摔

（一）抱腿前顶摔技术解析

　　抱腿前顶摔是散打中一种非常实用的摔法技术，既可以作为主动进攻的手段，也可以作为防守反击的策略。这种技术主要是通过快速下潜，两手搂抱对方的双膝关节，并配合肩顶的力量，使对方失去平衡并摔倒。

　　当对方出拳击打头部时，选手需要迅速作出反应。首先是通过迈出左步，将身体的重心快速转移，同时下潜躲闪，避开对方的攻击。这一步是非常关键的，因为它既需要避开对方的攻击，同时也为下一步的抱腿动作做好了准备。

　　接下来，就是抱腿的动作。两手迅速伸出，搂抱对方的双膝关节处。这个动作的关键是要紧，只有抱得紧，才能够有效地控制对方的身体，为摔倒对方创造条件。

　　在搂抱对方的同时，需要屈肘用力回拉。这个动作的目的是增加对对方身体的控制力，同时也增大了对方失去平衡的可能性。选手需要确保两手后拉的力度和方向与肩顶的力量协调一致，以最大限度地破坏对方的平衡。

最后，就是利用肩部的力量，给对方进行前顶。左肩向前，顶向对方的大腿或腹部，借助顶的力量和对方身体的动力，将对方摔倒在地。这个动作需要有足够的力量和准确的方向，否则很可能会让对方借力反击，或者无法将对方摔倒。

抱腿前顶摔虽然看起来简单，但在实际操作中，需要注意很多细节。下潜要快，抱腿要紧，后拉与肩顶要有力，且协调一致。所有这些动作和细节，都需要选手通过大量的训练和实践，才能够熟练掌握，并在实战中灵活运用。只有这样，选手才能在散打比赛中，以最小的力量，达到最大的效果。

（二）抱腿前顶摔技术训练

对于抱腿前顶摔技术的训练，通常采用分解训练和完整训练两种方法。分解训练的目标是让练习者逐步掌握抱腿的时机，以及每一个动作细节，从而建立起对这一技术的初步认识和理解。而完整训练则是让练习者通过连贯的实战模拟，熟练掌握抱腿前顶摔技术及其在攻防中的运用。

分解训练中，首先是下潜和躲闪的训练。教练会指导练习者如何在避开对方攻击的同时，迅速下潜并准备进行抱腿。这一步是全套动作的基础，也是实施抱腿前顶摔的关键。其次，是搂抱对方双膝和屈肘回拉的训练。这一步要求练习者熟练掌握双手的力度和方向，同时需要注意屈肘的时机，以确保能够有效地控制对方。最后，是利用肩部进行前顶的训练。这一步需要练习者具备足够的肩部力量和准确的方向感。教练会指导练习者如何通过改变肩部的力量和角度，找到最适合自己的前顶方式。

在完整训练中，练习者需要将前面分解训练的每一个环节连贯起来，形成一个完整的抱腿前顶摔。这时，教练会对练习者的动作连贯性、力度控制和时机把握作指导和纠正。同时，为了加强练习者的动作感知和反应能力，教练还会通过语言的刺激和情景模拟等方式，帮助练习者在实战中灵活运用抱腿前顶摔。

三、闪躲穿裆靠摔

（一）闪躲穿裆靠摔技术解析

在散打中，闪躲穿裆靠摔是一种十分巧妙的反击技巧。其关键在于利用自身的速度和敏捷，适时躲避对方的攻击，然后抓住瞬间的机会，发动致命的反击。对于这一技术，散打选手需掌握以下关键要点。

如何在面对对方攻击时保持冷静和果断，迅速作出反应，是成功运用这一技术的前提。一旦对方出拳攻击，散打选手需要迅速、准确地判断出对方出拳的方向和力度，然后立即作出反应，迅速稍蹲，避开对方的攻击。这一过程中的稍蹲，不仅能有效躲避对方的攻击，同时也是为下一步的动作做准备。

穿裆的动作是整个技术中的一个关键环节。散打选手在稍蹲避开对方攻击的同时，需要立即上右脚，使身体落于对方左脚后。这时，左手应迅速抱住对方的左膝，右臂沿对方左腿内侧伸进裆内，别住其右膝窝处，利用对方的动力，实现穿裆。靠摔的实施，是利用对方的动势和不稳定的身体平衡，将其摔倒在地。在完成穿裆动作后，散打选手的右臂已经顶住对方胸部，此时，只需向后用力，借助对方的动力和重心，就可以顺势将对方摔倒。

（二）闪躲穿裆靠摔技术训练

在散打训练中，闪躲穿裆靠摔技术的掌握需要通过系统、持续和高效的训练才能完成的。尤其对于这样一个涉及多个动作、技巧和策略结合的技术，训练过程需要具有清晰的指导思想、精确的动作标准和高效的训练方法。同时，教练的讲解和引导，以及练习者自身的理解、体验和反思，都是训练效果的关键。

开始训练之前，通常会进行分解动作训练。这一步骤的目的是使练习者对整个技术动作有一个全面和深入的理解。在这个过程中，教练会重点讲解和示范每个动作的详细步骤和注意事项，包括动作的起始、进行和结束，以及动作中的身体协调、力量输出和力量控制等。这一步骤的完成，有助于练习者对动作有一个具体和清晰的概念，为后续的完整训练打下基础。

在分解动作训练之后，就是完整的训练了。这一阶段的训练，需要练习者按照前一阶段学习的动作概念，进行整个动作的完整和连贯的执行。这一阶段的训练，更注重动作的准确性和连贯性，以及动作的力量、速度和节奏的控制。同时，教练需要密切观察和指导，对练习者的动作作及时和准确的指正，使得练习者在反复的训练中，逐渐达到技术要求的标准。

为了确保训练效果，训练过程中需要特别注意的是，练习者在执行动作时，要保持动作的果断、突然和一致。这是因为，只有果断和突然，才能发挥技术的威力和效果；只有动作的一致，才能保证技术的准确和有效。这就需要练习者在训练中，始终保持高度的专注和敏锐的观察，以便在执行每个动作时，都能做到最佳的状态。同时，教练也需要在训练中，对练习者进行不断的提示和鼓励，以帮助他们克服困难，增强训练的效果。

四、插肩过背摔

（一）插肩过背摔技术解析

插肩过背摔是一种高效且实用的散打摔法技术。技术的主要执行者需要对手在使用右摆拳进行头部攻击时，运用一系列动作来将对手摔倒。

这个技术的成功执行，首先取决于选手是否能准确地判断对手的动作和攻击方式，然后利用这个信息来采取恰当的行动。

在对手使用右掼拳攻击时，技术执行者应立即上前一步，以左闪身的方式来避开对手的攻击，此时，左臂穿过对手的右腋下，创建了摔倒对方的机会。接着，技术执行者将右步向后背，与左脚保持平行，两腿同时进行屈膝动作。而后，技术执行者的右手会推拍对方的左前臂，这一动作旨在打乱对方的平衡，为后续的动作创造条件。随后，两腿蹬直，身体向下弓腰、低头。这一系列动作配合起来，可以帮助技术执行者尽快地低下身体，准备进行摔倒动作。最后，右上臂插抱对方的右腋下，利用自己的身体力量和对方失去平衡的瞬间，将对方摔倒。这个摔倒动作要求技术执行者快速、准确，同时还需要保持自身的平衡。

执行插肩过背摔技术时，需要注意的要点有：闪身要快，背步、转身要协调一致，低头、弯腰、蹬腿要连贯有力。只有这样，才能确保技术动作的正确性和有效性。[①]同时，对这一技术的训练和应用，也需要选手具备足够的力量、灵活性和快速反应能力，才能确保在对抗中成功执行这一技术，而取得胜利。

（二）插肩过背摔技术训练

插肩过背摔的训练可以说是一种技术和策略的完美结合，要求技术的熟练度、速度和力量达到一定水平，才能在对抗中成功实施。训练这一技术的过程中，打破对方的平衡是关键。选手需要学会在快速插肩的同时，利用手臂和身体的力量，使对方失去重心，然后利用这个优势，进行有效的摔倒动作。[②]

训练的方法和技巧至关重要，训练者需要对插肩过背摔技术的细节有深入理解，包括插肩、过背、摔倒的动作，以及时间、力量和方向的

---

① 黄子.军警搏击绝招［M］.广州：华南理工大学出版社，1996：43.
② 王智慧.散打技术与实战训练［M］.北京：人民体育出版社，2012：15.

掌握等。只有将这些技术训练得炉火纯青，才能在对抗中成功实施插肩过背摔。在训练过程中，为保证理想的训练效果和人身安全，需要注意扛起后的过肩摔要严加控制。这意味着，在执行摔倒动作时，要尽量减少给对方身体的冲击力；同时，技术执行者自己也需要掌握正确的跌倒技巧，避免受伤。

除了技术训练之外，策略训练同样重要。插肩过背摔并不是一种可以随时随地使用的技术，它需要对方的攻击动作和身体状态满足一定的条件。因此，训练者需要学会观察和判断对方的动作，准确把握插肩过背摔的实施时机。

插肩过背摔的训练并不是一蹴而就的，它需要长时间的练习和实战经验的积累。每个人在学习和掌握这一技术的过程中，都可能会遇到不同的困难和挑战。因此，只有通过持之以恒的训练，才能熟练掌握插肩过背摔技术，以便在实战中更好地应对各种挑战。

五、格挡搂推摔

（一）格挡搂推摔技术解析

格挡搂推摔这种散打技术的精髓在于灵活运用力量，巧妙利用对方的力量，并通过一系列精细的动作配合使对方失去平衡并成功摔倒。这种技术的实施需要精确的时间掌握，技巧性强，对操作者的动作敏捷性和力量控制能力要求较高。

当对手利用左冲拳或掼拳对学员的头部进行攻击时，格挡搂推摔就能够派上用场。学员需要迅速用右手臂来上架格挡对方的拳击，然后屈臂顺势向右后侧，借助对方左臂外侧的力量，从上向下滑动，用力卡住对方的左臂。这个步骤需要一定的力量和灵敏性，以保证成功阻挡对方的攻击并抓住对方的手臂。紧接着，学员需要迅速上左腿，同时让右手从对方的左大腿外侧向回按扒，借助身体的力量和重心调整，拉低对方的身体，破坏其稳定性。在这个过程中，左手也起到了关键的作用，它需要猛推对方的左胸部，进一步增加对方失去平衡的可能性。

需要强调的是，一拉一推的动作要同步进行，这样才能最大限度地利用力量和动作配合，使对方失去重心并成功摔倒。这也是格挡搂推摔这一技术的核心之处。

格挡搂推摔是一种十分实用的散打技术，通过训练，不仅可以提高对手的防御能力，还可以增强对比赛节奏和对手动作的掌控能力。只要技术掌握得当，无论是在训练中还是在实际比赛中，都能够成为重要的战术手段。

（二）格挡搂推摔技术训练

格挡搂推摔是一种需要精确执行和严密协调的技术，因此，训练方法通常采用的是分解动作，旨在让练习者逐步理解并掌握技术原理。训练者首先要分别学习并掌握每个独立的动作，然后再将这些动作融合在一起，形成连贯的技术动作。

技术训练开始时，通常是教练详细演示，让学员详细观看和学习，通过观察和理解来掌握技术的细节和原理。在教练的引导下，学员需要一步步进行格挡、搂腿、推胸和摔倒等动作的练习，每一步都需要足够的时间来进行反复的实践和磨炼。

在训练过程中，一定要对进攻的时机充分把握。进攻的时机是实现成功格挡搂推摔的关键，因此学员必须学会如何根据对方的动作和自身的位置来确定最佳的进攻时机。这通常需要通过大量的实践和经验积累来实现。

在格挡搂推摔的技术训练中，教练和学员都需要耐心和专注。教练需要耐心地指导和纠正学员的动作，同时也需要根据学员的实际情况调整训练的难度和节奏。学员则需要在教练的指导下，不断地练习和提高，才能达到熟练掌握格挡搂推摔技术的目标。这样的训练方式，能够使学员在技术动作的掌握上越来越得心应手，也有助于提高他们在实际比赛中的竞技水平。

六、接腿搂颈摔

（一）接腿搂颈摔技术解析

接腿搂颈摔是一种复杂且精确的摔法，需要对方向和力量的精确把握，才能成功实施。这一技术的核心在于同时运用了转体、抬腿、压脖三种主要动作，使对方失去平衡，并成功地将其摔倒。

当面对对方右脚蹬来的攻击时，要求的不仅仅是反应的迅速，更需要做到技术动作的精确。对方的右腿蹬来时，运动员可使用左臂由外向内抓住对方的小腿。在这一动作中，运动员要把握住力度和方向，避免对方的腿抽回或转向，同时也要注意保护自己，避免被对方的其他部位击中。

在抓住对方小腿的同时，运动员需要用右手搂住对方的颈部，并进行外旋。这一动作需要运动员有足够的臂力和抓持力，才能将对方的身体锁定。同时，这一动作也是对运动员精确掌握技术动作的一种考验。过大的力度可能会引发对方的反抗，而力度过小则可能使对方逃脱。

接下来，运动员需要用左手用力抬起对方的右腿，右手继续向右后下方进行搂抓压。此时，运动员需要把握力量和方向，以便形成旋转动势；同时，用右脚截断对方的支撑腿，使对方失去平衡，从而成功地将其摔倒。

在执行接腿搂颈摔技术时，需要注意的是，全程的动作必须流畅连贯，转体、抬腿和压脖的动作需要协调一致，才能成功执行摔法。整个过程中，运动员需要全神贯注，随时观察对方的动态，以便灵活调整自己的动作，实现对接腿搂颈摔技术的有效运用。

（二）接腿搂颈摔技术训练

接腿搂颈摔的技术训练，其本质在于让运动员掌握与熟练技术的关键环节，同时要求运动员对整个动作的运用时机有清晰的认识。这就需要对每个细节，每个动作分解训练，然后将分解后的动作整合起来，通过实践不断反复练习，以达到熟练掌握接腿搂颈摔的技术方法的目的。

首要的环节便是技术动作的分解训练。这个阶段，教练应倾力让运动员明晰了解每一个环节的关键动作，以及相应的原理，使得运动员能够对整个技术有一个全面的了解。通过反复的实践与练习，让运动员形成肌肉记忆，使得每一个环节的动作变得自然流畅。

然而，仅仅掌握动作的分解训练并不足以将接腿搂颈摔运用到实战中。教练在确保运动员掌握每个环节动作后，应引导运动员理解如何将各环节动作有机地结合起来，形成一个完整的、流畅的接腿搂颈摔。动作并且，在实际的对抗中，运动员还需要灵活判断并准确把握技术的运用时机，才能使技术发挥出应有的效果。

在训练过程中，教练的语言提示和讲解有着不可忽视的重要性。他们能够通过直观明了的语言，让运动员更好地理解技术动作，提高训练效率。此外，教练还应根据运动员的训练进度和技术水平，适时作反馈和指导，以保证训练的质量和效果。只有这样，运动员才能更好地掌握并运用接腿搂颈摔，从而在比赛中获得优异的成绩。

七、抱腿压摔

（一）抱腿压摔技术解析

抱腿压摔是一种常见且有效的散打摔法，技术动作包括近身、抓脚、转体、降重、抱腿、扳拉和压腿等。这一技术方法能使对方瞬间的失去平衡，进而被成功摔倒。在对抗中，它可以用于应对对方的腿部攻击，尤其是对方使用左腿攻击上体时，通过迅速近身和下蹲，可以有效避开对方的攻击，同时也为下一步的抓腿提供机会。[①]

对于这一技术，抓握对方的脚踝和夹住对方的膝窝是整个动作的关键。运动员需要利用右手从上抓握对方的左脚踝，这个动作既可以打乱对方的平衡，又可以防止对方抽腿逃脱。同时，运动员需要用左臂夹住对方的膝窝，这个动作可以限制对方的移动，使得对方无法有效地抵抗接下来的摔法。

接下来，运动员需要右脚后撤一步，并右后转身降低重心。这样可以使运动员的身体保持稳定，同时也可以给接下来的动作提供力量。然后，运动员需要用力向左后拽拉对方的小腿，同时用左肩向下压对方的腿，这样可以使得对方无法保持平衡，从而被成功摔倒。

在实际运用这一技术需要注意，向右后转体时，右手向上扳与左肩朝下压腿的动作要一致。这样可以使得摔法更加流畅，同时也可以提高摔法的成功率。此外，这一动作需要运动员有足够的力量和速度，所以在训练中，运动员需要注重力量和速度的提升。总之，抱腿压摔是一种很有实用性的技术，运动员在理解其原理和技术动作的基础上，通过大量的训练，才能真正地掌握并运用这一技术。

（二）抱腿压摔技术训练

抱腿压摔技术训练是一项复杂而精细的训练，不仅需要强大的力量和速度，也需要敏捷的身手和精准的判断。训练的核心是培养运动员对技术动作的理解，提升他们在真实对战中应用技术的能力。这一过程包括理解动作原理，训练动作技巧，强化反应速度，提升身体素质等多个方面。

要想对这一摔法技术进行高效训练，遵循教练的指导和进行分解训练是十分必要的。首先，听从教练的指导可以帮助运动员理解和掌握技

---

① 杨立春.浅析散打战术训练及其原则［J］.搏击（武术科学），2011，8（9）：69-70.

术的关键环节，同时，教练的建议和提示也能够帮助运动员避免训练中的错误。其次，分解训练可以帮助运动员将复杂的技术动作分解为简单的步骤，逐一掌握，然后再将它们整合起来，这不仅有助于运动员理解动作的流程，也有助于他们发现自身在执行每个步骤中的不足，从而进行有针对性的训练。

待运动员在分解训练中熟练掌握每个动作后，可以进行完整的训练，包括模拟对战或者实战训练。这样的训练可以帮助运动员更好地理解如何在实际对战中使用抱腿压摔技术，同时也能够提升他们在高压环境下的表现。

在训练过程中，需要强调的是抱腿、压腿、果断转体、突然、一致的技术要点。抱腿和压腿要求运动员有足够的力量和准确的判断，果断的转体则要求运动员具备优秀的身体协调性和平衡感，而突然和一致则需要运动员具备出色的反应速度和动作连贯性。总体来说，抱腿压摔技术训练是一项系统的工程，需要运动员在理解技术原理的基础上，通过大量的实战训练，将技术真正地融入自己的对战中，从而提升比赛的表现。

八、夹颈打腿摔

（一）夹颈打腿摔技术解析

夹颈打腿摔这一技术是一种高效的自我防卫和反击手段，尤其在对手冲拳或掼拳击打时，运用这一技术可以达到防守反击的效果。对于运动员来说，熟练掌握并运用这一技术，不仅需要强壮的身体力量和敏捷的速度，更需要精确的判断和精细的技巧。

在运用这一技术时，运动员首先要做到迅速格挡，即当对手的拳头快速袭来时，他需要迅速利用右前臂对对方的左臂进行外格，将其阻挡，这一环节的速度和力度都对防守的成功至关重要。紧接着，运动员需要迅速抓住对方的腕部，固定住对方的动作，为后续的动作创造条件。

接下来，运动员的左手需要穿过对方的左肩，屈肘夹住对方的颈部，这一动作需要运动员拥有足够的力量和速度，同时也要求其能准确判断对方的动作，避免对方的反击。在夹颈的同时，运动员的右脚需要经过左脚向后插步，与左腿平行，这一步骤需要运动员拥有出色的身体协调性和平衡能力。

最后，运动员需要右转体，用左小腿向后横打对方的左小腿，这一动作需要运动员准确判断对方的位置和动作，同时也需要其有足够的力量和速度。这一连串的动作需要运动员精确执行，格挡、夹颈、打腿、转身的动作要配合协调，每一个动作的执行都影响着技术的有效性。

（二）夹颈打腿摔技术训练

在训练夹颈打腿摔这一技术时，我们通常会采取示范教学的方法，使练习者初步了解和把握动作的基本原理。这样的训练方法有助于练习者形成一个基本的、直观的动作概念，对于后续深入的技术训练打下基础。

理解和掌握这项技术的原理和方法之后，接下来就是对技术运用的时机和条件进行深入理解和熟练掌握。这一步骤要求练习者通过大量的实战模拟和练习，将理论知识与实际动作相结合，不断试错、调整和改善，以达到熟练掌握夹颈打腿摔这一技术的目的。

在这个过程中，对训练时机的准确掌握显得尤为关键。熟练掌握并灵活运用这一技术，不仅要求练习者有出色的身体素质和技术水平，更需要他们能够准确判断并把握每一个可能的反击机会。这就需要他们在实战模拟中不断积累经验，提高对比赛节奏的掌握和对对手动作的预判能力。

此外，练习者还需要时刻关注自己的身体状态和技术动作的准确性。夹颈打腿摔的实施涉及多个身体部位的协调运动，任何一个细节的疏忽都可能导致技术的失效。因此，他们需要在保持身体状态良好的同时，时刻关注自己的技术动作，及时发现并解决问题，不断提升自己的技术水平。

九、抱腿别摔

（一）抱腿别摔技术解析

抱腿别摔这一技术，要求执行者在对方用左腿进行上体攻击的瞬间，迅速靠近对方，运用技巧和力量进行反击。执行者使用右手从上方迅速抓住对方的左脚腕，并利用左臂肘窝紧紧地夹住对方的左膝窝。紧接着，执行者向前躬身，左手从裆部穿过，扣住对方的右膝窝。右手向右后方扳拉对方的左脚腕，身体向右后方转动，同时下降重心，继续向右后方进行扳拉。这一系列动作形成了一种力偶效应，迫使对方失去重心并倒地。

在实施这一技术的过程中，执行者需要注意多个关键点，以确保技术动作的准确性和有效性。在夹住对方的腿部并进行扳拉的过程中，执行者的左手和右手需要进行协调配合，同步发力。同时，执行者还需要在转动身体的同时，保持与两臂发力的同步性，形成有效的力偶效应。

此外，这一技术也要求执行者具有高度的身体灵活性和力量控制能力。无论是快速靠近对方，还是进行转体和扳拉动作，都需要执行者能够准确地控制自己的身体动作，精确地发力。这既需要身体的柔韧性和灵活性，也需要精细的力量控制能力。

因此，抱腿别摔是一种对技术和力量要求都非常高的摔法技术，需要通过持续的训练和实战练习，不断提升自己的技术水平和身体素质，才能熟练地掌握和运用这一技术。

（二）抱腿别摔训练方法

在散打的世界里，抱腿别摔是一种独特的摔法技术，训练者需要具备高度的身体灵活性，敏捷的思维反应和精准的力量控制能力。通过对这一摔法技术的深入理解和持续的训练，执行者能够在面对对方的上体攻击时，迅速、精确地进行反击，以力制对方。

要有效地训练抱腿别摔这一技术，一个重要的步骤就是熟练掌握动作的细节。这包括了怎样靠近对手，怎样利用左右两手抓住对方的腿部，怎样利用身体的转动和重心下降，以及怎样利用力偶效应迫使对方失去重心。每一个细节都需要经过反复的实践和调整，才能达到理想的效果。

但是，仅仅掌握了动作的细节并不能保证成功执行抱腿别摔这一技术。执行者还需要熟练掌握时机。对于何时靠近对手，何时发力，何时转动身体，何时下降重心，何时进行扳拉，都需要精准的时机把握。这需要执行者在实战中不断积累经验，通过对不同对手的观察和对抗，学习和理解他们的动作习惯和节奏，从而在最适合的时机进行反击。

在实际的训练中，训练者也需要注意身体的保护，避免在执行抱腿别摔这一技术时受到伤害。在进行扳拉和转动的过程中，训练者需要确保自己的手腕、膝盖和脚踝等关键部位的稳定性和安全性。在下降重心的过程中，训练者需要控制自己的速度和力量，防止过度冲击导致的伤害。同时，训练者也需要学习和掌握一些防御技巧，如何在对方反击时快速调整自己的动作和姿势，防止自己陷入被动。

值得强调的是，抱腿别摔这一技术的训练需要长时间的投入和持久的毅力。只有通过不断的训练和实战，不断调整和优化自己的动作，不断积累和学习经验，训练者才能真正掌握这一技术，将其变为自己在散打比赛中的一种有效武器。

第二节　防守反击的实战训练

在散打实战中，防守反击的过程是非常重要的，其核心在于控制和反控制。运动员通过各种有效的防守技术来解除对方的控制，然后再进行反击以控制对方。

在散打实战中，防守反击的过程可以归纳为以下几个步骤：首先，运动员需要运用各种技术手段来有效地摆脱对方的控制，如躲闪、格挡等。接下来，一旦解除了对方的控制，运动员就可以采取反击技术来给对手进行打击，如直拳、踢腿等。通过这种方式，运动员可以控制对方的行动，取得优势。

一、拳法防守反击技术

（一）拳法防守反击技术解析

常见的拳法防守反击技术主要有以下几种。

1. 摇避闪躲—左手直拳反击

在面对对手的猛烈进攻时，无论是在拳击场上还是在实际生活中的自我防卫，一个恰到好处的防守反击技术往往能够逆转战局。一场对决，胜负的关键往往在于你是否能有效地运用拳法防守反击技术，如摇避闪躲—左手直拳反击技术，既能有效地避开对方的攻击，又能迅速地发动反击，逼迫对手处于被动。

在每一场对决中，摇避闪躲—左手直拳反击技术都是被广泛应用的一种策略。这种技术的实施首先要求对对方的进攻意图和进攻部位有一个准确的判断。如果对方打算用右摆拳攻击头部，我们则需要用摇避动作来避开这一拳击，进而利用左摆拳给对方的头部发动反击。

但这并不是说，这种技术的运用就是简单的避开和打击。实际上，它是一种高度复杂的技巧，需要精确的判断、高超的反应力和果断的决策。我们必须在瞬息万变的战局中，作出最恰当的决策。同时，我们还需要控制自身的动作，保证在避开对方攻击的同时，能够迅速地进行反击。

为了更好地应用这种技术，我们需要对它进行深入的理解和反复的练习。摇避闪躲—左手直拳反击技术的实施，并不仅仅是避开对方的攻击，而是在避开攻击的同时，找准时机进行反击。因此，对于这种技术的掌握，实际上是对战局变化的敏锐感知和快速反应能力的考验。我们需要在实战中不断摸索，通过反复的练习和实战经验的积累，来提升我们的技术水平，使我们在面对对手的进攻时，能够轻松地运用这种技术，达到防守反击的目的。

我们在进行防守反击时，也需要充分考虑对方的反应。对手在被我们成功反击后，可能会采取更加激进的攻击方式，我们需要预见这种可能性，并及时作出反应，保证我们的防守反击技术能够持续有效。

另外，这种技术的成功运用，也需要有足够的体力支撑。在面对对方的攻击时，我们需要保持身体的灵活性和稳定性，这既需要足够的体力，也需要良好的体态。因此，在日常训练中，我们不仅要提升技术水平，还需要注重体能训练，提高体力和耐力。

2. 格架防守—右手直拳反击

在拳击的领域中，格架防守—右手直拳反击是一种既实用又有效的防守反击策略。它以一种复杂的机制，将防守与反击熟练地融为一体，达到在保护自身的同时给予对方以必要的打击。

当面对对手的右直拳或右摆拳攻击时，格架防守的运用就显得至关重要。此时，一个准确而稳固的格架能够挡下对手的攻击，随即右手直拳接左手摆拳快速反击对方头部。这一系列动作的连贯与迅速，展示了一种在防守与反击之间自如转换的熟练技巧。然而，这并不意味着格架防守—右手直拳反击的运用仅仅依赖于个体的技巧。更为关键的是，这一技术需要对对方的进攻意图和进攻部位有一个精确的判断。能否成功运用格架防守，以及何时启动反击，都取决于对对手动作的理解和预判。这就需要我们具备足够的观察力、判断力，以及在复杂情况下作出决策的能力。

此外，格架防守—右手直拳反击的运用并不仅仅是一种技术表达，更是对防守和反击之间平衡的掌握。我们需要在守与攻之间寻找一个最佳的转换点，使自己的反击能够在最合适的时机发动，这样才能达到最大的效果。这种转换需要我们在保持防守的同时，随时准备反击，而这就需要我们具备高度的专注力和敏锐的反应能力。

3. 推拍防守—右手直拳反击

在拳击技术的广泛应用中，推拍防守—右手直拳反击可谓是一种普遍有效的技术。它深入人心的原因在于，这种技术能够灵活应对来自对手的直拳攻击，并在此基础上快速展开反击，实现防守转攻的目的。

当对方试图通过直拳攻击你的头部时，推拍防守技术就派上了用场。这种防守方式不仅能有效地挡下对手的攻击，而且在挡下攻击的同时，也为你提供了转为攻势的机会。因此，在成功的防守之后，你应立即以右手直拳反击对方的头部，以此打破对方的攻势并逼迫他进入防守状态。

推拍防守—右手直拳反击技术的运用并不仅仅是一种技术的展示，而是需要对对方的进攻意图和进攻部位有清晰准确的理解和判断。对此，你需要通过对对手的观察和理解，预判他的攻击路线和攻击时间，以此选择最合适的防守方式和反击时机。

在推拍防守—右手直拳反击技术的运用过程中，防守和反击的转换是一个必须充分重视的环节。你需要在瞬息万变的战局中，迅速、及时、果断地完成从防守到反击的转换。这需要运动员具备足够的反应速度，以及在紧张激烈的比赛中保持冷静的能力。

4.后闪防守—左手摆拳反击—右手直拳反击

在拳击中，后闪防守—左手摆拳反击—右手直拳反击是一种常用且具有高度战术性的防守反击技术。当对方运用直拳技术攻击头部时，运动员需以迅速后闪的方式防守对方来拳，与此同时，以左手摆拳接右手直拳的方式反击对方头部。这种独特的技术组合展示了在防守与反击中如何做到快速、及时、果断的转换。

运用这种技术的关键在于，运动员要能够准确判断对方的进攻意图和进攻部位。对于对方的攻击，我们需要在第一时间作出反应，快速后闪以避开攻击，然后以左手摆拳和右手直拳的组合进行反击。这样的反击不仅能有效打破对方的攻势，还能进一步迫使对方进入防守状态。

后闪防守—左手摆拳反击—右手直拳反击并不只是简单地闪避和反击，它实际上是一种复杂的技巧，需要运动员具备快速的反应力和准确的判断力。同时，运动员还需要在保持防守的同时，随时准备发动反击，而这需要在紧张激烈的比赛中，能够快速、及时、果断地完成从防守到反击的转换。

（二）拳法防守反击技术训练

在拳击的训练中，防守反击技术的掌握和应用显得至关重要。如何训练这些技术，又如何确保训练效果，都是我们在实战中需要充分掌握的。这需要我们通过科学方法，结合具体情况，进行有针对性的训练。

常见的拳法防守反击技术训练方法主要有以下几种。一种是两人一组，一名练习者手持手靶，另一名练习者进行攻防强化训练。这种方法通过实战模拟，可以让练习者更好地掌握技术的实际应用。另一种方法是两人一组，双方进行轻接触条件下的反应训练，训练过程中双方均应戴上拳击手套。这种以轻接触的形式训练的方法，既能保证安全，又能提高反应速度。还有一种是练习者进行半放开的条件实战训练，这种方法更接近实际比赛，对提高实战能力有着明显的效果。

　　训练方法的选用只是训练的一部分，要保证理想的训练效果，还需要注意许多其他方面。对于拳法防守反击技术的训练，我们要做到准确预判，包括对方的进攻意图和进攻部位，这对于成功防守和反击至关重要。防守与反击的转换速度是另一个需要重视的环节，只有快速的转换，才能抓住战机，打出有效的反击。

　　对于防守和反击技术的运用，我们还需要与具体情况有机结合起来进行。因为在实战中，每一次的反击动作都是不同的，有些需要先防守后反击，有些需要在防守的同时反击，这就要求我们在训练过程中要将防守和反击的关系明确下来，以适应不同的实战需求。

二、腿法防守反击技术

（一）腿法防守反击技术解析

　　常见的腿法防守反击技术主要有以下几种。

1.提膝防守—左侧踹反击

　　在拳击的世界中，腿法防守反击技术同样扮演着关键角色。其中，提膝防守—左侧踹反击技术尤为重要，它能够帮助我们有效地抵挡对手的下肢攻击，并及时地发动反击。

　　当面对对方运用鞭腿技术对下肢的攻击时，我们可以运用提膝防守技术，挡下来腿的攻击。然而，仅仅防守是不够的，我们还需要在防守的同时，发动反击。此时，我们可以以左腿侧踹的方式，反击对方的头部，打破对方的攻势，逼迫他进入防守状态。

　　提膝防守—左侧踹反击技术并不是简单的防守与反击的组合，它需要我们对对方的进攻意图和进攻部位有深入的理解和准确的判断。只有这样，我们才能有效地运用提膝防守，并在适当的时机发动左侧踹反击。此外，我们在使用提膝防守技术时，需要注意，防守动作应有一定的缓冲，这样才能最大限度地减小对手的攻击力度。同时，我们在发动左限度踹反击时，也需要注意速度和时机，反击需要快速、及时、果断，并且必须准确。

2. 撤步防守—左鞭腿反击

在复杂多变的拳击比赛中，技巧与策略的灵活运用构成了赛场上的重要环节，其中，撤步防守—左鞭腿反击便是一种具有代表性的腿法防守反击技术。当面临对方运用右鞭腿技术对大腿的攻击时，利用左腿迅速后撤，巧妙地规避对方的攻击，接着紧随其后以左鞭腿反击对方头部，打乱对方的节奏，形成有力的反击。

要成功运用这种技术，对对方的进攻意图和进攻部位的准确判断是关键。只有当我们对对方的攻势有了清晰的认知，才能作出恰当的反应，确保自身的防守和反击更为精准。撤步的距离也是此技术成功运用的一个重要因素。保证适中的撤步距离，既可以避免对方的攻击，又能为自身的反击提供空间和机会。这一技术的应用并不只是防守和反击的简单组合，它需要我们在实际比赛中做到快速、及时、果断的转换。这需要我们具备敏锐的观察力、准确的判断力、迅速的反应力以及良好的身体协调性。只有这样，我们才能在快速变化的比赛中找准反击的最佳时机。

3. 滑步防守—右鞭腿反击

滑步防守—右鞭腿反击是一种有效的腿法防守反击技术，适用于对方运用左鞭腿技术针对大腿的攻击。该技术的应用主要依赖于对方攻击的准确判断，以及防守与反击的灵活转换。

当对方的左鞭腿攻击袭来，运动员需要立即以后滑步的方式防守，也就是将前腿迅速后撤，避开对方的攻击。在这个阶段，运动员需要准确判断对方的进攻意图和进攻部位，这是成功防守的关键。

与此同时，运动员需要保证后滑躲闪的距离是适中的。如果距离过远，可能会失去反击的机会；如果距离过近，则可能无法完全避开对方的攻击。因此，如何掌握适中的距离，是此技术应用的一个关键环节。防守成功后，运动员应立即进行反击，此时，以右鞭腿针对对方大腿进行反击是一个很好的选择。这样做可以利用对方攻击后的短暂空档，进行有效的反击。

4.截击防守—右鞭腿反击

截击防守—右鞭腿反击技术是一种高效的腿法防守反击技术，适用于对方运用右鞭腿技术针对头部的攻击。此技术的应用包括了精准的判断、时机的把控，以及迅速果断的反应等关键元素。

面对对方的右鞭腿头部攻击，我们可以先以侧踹腿向对方躯干发动攻击，阻截对方的攻势。这一动作需要运动员准确判断对方的进攻意图和进攻部位。只有这样，我们才能准确地作出截击动作，阻挡对方的攻击。当我们成功阻挡对方的攻击后，我们需要迅速转换到反击状态。此时，运动员可以迅速以右鞭腿反击对方头部。这一动作需要运动员快速、果断的反应，因为在比赛中，一旦失去了反击的最佳时机，可能就会错过得分的机会。

此外，我们还需要注意，截击的时机也是非常重要的。如果截击过早，可能会让对方有足够的时间进行调整；如果截击过晚，可能会导致防守失败。因此，如何准确把握截击的时机，也是运用这一技术的关键。

（二）腿法防守反击技术训练

进行腿法防守反击技术训练需要用到多种方法，如两人一组的攻防强化训练，双方进行轻接触条件下的反应训练，以及半放开的条件实战训练等。其中，一名练习者手持脚靶，另一名练习者进行攻防强化训练，能够有效强化运动员的攻防技能和反应速度。而在进行轻接触条件下的反应训练时，双方都需要戴上拳击手套，以模拟实战情况，提升运动员的应变能力和防守反击的准确度。

实施这些训练方法时，为了保证理想的训练效果，还需要重视几个方面的问题。其中，准确预判对方的进攻意图和进攻部位是非常关键的，只有对对方的动态有准确的了解和把握，才能作出正确的反应。另外，防守和反击的快速也需要得到保证。这不仅需要运动员良好的身体素质水平和较高的技术水平，更需要他们在大量的训练中，不断提升自己的反应速度和动作准确性。

防守和反击的实施需要与实际情况相符，这意味着，运动员需要根据对方的攻击方式和自身的状态，灵活地选择防守和反击的方式。有些情况下，可能需要先防守后反击，而在其他情况下，可能需要在防守的同时反击。因此，运动员需要在训练过程中，正确认识和把握防守和反击的关系，有针对性地进行训练，以达到理想的训练和运用效果。

三、拳法与腿法结合的防守反击技术

（一）拳法与腿法结合的防守反击技术解析

1. 推拍防守—右鞭腿接右摆拳反击

推拍防守—右鞭腿接右摆拳反击是一种巧妙的防守反击技术，其将拳法与腿法完美结合，旨在面对对方运用鞭腿技术攻击头部时进行有效的防护及反击。其应用中需要对对方的进攻意图和部位作准确判断，一旦检测到对方的攻击，应迅速以左手向外推拍进行防守，紧接着便是以右鞭腿接右手摆拳反击对方。

推拍防守的关键在于及时预判并制止对方的攻击，左手的推拍应有足够的力度和速度，以抵挡对方的鞭腿攻击。然后运动员需要以最短的时间进行反击，这就涉及了防守与反击的快速转换。

反击的过程中，右鞭腿是首要的攻击手段，攻击结束后，右脚的落位决定了下一步的动作。这里有两种选择：右脚落在前面或者收回落于后侧，根据实际情况进行选择，两者都能提供良好的身体平衡和下一步动作的连贯性。此外，右摆拳的反击应与右鞭腿的落下同时进行，这是为了让整个动作看起来更为连贯，也能在最短的时间内给对方形成有效的反击。

2. 推拍防守—右直拳接右鞭腿反击

推拍防守—右直拳接右鞭腿反击技术是一种将拳法与腿法相结合的防守反击策略。这一技术对于对方运用鞭腿技术攻击头部时尤为适用。在这一技术中，运动员需要先以双手向外推拍进行防守，然后迅速地进行反击，反击的方式则是以右直拳接右鞭腿给对方进行攻击。

在运用这一技术时，运动员首先需要准确判断对方的进攻意图和进攻部位，以此为依据，作出相应的防守动作。防守动作完成后，运动员需要迅速地转换到反击状态。反击的方式是以右直拳接右鞭腿进行攻击，这一连续的动作，要求运动员的动作转换能够做到快速、连贯和准确。[①]

防守反击的转换速度是此技术能否成功应用的关键。只有做到快速的转换，才能在最短的时间内进行有效的反击，给对方造成足够的压力。同时，反击的动作也需要做到连贯和准确，才能最大化地给对方造成威胁。

3. 挂挡防守—右直拳接左鞭腿反击

挂挡防守—右直拳接左鞭腿反击是一种独特的防守反击技术，它适用于当对方运用正蹬腿或侧踹腿技术攻击躯干时。在这种情况下，运动员需要先以左手向下、向外防守，然后迅速以右直拳接左鞭腿反击对方。这一技术的实施需要准确判断对方的进攻意图和进攻部位，然后再以快速、连贯、准确的反击动作进行反击。

挂挡防守的本质在于防御，运动员以左手向下、向外的动作对对方的腿法进行防守，这需要运动员有准确的判断和快速的反应。只有做到这点，才能有效防止对方的攻击，减少自身的伤害。

右直拳接左鞭腿反击是防守动作之后的反击，它需要运动员能够在防守动作完成之后，迅速地转变为攻击状态。这一连贯的动作，需要运

---

① 翟磊. 高校学术文库体育研究论著丛刊现代散打技法解析与训练研究［M］.
北京：中国书籍出版社，2019：46.

动员具备高水平的技术，以保证反击的快速、连贯和准确。只有这样，才能在防守之后立即进行反击，给对方形成有效的威胁。

4.格架防守—右直拳接右鞭腿反击

格架防守—右直拳接右鞭腿反击的核心是通过敏锐的观察和反应，确保自己的防守，然后利用适当的时机进行反击，以打乱对方的进攻节奏，抢占战场主动权。

当对手使用右直拳或右摆拳攻击头部时，运动员应首先利用左手格架防守。这需要高度的警觉性和准确的判断能力，必须在瞬间识别对手的攻击意图和攻击部位。格架防守不仅要求防御者的手臂位置准确，还需要正确的身体姿态和稳定的站立基础，以防止由于对手攻击的冲击力而导致的平衡失控。随后，运动员需要迅速进行反击，这一步通常是使用右直拳接左摆拳和右鞭腿。反击的目的不仅仅是对对方造成伤害，更重要的是打乱对方的攻击节奏，迫使对方进入防守状态，从而赢得主动。因此，反击的时机选择和反击动作的连贯性、准确性是关键。一旦反击过早或过晚，都可能会给对手提供新的攻击机会。同时，反击动作必须是连贯的，即所有动作必须一气呵成，这样才能在最短的时间内给对手造成最大的伤害。

5.截击防守—右直拳接左摆拳反击

在散打比赛中，运动员之间的交锋常常以快速、准确的攻防转换为特点。其中，截击防守—右直拳接左摆拳反击是一种有效的技术策略，它凭借精确的预判、恰当的截击、迅速的反击转换，以及连贯、准确的攻击动作，让运动员在紧张的比赛中取得优势。

当对手用右鞭腿攻击躯干时，运动员的首要任务就是以右腿正蹬后发至先截击对方。这要求运动员对对方的攻击速度、力度、角度有准确的预判。同时，运动员还需要具备良好的身体协调性和反应速度，以便在第一时间内产生有效的截击。紧接着，运动员需要立即以右直拳和左摆拳的组合动作进行反击。在这个过程中，反击的速度和连贯性是成功的关键。快速的反击能在对手未来得及防守时实施，打乱对手的节奏，使其陷入被动。而连贯的动作则能让运动员在短时间内输出更多的攻击力量，给对手增加打击压力。

（二）拳法与腿法结合的防守反击技术训练

在散打比赛中，拳法与腿法相结合的防守反击技术是取得胜利的重要手段。因此，对于这种技术的训练方法，以及如何在比赛中有效地运用这种技术，成为运动员及其教练必须面对的问题。对此，有几种主要的训练方式，以及需要注意的要点。

（1）针对性的攻防强化训练：两人一组，一人手持脚靶，另一人则进行攻防训练。这种模拟比赛中实际情况的训练方式，有助于提高运动员的反应速度和攻防技术。

（2）两人进行轻接触训练：在这种训练中，双方均需戴上拳击手套和护具，以最大限度地保护运动员的安全。这种训练方式使得运动员在模拟比赛的环境下，提高拳腿相结合防守反击的技巧和准确度。

（3）半放开的条件训练：通过一段时间的训练，当运动员熟练掌握技术动作后，再进行实战训练，这样更有利于运动员在实际比赛中运用拳法与腿法相结合的防守反击技术。

为了保证理想的训练效果，还需要注意以下几个关键因素。首先，准确预判对方的攻击动作至关重要。在对方攻击之前，对攻击动作的预判能使防守运动员提前做好准备，及时作出反击。其次，保证反击动作的连贯性也很重要，这样可以在最短的时间内，给对方最大的打击。再次，防守与反击动作的转换速度需要快，这样可以在对方未有反应之前完成反击。最后，训练过程中要与实际比赛情况相结合，防守和反击的顺序需要根据实际情况确定。通过这样的科学训练方法，运动员可以更好地掌握拳法与腿法相结合的防守反击技术，从而在比赛中取得优势，赢得胜利。

四、拳、腿、摔结合的防守反击技术

（一）拳、腿、摔结合的防守反击技术解析

1. 截击防守—下潜抱腿接过肩摔反击

在散打比赛中，拳法、腿法和摔法的结合是一种常见的技术策略，运用得当可以在比赛中取得优势，打出精彩的连击，使对手防不胜防。这种策略需要运动员有良好的身体协调性、敏捷的思维反应和丰富的战术知识，通过科学的训练，使得各种攻防手段在实战中可以灵活运用，形成连贯的攻防体系。

当面对对方运用直拳连续攻击头部的情况时，侧踹腿截击防守是一种常见的防守方式。这种技术需要运动员有快速的判断和反应能力，通过准确的截击防守，打乱对方的攻击节奏，使其无法顺利进行连续攻击。然而，截击防守并非万无一失，有时会因为各种原因而失败，这就需要运动员有备用的防守策略。在这种情况下，下潜抱腿过肩摔就是一个很好的反击手段。这种技术需要运动员有良好的反应速度和协调性，能迅速判断截击防守失败，立即转换为下潜抱腿过肩摔的策略。①

在实际运用这种技术时，对对方的进攻意图和进攻部位的准确判断是非常重要的，这直接影响到防守反击的时机和效果。同时，下潜近身抱腿动作的速度要快，否则就可能被对方识破并有机会反击，因此在训练时需要重点提高这方面的能力。

2. 搂腿防守—右手直拳接勾踢摔反击

搂腿防守—右手直拳接勾踢摔反击是一种常用的防守反击技术，应用于对方运用右鞭腿攻击大腿或躯干的情况。这种技术需要运动员具有高超的反应速度、准确的判断力和强大的力量。熟练掌握和正确运用这

---

① 陈养胜. 武术散打组合技术创编探讨［J］. 中国体育教练, 2019, 27（4）: 71-72, 76.

种技术，可以有效地防守对方的攻击，同时，通过反击将对方击败。

当对方运用右鞭腿攻击时，运动员应快速地上步，将对方的腿搂住，这就是搂腿防守。然后，运动员以右手直拳猛击对方的面部。这一击要力量大，瞄准准确，以尽可能地破坏对方的身体平衡，为后续的勾踢摔动作做好准备。这个过程中，运动员需要做到动作迅速而果断，保证连贯性和流畅性。然后，运动员以左腿进行勾踢动作，将对方摔倒。这个动作需要运动员具有良好的身体协调性和力量控制能力。在实施勾踢摔动作的过程中，运动员需要确保"打"与"勾"的动作同时进行，以保证整个反击动作的连贯性和有效性。

在实际运用这一技术时，对对方的进攻意图和进攻部位的准确判断是非常重要的，这直接影响到反击的时机和效果。因此，在训练时，要重点提高运动员的判断能力和反应速度，同时，也要注重力量和技术的训练，使运动员能够熟练掌握这一技术，灵活运用到比赛中，实现对对方的有效防守和反击。

3. 里抄防守— 勾踢摔反击

当面对对手以左鞭腿攻击躯干时，运动员可运用里抄防守与勾踢摔反击的技术进行对抗。这种技术的使用需要运动员具备准确的判断力、较快的反应速度和良好的协调性。掌握和应用好这种技术，可以帮助运动员在比赛中有效地防守对方的攻击，并同时对对方进行反击。

对手运用左鞭腿攻击躯干时，运动员可运用里抄防守动作进行防守。这时，运动员需要迅速向前上步，双手用力旋转上掀。这一动作需要运动员具有高度的协调性和快速的反应能力。在执行上掀动作时，应突然且快速，以破坏对方的攻击节奏和平衡。

在防守转变为反击的过程中，运动员需配合左勾踢动作将对方摔倒。在这个过程中，双手的"掀"与左腿的"勾"的动作应同时进行，以增强反击的力度和效果。此外，对对方进攻意图和进攻部位的准确判断，以及里抄防守和上步动作的连贯性，都对此反击技术的成功执行至关重要。

在训练和实践中，教练和运动员应注重提高运动员的反应速度、力量、协调性和判断力，这样才能确保运动员在比赛中熟练并有效地运用这一技术；同时，也要注意安全，防止运动员在训练和比赛中受伤。

4.里抄防守—涮腿勾踢摔反击

在对对方进行防守反击时，充分发挥自身的拳击和腿法的技术优势，同时准确掌握和判断对方的进攻意图，是极其关键的。在这一过程中，运动员可以运用里抄防守与涮腿勾踢摔反击技术，当对方运用左侧踹腿攻击躯干时，运动员需要迅速转变为防守态势，利用里抄动作巧妙防守，并迅速向前上步，利用涮腿勾踢摔技术对对方实施反击。

这一反击技术的运用，需要运动员做到连贯性和准确性。在防守和反击的转换过程中，运动员需要快速连贯地完成里抄防守与上步动作，这要求运动员具有高度的身体协调性和反应速度。在进行涮腿反击时，运动员需迅速近身，这要求运动员具有良好的步伐调整能力和空间判断力。

在实际运用中，运动员还需要注意，右手的"别"与左腿的"勾踢"动作应同时进行，才能形成有效的攻防同步，最大限度地打乱对方的节奏，破坏对方的身体平衡，从而成功实施反击。

（二）拳、腿、摔结合的防守反击技术训练

拳、腿、摔结合的防守反击技术，将不同的战斗技术，如拳击、踢腿、摔法等巧妙地融合在一起，形成一个全面、灵活、连贯的防守反击体系，能够让运动员在面对各种攻击时有多种反击方式可选，从而提高运动员在激烈比赛中的战斗力。

在实际训练中，一般采取两人一组的训练模式，通过攻防强化训练、轻接触的反应训练和半放开的条件实战训练等多种方式进行。其中，攻防强化训练是以一名练习者手持脚靶，另一名练习者进行拳、腿、摔技

术的攻防训练，此种方式能帮助练习者更好地理解并掌握技术原理。轻接触的反应训练则是以两人一组，进行轻接触的反应训练，训练双方都需戴拳击手套和护具，以保护自身的同时提高反应速度和技术的准确性。半放开的条件实战训练则是在练习者熟练掌握技术动作后，再进行实战训练，此种方式可以提高练习者的实战应对能力。

为了确保训练效果理想，我们需要注意以下几点。

（1）训练者需要能够准确地预判对方的进攻意图和部位。这是因为，只有准确地理解了对方的进攻方式和目标，才能找到最有效的防守反击策略。

（2）拳、腿、摔反击组合技术的运用需要做到连贯，这就要求训练者在练习拳、腿和摔技术时，需要注意动作的连贯性，避免在进行技术切换时出现停滞或混乱。

（3）防守与反击动作的转换速度需要快。防守和反击之间的转换速度，直接影响到反击的效果。如果转换速度太慢，可能会给对方更多的反击机会。

（4）训练者需要对反击时机有充分的认识和把握，并且能够结合实战，确定在何时、何地、何种情况下进行反击。这就需要训练者有丰富的实战经验，以及对战斗规则和战术的深刻理解。

五、反反击技术

（一）反反击技术解析

反反击技术是一种高级的格斗策略，其涵盖了复杂的技术元素和策略规划。它不仅需要运动员具备出色的身体素质、技术水平，同时还要求他们拥有高超的反应速度和判断力。反反击技术的应用，是以对手的反击为契机，利用对手反击时的瞬间空隙，发动更为犀利的攻击，从而达到转守为攻的目标。

常见的反反击技术主要有以下几种。

1. 左直拳进攻—摆拳反击—摇避闪躲摆拳反反击

左直拳进攻—摆拳反击—摇避闪躲摆拳反反击就是一个典型的反反击模式。首先，我方以左直拳向对方头部发动进攻，此时，对方可能会通过闪躲我方的攻击，并通过右摆拳进行反击。而在对方反击的一瞬间，我方便可利用摇避闪躲的方式，规避对方的反击，并紧接着进行左摆拳反反击，将对方击倒。这个过程看似简单，实则复杂，其中蕴含的是运动员对攻防节奏、对手反应的精准预判，以及准确的攻击时机把握。

在运用这一反反击技术时，对对方反击意图、反击技术和反击部位作出准确判断至关重要。运动员需要在短时间内，通过对对方行动的观察和分析，预测对方可能的反击方式，然后立即作出反应，进行反反击。这就需要运动员有着出色的观察力、预判力和反应力。

要想提高运动员的反反击能力，不仅需要增强运动员的身体素质，提高其技术水平，更重要的是要加强运动员的战术理解能力和决策能力的训练。可以通过观看高水平比赛，分析比赛录像，以及模拟比赛等方式，帮助运动员提升战术理解和决策能力。同时，运动员还需要在实际训练中，通过不断的试错和反馈，提升自身的反反击技术。

2. 左鞭腿进攻—鞭腿反击—搂腿冲拳勾踢反反击

反反击技术的应用，尤其在一些高水平的竞技比赛中，能够体现出格斗者的策略智慧和技术熟练度。其中，左鞭腿进攻—鞭腿反击—搂腿冲拳勾踢反反击便是一种实用且高效的反反击策略，它巧妙地融合了拳法、腿法和摔法，是一种技巧和力量的完美结合。

初始阶段，我方以左鞭腿攻击对方左大腿部，这是一个试探性的进攻，目的在于引诱对方反击，为后续的反反击创造机会。对方如果进行闪躲，可能会选择以右鞭腿进行反击。在此瞬间，我方可以作出闪躲动作，避开对方的反击，并以此为契机，再进行搂腿勾踢的反反击动作，最终将对方摔倒。

在这一过程中，对对方反击意图和反击技术进行准确判断至关重要。这一判断依赖于运动员的洞察力、判断力和经验积累。预知对方可能的反击方式，使得我方能够在对方反击的瞬间，立即采取避让动作，并做好反反击的准备。在实际比赛中，这种反反击的过程往往在瞬息之间完成，对运动员的反应速度和决策能力都有极高的要求。

对于训练这种反反击技术，除了要有扎实的基本功和良好的身体素质外，还需要进行大量的实战训练和模拟演练，提高运动员在实战中对对方攻势的判断能力和反应速度。同时，运动员也需要深入学习和理解各种战术策略，对不同对手的技术特点和习惯进行深入的研究和了解，从而在比赛中找到最合适的反反击时机和方式。

3. 右直拳进攻—抱腿摔反击—反夹颈摔反反击

反反击技术的实现要求运动员具备高超的战术智慧和技巧执行能力。在战斗过程中，如以右直拳攻击对方头部作为进攻手段，对方可能会选择下潜闪躲并以抱腿摔技术进行反击。在这个关键的瞬间，迅速对对方的反击作出预判和正确的应对便成了我们成功反反击的关键。

应对抱腿摔反击的一种有效方式便是运用反夹颈摔的技术。当对方尝试抱腿摔时，我们可以利用其身体重心前倾的机会，迅速使用右手夹住对方颈部，执行反夹颈摔的动作，成功将对方摔倒。这一系列动作需要运动员具备快速的反应力、精准的判断力以及流畅的动作执行能力。

在运用反夹颈摔反反击技术时，对对方反击意图和反击部位的准确判断至关重要。这种判断往往来源对对手的深入研究，包括对对手的技术特点、常用动作及其反应模式的了解。只有当我们对对方有足够深入的了解，才能够在瞬间作出最合适的反应。

从训练角度看，我们需要将反反击技术的训练融入实战模拟和对抗训练中，这样才能使运动员在实战中更好地应用这种技术。同时，需要注重提高运动员的反应能力、决策能力和执行能力，这需要长时间的训练和积累。另外，运动员还需要通过观看比赛录像、学习理论知识等方式，提高对战术和技术的理解能力，从而更好地运用反反击技术。

4. 单跳步侧踹腿进攻—鞭腿反击—转身摆腿反反击

实施反反击技术是一种高度复杂的战术行为，它需要运动员具有敏锐的观察能力、精准的预判能力和出色的执行能力。以提膝单跳步拉近与对手的距离，然后以左侧踹腿进攻对方躯干部位为例，如果对方能顺利闪躲并运用左鞭腿反击，这时便需要迅速调整自身状态并以转身后摆腿的方式进行反反击。

转身后摆腿是一种强大且充满攻击力的反击手段，尤其是当目标是对方的头部时，其效果更是显著。然而，这需要运动员拥有足够的身体协调性和动作流畅性，以确保在短时间内完成动作转换并精确击中目标。同时，此举也需要对对方反击意图和技术作出准确的判断，才能够在对方反击的瞬间迅速作出反应，抓住机会实施有效的反反击。

要训练并提升这一反反击技术，除了进行大量的身体力行的实战训练外，还需要运动员提升自身对比赛态势的理解和预判能力。这涉及战术理论的学习，包括对各种进攻和反击技术的深入理解，对对手常见反击模式的熟悉，以及对个人的身体条件和技术特点的全面把握。只有这样，才能在复杂的战斗环境中迅速作出最佳的决策，实施有效的反反击。

同样的，理论知识和实战经验的结合是提高反反击技术的关键。只有通过反复的实战训练和战术理论的研究，才能使运动员在实战中更加从容应对，有效地运用反反击技术。通过这样的训练和学习，我们可以将反反击技术提升到一个新的层次，使其成为我们在比赛中取胜的有力武器。

5. 鞭腿连接摆拳进攻—鞭腿反击—抱腿勾踢反反击

在激烈的比赛中，对于进攻者来说，左鞭腿接左摆拳的进攻可以说是一种常见但有效的战术手段，而对于防守者来说，如何对此进行有效防守和反击也是比赛成败的关键之一。当对方以提膝防守与格架防守成功摆脱进攻，然后可能运用左鞭腿反击的时候，这时的防守者就需要运用抱腿勾踢的技术进行反反击，将对方摔倒。

这样的反反击技术要求运动员拥有快速判断对方反击意图、反击技术和反击部位的能力，同时还需要拥有高超的身体协调性和技术运用能力，才能在最短的时间内对对方的反击作出反应，并迅速实施反反击。

同时，这样的反反击技术也强调了反反击的及时性，因为在激烈的比赛中，稍有犹豫就可能会让机会溜走，因此在对对方反击的判断上，不仅要准确，还要快速。除了这些，成功的反反击还需要有一定的战术策略，包括如何利用场地、如何根据对方的攻防节奏调整自己的节奏、如何将自己的优势最大化，等等。

要提升这样的反反击技术，运动员需要通过大量的训练提高自己的身体素质和技术运用能力，同时也需要通过观察和学习提高自己对比赛的理解和战术判断能力。只有这样，才能在激烈的比赛中找准机会，实施有效的反反击，达到击败对手的目的。

（二）反反击技术训练

在武术尤其是对抗性武术中，反反击技术是一种复杂而有效的战术。它不仅考验着运动员的体能，还测试着他们的智谋和策略。因此，反反击技术的训练不仅要锻炼身体，更要训练大脑。通过各种方式，包括一对一的招式喂养、攻防强化训练、轻接触反应训练、半放开的条件实战和实战训练以及空击训练和条件模拟训练等，都能有效地提升运动员的反反击技术。

（1）一对一的招式喂养：让一位练习者对对方进行攻击，以此让练习者有机会熟练掌握反反击技术。通过对方的反击，练习者可以反复练习反反击动作，以提高自身的自动条件反射。这种模式不仅能让练习者更好地理解反反击的过程，也能提高他们的反应速度和决策能力。

（2）一名练习者手持脚靶，另一名练习者进行攻防强化训练：这种方式能够增强练习者的反反击能力，尤其是在面对复杂和多变的战术时。

此种方法让练习者在真实的对抗中学习和应用反反击技术，从而增强他们的实战能力。

（3）进行轻接触的反应训练：通过减小力度，让练习者有更多的机会去观察和反应，从而提升他们的反反击技术。这种方法旨在提高运动员的敏捷性和反应速度，从而在实战中更好地应用反反击技术。

（4）半放开的条件实战和实战训练：通过在近似真实的情况下进行训练，练习者能够更好地理解和应用反反击技术，从而在真实的比赛中更好地发挥。

（5）进行攻防意识的空击训练和条件模拟训练：这种训练方式可以帮助运动员加强他们的攻防意识，理解和熟悉各种可能的情况，从而在实际对抗中更快速、更准确地作出反应。

要训练反反击技术，首先要提升运动员的逻辑思维能力和应变能力。这是因为反反击技术要求运动员在对方的攻击中迅速找到机会进行反击，而这需要运动员能快速判断并制订出有效的反击策略。而这些都需要运动员具备优秀的逻辑思维能力和应变能力。其次，反反击技术的训练要重视动作的连贯性。反反击技术中，一个动作往往会连接到下一个动作，形成一种连续的攻防节奏。只有将每个动作融会贯通，才能确保反反击的成功。再次，反反击技术的训练要重视速度。在对抗过程中，一招之间的瞬息之差往往决定了胜负。因此，运动员在训练中要努力提高自己的动作速度，以确保在关键时刻能快速反击。最后，反反击技术的训练要明确防守与反击实施的时间顺序。在对抗过程中，何时防守，何时反击，这都是影响反反击成功与否的重要因素。因此，运动员需要通过大量的实战训练，找出最适合自己的防守与反击时间顺序。

第三节　攻中反击的实战训练

攻中反击是武术散打中的一种核心技术，表现为在主动进攻的同时，针对对方的反击作出及时的反应并实施反攻。这种技巧体现了先发制人和最后得分的攻击原则，寓反击于进攻之中，既有防守之意，更蕴含了攻势。在比赛或实战训练中，双方的攻防转换频繁，只有掌握"攻中反击"这一技术，才能在快速变化的局势中立于不败之地，做到"致人而不致于人"。

运动员在实战或比赛中运用攻中反击技术的过程，往往在瞬息之间完成。因此，提升这种能力对于散打运动员的技术提升至关重要，应成为教学和训练的重点任务。教练需要采用各种有效的教学方法和训练手段，有计划、有目的地提升运动员的攻中反击能力。在教学过程中，除了讲解攻中反击的理论知识，更要注重实战演练，让运动员在实战中体验和掌握攻中反击的时机、节奏和力度。

而实际的攻中反击技术种类繁多，应用广泛，运动员需要根据自身技术特点和比赛实际，灵活掌握和运用。可以说，掌握并提升攻中反击技术，不仅可以帮助散打运动员在比赛中占得优势，更能提升他们的实战能力，使他们在面对复杂多变的战场时，能做到从容应对，驾驭战局。

一、右冲拳击头—里挂右蹬腿—右掼拳击头

在武术散打领域，"右冲拳击头—里挂右蹬腿—右掼拳击头"构成了一种普遍运用的攻中反击技术组合。此技术复杂性在于它需运动员迅速响应并协调各项动作，从而形成连贯的攻防转换。

该技术从预备姿势发起，运动员以右冲拳迅猛攻向对手头部，构成主动进攻。在此过程中，对手会立刻后退，并以右正蹬腿反击运动员腹

部。然而，运动员需在对手反击的瞬间，迅速利用左手执行里挂动作，成功抵御对手的反击，形成初次反击。

在防守成功后，运动员未作停滞，反而继续进攻。当运动员成功挡下对手反击的刹那，其右掼拳已在待命状态，迅疾出击，指向对手的头部，形成二次反击。这一系列的动作流畅连贯，既展示了攻势的猛烈，又呈现出防守的及时性，充分体现了散打运动员技术的精湛和反应能力的出色。

二、左掼拳击头—潜闪右冲拳—抱腿前顶摔

在武术散打技术中，"左掼拳击头—潜闪右冲拳—抱腿前顶摔"构成了另一种有效的攻中反击技术组合。这一组合要求运动员在瞬间作出反应并协调运动，实现一套顺畅的进攻与反击动作。

此技术组合源自预备姿势，运动员启动左掼拳，瞄准对手头部发起进攻。此时，对手会以右冲拳反击，目标为运动员面部。然而，运动员需要在对手反击之时，迅速下潜，采取潜闪策略躲避对方进攻。接着，运动员利用抱腿前顶摔的技术将对方摔倒，完成反击。

这一连贯动作既蕴含了运动员的精湛技术，也彰显了出色的反应能力。在攻防交替之间，运动员通过迅速应对和准确执行，成功进行反击，再次证明了武术散打中攻中反击技术的有效性与重要性。

三、左侧弹踢腿—抄抱右侧弹腿—右冲拳击头

在武术散打实战中，"左侧弹踢腿—抄抱右侧弹腿—右冲拳击头"是一种流畅且有力的攻中反击技术。这种技术需要运动员快速、精确地作出反应，并准确执行各种动作，形成一套协调连贯的进攻与反击组合。

技术从预备姿势开始，运动员运用左侧弹踢腿，对准对手的左小腿发起进攻。然而，对手会立即采取措施防御，撤退左脚，并以右侧弹腿反击运动员的左肋部。这时，运动员需要迅速作出反应，左手抄抱防护

自身。同时，运动员的右冲拳已经准备就绪，直接瞄准对手的头部发动攻击。

这一组合在攻防间找到了完美的平衡，既有强大的进攻力量，又能在对方反击时成功防守；同时进行有效的反击，从而展现了武术散打中攻中反击技术的威力与精髓。

四、右侧弹踢腿—提膝防左侧弹—左横踢腿踢头

"右侧弹踢腿—提膝防左侧弹—左横踢腿踢头"这一套技术组合在武术散打中体现了攻中反击的精髓。它的实施需要运动员具备敏捷的反应速度和精确的动作执行能力。

此套技术起始于预备姿势，运动员首先运用右侧弹踢腿，目标瞄准对方的左小腿外侧，展开攻击。对手为了应对此攻势，会进行后退并以左侧弹腿反击运动员的右腿。运动员需要在这关键时刻立即作出反应，提起右膝以进行格挡防守。紧接着，左横踢腿已经储备就绪，运动员迅速将其踢向对方头部，进行反击。

这一系列动作展示了攻防的灵活性和力量，既有强大的攻击力量，也在对方反击的同时进行了高效防守，以及及时反击，体现了武术散打中"攻中反击"技术的巧妙运用与精致设计。

五、左侧踹腿踹腹—潜闪右冲拳—折腰搂腿摔

"左侧踹腿踹腹—潜闪右冲拳—折腰搂腿摔"这是一种高级的"攻中反击"技术，它依赖于运动员的机动性、反应能力和瞬间的力量输出。

预备姿势开始，运动员以左侧踹腿，强力攻击对方的胸腹部。对手为了规避攻击，会进行后退，同时用右冲拳反击运动员的头部。对此，运动员必须立即作出反应，迅速下潜，避开对方的反击。紧接着，运动员继续发起反击，迅速搂抱对方的腰部。运动员的上半身前压对方的胸部，同时右小腿搂住对方的左小腿。这一系列连贯的动作，最终导致对

167

方失去平衡，被成功摔倒。

这一技术组合中，攻守转换迅速且富有战术变化，不仅考验运动员的身体素质，还考验他们的技术娴熟度和应变能力，是对散打运动员全面技能的一种考验。

第七章 武术散打实用战术技能培养

第一节 散打战术的概念和种类

一、散打战术的概念

散打作为一种对抗性强烈的搏击体育运动，其战术运用对比赛结果起着至关重要的作用。这种运动形式不仅需要运动员具备出色的体能、技术、心理等基础能力，而且需要他们熟练掌握并科学应用各种战术。简单来说，散打战术是指在比赛中，根据对手的战斗风格和状态，根据比赛的具体环境和瞬息万变的现场情况，采取的一系列行动计策和技术方法。战术运用的深度和广度，直接决定了比赛的最终结果。

在理解散打战术的时候，有一个重要的概念我们必须明确：战术并不仅仅是指比赛中的行动策略和技术选择，而是涵盖了从比赛前的准备，到比赛中的实施，再到比赛后的反思和总结的全过程。换句话说，散打战术是对运动员整个比赛过程的全方位、深度的规划和管理。从这个角度看，散打战术就是一个完整的系统，它包括对抗策略的选择，技术的运用，心理的调整，体能的配合等多个方面。比如，在对抗策略的选择

169

上，散打战术强调的是"致人而不致于人"。运动员需要独立思考，根据对手的特点和场上情况，自主地调整和变化自己的战斗策略，而不是被动地应对和反应。运动员需要把握主动权，控制比赛的节奏，以主动的姿态来压制对手，限制对手的活动空间，剥夺对手的主动权。

技术运用方面，散打战术是技术的综合运用。运动员需要根据自己的特长和对手的特点，灵活地运用各种技术，如出拳、腿法、摔法、防守等，使自己的优势得到最大化的发挥，同时限制和打击对手的优势。这就需要运动员具有丰富的技术储备，才能在比赛中随机应变，灵活出招。①

心理调整也是散打战术的重要组成部分。在比赛中，运动员必须保持冷静和专注，才能正确判断和处理各种复杂的情况。他们需要学会如何在压力下，保持心态的稳定，从而更好地发挥出自己的实力。

体能配合在散打战术中也是至关重要的。散打运动是一种高强度、大负荷的运动，对运动员的体能要求极高。因此，在比赛中，如何根据自身体能状况，合理地分配和使用体能，也是运动员必须考虑的问题。他们需要在比赛中调整自己的节奏和力度，以确保自己在关键时刻能有足够的体能来发挥。

二、散打战术的种类

（一）强攻战术

强攻战术，是一种以积极进攻为主要手段的战术。在散打比赛中，运用强攻战术的运动员，会毫不犹豫地向对手施展连续攻击，通过强大的火力压制来迫使对方退却，从而掌握比赛的主导权。

强攻战术的运用并不仅仅是简单的猛攻，更是需要运动员在快速进攻的过程中，灵活运用各种技巧，如身法、步法、出拳、腿法等，以及

---

① 程啸斌.散打技击学［M］.南昌：江西人民出版社，2011：85.

准确的判断和快速的反应能力。强攻战术更是对运动员自身技术，体力，心理素质的综合考验。因此，在实战中，强攻战术的运用并非容易，需要经过长期的技术训练，身体训练，以及心理调适。

在散打比赛中，强攻战术有很多应用的场景。首先，强攻战术常常用于比赛的开局阶段，运动员通过早早地展现出强大的攻击力，对对手形成强大的压力和威慑，使得自己在比赛的一开始就取得优势。其次，强攻战术也常常在比赛的关键时刻被运用，如在比赛的最后阶段，通过一轮猛烈的进攻，可以迅速扩大比分差距，或者反超比分，最终稳定胜局。此外，当发现对手体能下降，防守出现漏洞时，运动员也会选择利用强攻战术，对对手形成一波高强度的攻击，以期能够迅速击败对手。

强攻战术虽然看似猛烈，但并不意味着运动员在进攻中毫无节制，反而要求运动员必须具备良好的控制能力，才能在保持猛烈攻势的同时，不至于因为自身防守的疏忽而给对手可乘之机。而且，强攻战术的运用更需要考虑到比赛的整体进程和自身的体能状况，不能仅仅看到眼前的攻势，而忽视了比赛的长远。因此，运动员在比赛中不仅要有强烈的进攻意识，更要有全局观和策略性思维。

尽管强攻战术具有强大的进攻力，但同时也存在着明显的弱点。一是体力消耗大，如果运动员不能有效地控制自己的体力消耗，可能会在比赛的后期，因为体力不足而出现防守漏洞。二是过于重视进攻，可能会忽视防守，从而给对手留下反击的机会。因此，运动员在运用强攻战术时，必须充分考虑到这些因素，才能发挥出强攻战术的最大效果。

（二）抢攻战术

顾名思义，抢攻战术就是抢在对手之前发起攻击，即通过快速、果断的进攻行动，让对方在还未完全准备就绪或者刚刚开始发动攻势的时候，受到攻击。这种战术常常出人意料，让对方在防守上措手不及，从而为自己赢得优势。

运用抢攻战术需要运动员具备敏锐的洞察力和快速的反应能力。敏锐的洞察力可以帮助运动员准确识别出对手的攻击意图和节奏，同时也能使他们迅速地对比赛环境进行分析，判断出最佳的进攻时机。而快速的反应能力则可以让运动员在发现有利的战机后，立即发起有效的攻击，抢占优势。同时，运动员还需要具备足够的技术储备和临场经验，才能在实战中灵活、有效地运用抢攻战术。

在散打比赛中，抢攻战术的运用可以说是一种策略和艺术。例如，当对方准备发动攻击时，运动员可以通过快速的出手，抢先对对方形成威慑，迫使对方打乱原有的攻击节奏或者计划，从而获取优势。又如，当对方在攻击结束后的短暂停顿时，运动员可以抓住这个短暂的机会，迅速反击，造成对方的伤害，进一步巩固优势。

运用抢攻战术需要消耗大量的体力，如果没有足够的体力储备和精准的判断，可能会因为频繁的抢攻而消耗过多的体力，使得在后期无法进行有效的进攻和防守。此外，过度的抢攻可能会导致防守上的疏忽，使得自己陷入被动。因此，运动员在运用抢攻战术时，必须做到攻防平衡，既要主动进攻，又不能忽视防守。

（三）反击战术

反击战术依赖于对手的攻击行动，通过精准的防守和反应，找准时机，在对手攻击的空当或结束之后，迅速对对手进行反击。反击战术旨在以巧制勇，以静制动，消耗对手的体力，同时寻找机会反制对手。

运用反击战术需要运动员具备高度的防守技巧和出色的反应能力。防守技巧可以帮助运动员在面对对手的攻击时，尽可能减少受到的损伤，而快速的反应能力则能帮助运动员在对手攻击结束或者暴露出破绽的瞬间，立即进行反击。在反击的过程中，运动员需要灵活运用身体的各部位，如手、脚、腿等，进行反击，尽可能对对手造成损伤，获取比赛优势。

在散打比赛中，反击战术的运用场景非常丰富。例如，在面对对手的连续攻击时，运动员可以通过巧妙的防守和灵活的移动，避开对方的攻击，然后在对手攻击停歇或体位失衡时，立即进行反击。又例如，在对手力量过大，无法直接硬抗时，运动员可以选择用防守和反击来消耗对手的体力，待对手疲劳时，再进行有效的反击，从而扭转比赛的局面。

运用反击战术也需要注意一些问题。一是反击战术在一定程度上依赖于对手的攻击，如果对手采取保守的战术，不主动发起攻击，那么反击战术的效果可能会大打折扣。二是运用反击战术需要运动员有足够的耐心和冷静的判断，不能急于求成，要能够在关键时刻作出准确的反击。三是反击战术对防守技巧和反应能力的要求非常高，运动员需要通过长时间的训练和实战经验的积累，才能熟练掌握和运用。

（四）佯攻战术

佯攻战术在散打比赛中扮演着至关重要的角色。这种战术依赖于欺骗和诱导，通过假装进行攻击或者动作，使对手产生误判，然后利用对手的这种误判，找准机会进行实际的进攻。这种战术的运用，常常能够让对手防不胜防，措手不及，从而获取比赛的优势。

佯攻战术的运用，需要运动员具有出色的表演能力和战术意识。他们需要能够熟练地模仿各种攻击动作，使之看起来与真实的攻击无异，以此来迷惑对手。同时，他们还需要有足够的战术意识，能够精准地判断出何时进行佯攻，何时进行实际的进攻，以最大限度地迷惑和打击对手。

在散打比赛中，佯攻战术的运用十分广泛。比如，运动员可以通过假装进行某种攻击，诱导对手进行防守，然后利用对手防守的破绽，进行真正的进攻。再比如，运动员可以通过频繁的作出攻击的动作，但不真正发动攻击，以此来消耗对手的精力和注意力，然后在对手疲惫或者疏忽的时候，进行突然的进攻。

（五）迂回战术

迂回战术在散打比赛中扮演着特殊而重要的角色，这是一种在无法直接以力制胜时的灵活策略。迂回战术是一种利用步法和身法，避开对手锐利的攻势，随后寻找适当的时机进行反击的战术。此战术的运用，需要运动员具备灵活的步伐，精准的身法，以及对战场形势的敏锐洞察力。运动员需要通过不断地移动和变换位置，使对手无法准确判断自己的行动路线和攻击目标，从而打乱对手的攻击节奏，创造出有利于自己反击的机会。

在实际的散打比赛中，迂回战术经常被运用在实力悬殊的比赛中。例如，当面对力量或者体重明显优于自己的对手时，直接的对抗往往是不明智的。这时候，运动员就需要运用迂回战术，以避其锋芒，寻找对手的破绽，从而转危为安，制胜对手。然而，运用迂回战术也需要高度的技巧和判断力。一方面，运动员需要具备优秀的移动技巧和身体协调性，以便在比赛中自如地运用各种步法和身法；另一方面，运动员还需要有足够的战术意识和判断力，才能在复杂多变的比赛环境中，把握住反击的最佳时机。

（六）克长战术

克长战术在散打比赛中具有深远的影响力，该战术是指运动员在比赛中采用一系列策略和方法，专门对抗并压制对手的优势和特长。这种战术充分体现了散打比赛的策略性和技巧性，对运动员的技术全面性，预见性，以及对比赛情况的敏锐判断力有着极高的要求。

克长战术的运用，要求运动员具备深厚的攻击力和高度的预见性。他们需要通过对比赛和对手的深入观察和分析，以及对自身能力的准确评估，来找出对手的技术特点和优势，然后有针对性地进行压制和反制。例如，如果对手善于近身搏击，运动员就需要注意保持适当的距离，避免被对手拉近战斗距离；如果对手擅长远程攻击，运动员则需要善于闪避，适时逼近，使对手无法发挥其长处。

克长战术的成功运用，还需要运动员具备全面的技术。这不仅意味着运动员需要在各种技术上都有所涉猎和掌握，更意味着他们需要能够根据比赛的实际情况，灵活运用各种技术，以适应不断变化的比赛环境。例如，如果对手擅长主动进攻，运动员可以选择先发制人，打乱对手的攻击节奏；如果对手善于防守反击，运动员则可以试图引诱对方出手，然后进行反击。

（七）克短战术

克短战术与克长战术是相对应的，它是针对对手弱点进行进攻的策略，意在通过集中力量攻击对手的短板，使对方无力反击，或者在反击中暴露更多的破绽。运用克短战术首先需要有深厚的功底和广泛的技术知识，运动员需要能够在混乱的比赛环境中快速准确地识别出对手的弱点。对手的弱点可能来源于技术不足、体能不足、反应速度慢、防守疏忽等方面。识别出对手的弱点后，运动员需要将自身的优势技术，如力量、速度、技术、体能等与之对应，从而最大限度地压制和攻击对手的弱点。

在实际比赛中，克短战术的运用形式多种多样。例如，如果对手的下盘防守较弱，运动员就可以频繁地使用低扫、侧踹等技术，以攻击对手的下盘；如果对手的反应速度较慢，运动员就可以运用快速的连击，制造压力，使对手无法及时防守。然而，克短战术并不是无懈可击的。过度的依赖克短战术可能会使运动员忽视了对手的其他实力，而在一味攻击对手弱点的过程中，可能会暴露自己的破绽，给对手创造反攻的机会。因此，运动员在运用克短战术时，既要敢于进攻，又不能掉以轻心，要做到全面防守，随时准备应对可能的反攻。

（八）多点战术

多点战术是一种强调全方位、多角度打击对手的策略。它并不局限于单一的技战术，而是要求运动员充分调动自身的各项能力，通过各种不同的技术和方法，给对手进行立体式的、多点的攻击，以此打乱对手的防守节奏，瓦解其防线。

多点战术的运用，需要运动员具有丰富的技术储备和敏锐的战场洞察力。技术储备使运动员能够灵活运用各种攻击技术，如腿技、手技、摔技等，以及各种身法和步法，对对手进行多角度、全方位的打击。而战场洞察力则使运动员能够准确地捕捉到比赛的动态，寻找到最佳的攻击时机和攻击点。

在实际的比赛中，多点战术常被运用在实力相当、难分难解的比赛中。例如，如果对手的防守做得很好，对单一的攻击方式有足够的应对能力，那么运动员就可以运用多点战术，通过多点、多角度的攻击，打乱对手的防守节奏，寻找攻破对手防线的机会。然而，多点战术也有其局限性。首先，多点战术需要运动员具有丰富的技术储备和高度的身体协调能力，这对运动员的训练水平和身体条件有很高的要求。其次，多点战术往往会分散运动员的注意力和体力，如果运动员不能在攻击的同时保持足够的防守，可能会为对手提供反击的机会。

（九）抢点战术

抢点战术广泛应用于散打和其他相关的格斗艺术中。对于格斗运动员来说，掌握和应用抢点战术对于取得比赛优势，甚至是最后的胜利具有重要意义。接下来的论述将重点分析抢点战术的含义、重要性，以及在实际比赛中的应用。

在进一步探讨这一战术的内涵之前，首先要明确抢点战术的含义。这是一种技巧，目标是通过打击敌方的有效位点，以获取比赛的优势。这些有效位点可以是对手身体的某些部位，也可以是在比赛中的某些关键时刻。抢点战术的实质是找准最佳的时机和目标，对对手进行有效打击，从而实现在比赛中的主导地位。然而，要实现抢点战术，运动员需要具备几个基本条件。首先，是对散打运动竞赛规则的深入了解。每个运动比赛都有其特定的规则，散打也不例外。熟悉规则可以帮助运动员更好地了解何时可以攻击，何处可以攻击，从而更准确地找到抢点的机会。其次，运动员需要具备强烈的战术意识。散打比赛不仅是力量和技巧的对决，更是战略和战术的较量。拥有良好的战术意识可以帮助运动员从整体上把握比赛，从而找到更好的抢点机会。最后，运动员需要具备预见性和计划性。在一场激烈的比赛中，能预见对手的动作和打法，能根据实际情况灵活调整自己的战术，这对于抢点战术的实施至关重要。

对于抢点战术的实施，我们需要深入探讨其策略层面。抢点不仅仅是在物理上攻击对手的有效位点，更多的是在心理上与对手进行角力。比如，运动员可以通过假动作或者变化打法来混淆对手的判断，使对手无法预测自己的真实动作，从而在对手猝不及防的情况下，快速攻击其有效位点。这样不仅可以打乱对手的节奏，还可以增加对手的心理压力，从而在比赛中占据主动。抢点战术的成功实施，需要运动员的全方位素质。除了力量、技巧和体能，还需要良好的心理素质、战术意识和预判能力。因此，对于散打运动员来说，训练不仅要注重技术和体能的提高，更要注重战术学习和心理素质的培养。

（十）重创战术

散打中的重创战术是一种专门针对对手有效区域进行强力攻击的策略，旨在迅速消耗对手体力，打乱其节奏，甚至在比赛中取得 KO（击倒）胜利。然而，这种战术并非简单的强行攻击，而是需要精准的打击技术、高度的战略意识及强大的体能支持。

重创战术的精髓在于精准和力量的结合。其目的并非盲目地以力量压制对手，而是通过精准的打击将力量最大限度地传递到对手的身上。

这需要运动员具备极高的技术水平，能准确地找到并攻击对手的有效区域，如头部、腹部、腿部等。同时，力量的传递还需要运动员有足够的力量和爆发力，以确保每一次攻击都能给对手产生足够的冲击力。

实施重创战术需要运动员具备高度的战略意识。因为这种战术往往需要运动员在比赛中寻找到最佳的攻击时机。这需要运动员能在快速变化的比赛环境中保持清晰的思维，及时地判断和把握比赛的节奏，找准时机进行重创。这也需要运动员有足够的耐心和冷静，不因一时的焦急或冲动而失去战略意识。

除此之外，重创战术的实施还需要强大的体能支持。这是因为这种战术往往需要运动员在比赛中进行大力度的攻击，这无疑会消耗大量的体力。因此，具备强大的体能是运动员能长时间、高效率地实施重创战术的必要条件。

然而，重创战术并非无往不利。由于这种战术依赖于力量和体能，因此对于那些技术高超、防守严密的运动员来说，可能并不适用。而且，由于重创战术的攻击性强，可能会给运动员自身带来较大的风险，如误伤、反击等。因此，运动员在实施重创战术时，必须充分考虑到比赛的实际情况，合理调整战术，才能真正发挥出这种战术的优势。

（十一）下台战术

散打比赛中的下台战术是一种具有策略性的行为，基于对比赛规则的理解和把握而施展。这一战术的核心是运用一系列技巧和方法，促使对手离开比赛台，以此为依据获得比分优势，甚至直接获得胜利。下台战术分为两种基本形式：逼打下台和牵引下台。

逼打下台的战术，核心是通过攻击或威慑，逼迫对手离开比赛台。运动员在实施这一战术时，需要保持隐蔽的战术意图，避免被对手识破。通过如堵、逼、封、引、借、发等一系列动作，使得对手失去平衡，不得不下台。运动员需要在比赛过程中把握恰当的战机，利用对手的动态以及比赛擂台的空间布局，促使对手离台。

牵引下台的战术运用的是力与力的互动原理，即利用对手的冲力使其失去平衡并下台。当对手发动攻击时，运动员借用这种力量，引导对手的动作落空，使对手因此而失去平衡而下台。运动员在实施这一战术时，需要特别注意防止被对手反引下台，这就需要运动员有足够的预见性和反应速度，能在关键时刻作出正确的判断和反应。

下台战术在散打比赛中是一种常见且有效的战术。但要成功实施这一战术，不仅需要运动员具备高超的技术，还需要有深厚的理论功底和丰富的比赛经验。首先，运动员需要对比赛规则有深入的了解，知道何时、何地、如何实施下台战术。同时，运动员还需要掌握各种下台技巧，包括堵、逼、封、引、借、发等，并能灵活运用这些技巧。

使用下台战术，运动员需要有敏锐的战略意识，能在比赛中及时发现并抓住对手的弱点和失误，从而找到实施下台战术的最佳时机。这不仅需要运动员具备丰富的比赛经验，而且需要他们有出色的判断力和决策力。同时要注意需要避免冒进，要有充分的耐心和定力，因为下台战术往往需要在比赛的关键时刻才能发挥最大的效果。

（十二）台中战术

台中战术是指运动员利用擂台中央区域进行战斗。选择这种战术的运动员往往在台边和台角作战能力较弱，更适应于大阵地的作战方式。台中战术的优势在于，中央区域为运动员提供了足够的移动和调整的空间，使得他们能更好地发挥自己的技术优势。在这个区域，运动员可以更自由地变换步法，调整战斗节奏，从而进行有利的攻防转换。此外，中央位置的选择也为运动员提供了更大的视野，更容易观察和应对对手的动作，也有助于他们更好地控制比赛的节奏。

实施台中战术的运动员需要具备一定的战术理解能力，需要通过观察对手的行动，预测对手的攻击和防御意图，制订和调整自己的战术计划。同时，这种战术也需要运动员有较高的技术水平，因为在大阵地上战斗，既需要有灵活准确的步法和站桩，也需要有精准有效的进攻和防守技术。

台中战术并非没有弱点。对于那些擅长小范围快速攻击，或者善于利用台边、台角进行夹击的对手，台中战术可能会显得不那么有效。因此，实施这种战术的运动员需要根据比赛的实际情况，灵活调整战术，以应对不同的对手和比赛环境。

（十三）边角战术

边角战术是运动员将对手逼到擂台的边缘或角落，依靠对手对于掉台的恐惧，破坏其比赛节奏，进而抓住机会给对手进行有效的打击。由于运动员必须保持在擂台之上，否则将受到严重的惩罚，因此，对手往往会因为恐惧下台而分散注意力，这样就给实施边角战术的运动员提供了良好的攻击机会。

实施边角战术需要运动员具备高超的站位技巧和战术意识。他们需要通过灵活的步法和准确的攻击，逐步将对手逼向擂台的边缘或角落。在这个过程中，运动员需要不断观察和判断对手的动态，寻找适合进攻的时机。此外，运动员还需要利用对手对于掉台的恐惧，通过假动作或快速攻击，打乱对手的节奏，使其无法有效地防守。但是，实施边角战术的同时，运动员也需要注意自我保护，避免被对手牵引下台。在激烈的比赛中，对手可能会利用各种技巧，试图将运动员引导下台。因此，运动员在逼迫对手的同时，必须保持清醒的头脑和稳定的站位，防止自己掉入对手的陷阱。

边角战术的成功实施，对运动员的综合素质有着较高的要求。首先，运动员需要有优秀的站位技巧和攻防能力，以便将对手有效地逼向擂台的边缘或角落。其次，运动员需要有敏锐的观察力和判断力，以便及时发现对手的动态，找准进攻的时机。最后，运动员需要有良好的心理素质，以便在压力下保持冷静，避免被对手牵引下台。

（十四）突袭战术

突袭战术是一种普遍存在于散打比赛中的策略，核心在于出其不备地攻击对手，使对手在没有做好准备的情况下遭受打击。突袭战术的成功实施，需要运动员对比赛环境有敏锐的洞察力，以及对比赛节奏的把握能力，同时也需要运动员具备出色的攻击技术。

运动员在实施突袭战术时，需要对对手的行为和习惯进行深入的观察和分析。比如，对手在比赛中是否存在注意力不集中的时刻，是否有一些不良的习惯动作，这些都可能是实施突袭战术的突破口。然后，运动员需要通过精准的攻击，利用这些短暂的机会，对对手进行突袭。

然而，要成功实施突袭战术，单靠观察和分析是不够的。运动员还需要在比赛过程中，持续地调整自己的战术和策略，使自己始终保持在有利的位置。这就需要运动员有足够的应变能力，能在比赛的关键时刻，迅速作出正确的决策和行动。实施突袭战术的关键，是对比赛时机的把握。运动员需要在裁判口令"开"后、"停"前的那一刹那，抓住对方还未做好准备的时机，快速发动攻击。在这种情况下，对手往往来不及作出有效的防御，从而被打出局。

突袭战术并非无往不利。由于这种战术需要运动员在比赛中寻找并抓住短暂的机会，因此对运动员的观察力和判断力有很高的要求。此外，由于突袭战术的攻击性强，可能会使运动员在攻击的同时，暴露自己的防守漏洞。因此，运动员在实施突袭战术时，必须充分考虑到比赛的实际情况，合理安排攻守，才能最大限度地发挥出这种战术的优势。

（十五）体力战术

在激烈竞争的散打比赛中，体力战术是一种普遍而有效的战术方式。它通过合理分配和使用体力，以最大限度地发挥自身优势，并尽可能地消耗对手的体力，从而在比赛中取得优势甚至胜利。

体力战术的实施有两个关键方面。一是妥善保存自身体力。这就要求运动员在比赛中调整好自己的节奏和强度，避免无谓的体力消耗，尤其是在比赛的早期阶段。这需要运动员具备优秀的比赛意识和耐力，能准确判断何时进攻、何时防守、何时休息。二是积极消耗对手的体力。这就需要运动员在保持自身体力的同时，引诱和冲击对手，使其在无谓的动作和移动中消耗体力。此外，运动员还可以通过有效的打击，破坏对手的防守，进一步消耗其体力。这不仅需要运动员有出色的攻击技术，还需要他们有高超的战术意识，能巧妙地利用比赛场地，引诱对手多移动，从而消耗其体力。

体力战术的实施，需要运动员根据比赛的实际情况，结合对手的特点，合理分配每一局的体力。例如，对于技术较弱的对手，运动员可以保留自己的体力，以技术取胜。对于技术较强的对手，运动员则需要通过积极攻击，尽可能地消耗对方的体力。如果双方实力相当，那么运动员可以选择打持久战，通过耗竭对方的体力取得最后的胜利。而如果对手的耐力较差，运动员则应选择连续进攻，让对手疲于应战。

（十六）心理战术

在激烈的散打比赛中，心理战术是一种常被运动员采用的策略，它的目标是通过各种方式施加心理压力给对手，破坏对手的比赛节奏，乃至对手的比赛心态。成功的心理战术能使运动员在比赛中占得优势，进而提高获胜的可能性。心理战术的实施并非仅仅依赖运动员的言语挑衅或者身体语言，而是需要运动员运用一系列的心理学原理，熟知人的情绪反应，理解对手的思维模式，从而达到混淆对手、激怒对手，甚至是麻醉对手的效果。下面是几种常见的心理战术。

（1）在比赛之前隐瞒自身实力：运动员通过刻意避免露出自己的优势，或者是故意显示出自己的弱点，从而使对手产生轻敌之心，或者是过分自信。这样，当比赛正式开始时，运动员可以突然发挥出真实的实力，让对手措手不及。

（2）采用连续的攻击或者是猛烈的攻击，给对手施加巨大的压力，让对手在接连不断的攻击下感到恐慌，从而影响对手的判断和反应。

（3）故意漏出虚假破绽：运动员通过假装失误，让对手看到虚假的机会，引诱对手进行攻击。当对手上当之后，运动员可以利用对手攻击的破绽，进行反击。

（4）引导对手到擂台边角：运动员通过引导对手移动，让对手处于被动地位，同时也为运动员自身创造更有利的位置。

（5）消耗对方，使其烦躁：运动员通过持续的攻防，使对手疲于应对，从而导致对手疲劳、焦躁，失去比赛的耐心。

（6）激怒对方，使对手失误：运动员通过各种方式激怒对手，使对手情绪失控，因此在比赛中失误。然而，这种战术需要运动员有足够的判断力，避免自己也陷入情绪的泥沼。

第二节　散打战术运用的原则

一、目的明确

在散打比赛中，战术运用的原则是多方面的，但首要的是明确目标。运动员在进行比赛时，必须充分理解和确认自己的战术目标，然后才能精准地进行战术运用，有效地发挥战术的作用。

无论是哪种战术，其核心都是为了实现一定的比赛目标。这些目标包括获得优势地位、制造攻击机会、消耗对手体力等。这些目标并不是孤立的，它们需要在比赛的大环境下，与运动员的实际情况相结合，才能被充分地实现。

在制定和实施战术时，运动员需要充分了解自身的实际情况，这包括运动员的体能状况、技术特点、心理素质等。这些因素都会对战术的效果产生影响。例如，如果运动员的体能较强，他就可以考虑采用更积极、更激进的战术。反之，如果运动员的技术较为精湛，他就可以通过技术优势，精准地打击对手，而无须过多地消耗体能。

此外，战术的选择和实施也必须基于运动员的实际水平。一个好的战术不仅要能够发挥运动员的优势，还要能够规避或者缓解运动员的不足。在实际的比赛中，运动员需要灵活地调整战术，适应比赛的变化，这就需要运动员有较高的战术意识。

战术意识在比赛中具有导向、选择、反馈和控制等作用。它能帮助运动员在战术实施过程中，作出快速而准确的判断，从而使战术行动更加稳健，更具实战能力。通过提高战术意识，运动员能更好地理解和执行战术，更有效地达到战术目标。

二、灵活多变

在散打比赛中，战术运用的灵活多变性是决定比赛胜负的关键因素之一。运动员在比赛中不仅需要具备出色的技术和体能，还需要有丰富的战术知识和高超的战术运用能力。他们需要能够根据比赛的实际情况，及时地调整自己的战术，以应对对手的攻击，同时也需要能够根据对手的特点，灵活地运用各种战术，以达到制胜的目标。

灵活多变的战术运用，首先需要运动员有良好的应变能力。这种能力不仅包括对比赛环境的敏锐感知，还包括对比赛变化的快速反应。运动员需要能够在瞬息万变的比赛中，迅速地作出正确的判断和决策，以应对对手的攻击，或者是找到对手的破绽。其次，灵活多变的战术运用，还需要运动员能够判断对手的动作意图。这就要求运动员有足够的比赛经验和丰富的战术知识。只有当运动员能准确地预测到对手的动作和意图，他们才能在比赛中占得先机，从而制订出更有效的战术。

然而，无论运动员的战术运用能力有多强，他们都无法保证自己的战术是攻不可破、绝对万能的。因为在散打比赛中，任何战术都是相互依存、相互克制的。这就意味着，运动员在比赛中，必须时刻保持警惕，不能过分依赖某一种战术，而是需要灵活地运用各种战术，以应对比赛的变化。

此外，灵活多变的战术运用，也需要运动员能够将各种战术合理地组合起来，形成一个完整的战术体系。运动员需要能够在比赛中，灵活地调整自己的战术组合，以便在各种比赛情况下，都能够有效地应对。

三、虚实结合

虚实有间的战术运用，它包括了假动作和虚招的应用。这些动作虽然看似随意，但都蕴含着运动员深思熟虑的战术意图。假动作可以让对手产生误判，虚招则可以引诱对手上当。通过这样的虚实运用，运动员可以打破比赛的僵局，突破对手的防线，从而取得比赛的主动权。

虚实有间的战术运用，是一种深入浅出的策略，需要运动员具备高超的技术和敏锐的洞察力。运动员需要在比赛中灵活地运用虚实，以误导对手，同时也要时刻警惕对手的虚实变化，避免被对手的战术所迷惑。这样，虚实有间的战术运用就成了比赛的一种博弈，一场关于智慧和技巧的较量。虚实有间的战术运用，它还包括了对比赛节奏的掌控。运动员需要在比赛中适时地调整自己的节奏，以应对比赛的变化。他们可以通过快慢变化的节奏，打乱对手的节奏，从而达到打破对手防守，创造进攻机会的目的。

四、知己知彼

散打比赛中，一种极为重要的战术理念就是"知己知彼"。这句古老的谚语，在当今激烈的搏击比赛中依然有着重要的指导作用。任何的犹豫与迟疑，都可能会使运动员失去决定胜负的良机。因此，对于自身的了解，以及对对手的深入分析，成了在高速变化的散打比赛中掌控主动的关键。

了解对手，也就是"知彼"。这不仅涉及对对手的技术和战术的熟悉，更深层次的是要对对手的心理状态、习惯动作、习惯反应等有深刻的认识。比如了解对手是擅长用拳还是擅长用腿，对手的攻击力量如何，对手的主要得分手段是什么，以及对手的技术弱点在哪里。这些都可以通过对对手之前比赛的录像分析、文稿研究，或者试探性的比赛手段进行探测。了解对手的这些信息，可以帮助运动员制订出有针对性的战术，从而在比赛中占据主动。

了解自己，即"知己"。知己意味着深入理解自己的技战术特点、身体条件、心理状况等。比如运动员要明确自己擅长的技战术是什么，自己是否具有身高、体重、素质等方面的优势，自己在对抗中容易被对手抓住的进攻点在哪里，以及自己在本次对抗中想要达到什么样的目标。对自己有深刻的认识，能使运动员更好地发挥自己的优势，避免不必要的弱点暴露，从而在比赛中更有可能获胜。

五、控制节奏

由于散打运动的独特性，它是一种速度与力量的交织，空间与时间的对决，因此，比赛节奏的控制对于比赛结果具有至关重要的影响。理解并掌握比赛节奏，需要运动员不仅有出色的体能和技术，还需要有深厚的比赛经验和高明的战术应变能力。

在一场散打比赛中，节奏的掌控涵盖了攻击与防守的切换、快速与缓慢的变换、力量的分配，以及比赛的整体节奏感等多个方面。运动员需要根据比赛的实际情况，选择适当的比赛节奏，以此来掌握比赛的主动权，对比赛的局势进行有效的控制。对于攻守切换的节奏控制，运动员需要准确地判断出比赛的转折点，合理地安排自己的攻防节奏。这需要运动员在比赛中，能够做到观察敏锐、思维敏捷，以便能够在关键时刻，及时地调整自己的攻防节奏，从而控制比赛的局势。在快慢节奏的控制上，运动员需要根据比赛的实际情况，以及自己和对手的身体状况，灵活地调整比赛的快慢节奏。在比赛中，运动员不能一味追求快速，也不能始终保持缓慢，而是要结合比赛的实际情况，合理地调整比赛的快慢节奏。在力量分配的节奏控制上，运动员需要有一种敏锐的感知力，能够在比赛中准确地判断出自己和对手的力量消耗情况，以此来调整自己的力量分配节奏。这需要运动员在比赛中，能够保持良好的心理状态，以便能够在关键时刻，作出正确的决策。

六、攻防并重

散打运动中的一项核心战术原则就是攻防兼备。这意味着在比赛过程中，不论是进攻还是防守，都必须采取灵活多变的策略，既要保证自身的安全，又要对对手形成威胁。这一战术原则的主要目的，是在保持自身的安全的同时，尽可能地打击对方，达到制胜的目标。

散打比赛或者说任何搏击比赛，都不只是单纯的肉体冲突，更是策略和智谋的较量。运动员不能过于依赖攻击，忽视了防守，因为这样可能会暴露出自己的弱点，给对手造成机会。同样，运动员也不能过于保守，始终处于防守状态，因为这样可能会使自己丧失进攻的机会，难以对对手造成威胁。因此，合理的散打战术应该是攻防兼备，进退有度。对于运动员来说，要根据比赛的实际情况，灵活地调整自己的战术。例如，当对手实力较强时，可以采取防守反击的战术，让对手首先暴露出弱点，然后再发动攻击。而当对手实力较弱时，可以主动进攻，但在进攻的同时，也不能忽视防守，要随时准备应对可能的反击。对于实力相当的对手，更需要攻防兼顾的战术。这就要求运动员在比赛中，既要寻找对手的弱点发动进攻，又要防止对手的反击，保持自身的安全。

七、扬长避短

扬长避短，作为散打比赛中的一项重要战术原则，是指运动员在面对对方时，充分发挥自身的优势，同时巧妙地避开对方的强项，向对方的弱点发起攻击。同时，还需要充分了解自身的不足，并尽量在比赛中予以避免或者隐藏，使之不会给对方可乘之机。

在散打比赛中，每个运动员都有自己独特的技术风格和技术特点，有的运动员擅长拳术，有的擅长腿法，有的擅长近身肉搏，有的擅长远程打击。因此，运动员在比赛中必须对自己的技术特点和优势有深入的了解，充分发挥出自己的优势，扬长避短。

同时，运动员还需要有足够的洞察力，准确地判断出对手的技术特点和弱点。例如，如果对手的防守技术较弱，运动员可以采取主动进攻的战术，频繁地向对手发动攻击，不给对方喘息的机会，以此来控制比赛的节奏。而如果对手的进攻力度较大，但防守能力较弱，运动员则可以选择先行防守，待对手攻势稍微减弱时，再对其进行反击。

八、善于隐蔽

在散打的实战过程中，隐蔽性是一个重要的战术元素。这意味着运动员在实施战术时，需要将真实的攻击目标和意图巧妙地隐藏起来，使对手难以察觉。运动员需要通过各种方法和手段，包括使用假动作，制造虚实难辨的战术局面，来迷惑和欺骗对手。这种隐蔽性的战术可以有效地扰乱对手的视线和判断，使对手在进攻或防守时出现疏漏和错误。

隐蔽性战术的应用，需要运动员具备极高的技术和心理素质。他们需要灵活地运用各种技能和策略，以混淆视听，迷惑对手，同时也需要有冷静和沉着的心态，以确保自己在比赛中始终保持清醒和冷静。另外，隐蔽性战术也需要运动员有出色的身体素质和反应速度，以便在对手被迷惑的一刹那，迅速发起制胜的攻击。

实际上，隐蔽性战术并不仅仅在散打比赛中使用。在许多其他的体育竞技中，包括篮球、足球、网球等，隐蔽性战术也是一个常见和重要的战术元素。无论是通过变化动作，还是通过创造假象，运动员都可以用隐蔽性战术来混淆对手，然后在对手不备的情况下，发动突然的攻击，以取得竞赛的优势。

九、及时果断

在激烈的散打对抗中，及时果断是对运动员的一种重要要求，这涉及运动员对战术实施时机的把握能力。对于任何一种战术而言，确定了战术之后，必须在适当的时间果断实施，否则即使有再好的战术，也可能因为时机的丧失而失去最佳的发挥效果。因此，运动员要学会在对抗中寻找和把握有利的时机，及时果断地实施战术。

其间，运动员需要对战术的实施时机有准确的判断，包括对手的动作、重心、注意力、体力等各种因素的变化，都可能成为决定战术实施时机的关键。例如，当对手重心不稳、失去平衡，或者准备进行进攻或者后撤的瞬间，或者对手做假动作、出现习惯动作，或者对手注意力不集中、心烦气躁，或者对手体力不足、动作变形，或者对手防守姿势出现空隙，或者对手反应速度、动作速度、位移速度下降时，这些都是战术实施的最佳时机。

同时，运动员还需要掌握主动权，打好"时间差"。掌握主动权意味着要能够控制比赛的节奏，主导比赛的发展方向，而打好"时间差"则是要能够在最适合的时间，最快的速度内实施战术，以获取比赛的优势。

十、结合实际

在散打比赛中，战术的运用并非僵化和一成不变的，而是需要不断地根据实际情况做调整和改变。这样的原则被称为"结合实际"。这里的实际，包括了运动员自身的技术特点、身体状况，以及对手的战术选择、身体状态，甚至比赛场地的环境因素。所有这些因素的变化，都可能影响到战术的选择和实施效果。

运动员在比赛中需要不断地观察和判断，根据实际情况选择最适合的战术。这需要运动员具有高度的警觉性和敏感性，能够迅速察觉并适应形势的变化。同时，运动员也需要有足够的勇气和决断力，当形势发生变化时，敢于迅速改变原有的战术，适应新的比赛情况。

当比赛双方实力相当，胜负难分时，战术的运用就显得尤为重要。运动员需要利用自身的优势，找准对手的弱点，选择最有效的战术进行攻击。同时，运动员也需要有良好的防守技术，防止对手利用自己的弱点进行有效的攻击。只有这样，才能在激烈的对抗中取得优势，最终赢得比赛。

第三节　散打战术的具体应用

一、常见散打战术应用

散打是一种综合格斗运动，有许多不同的战术类型，运动员应根据实际情况和个人特长科学地运用这些战术。下面详细解析几种代表性的散打战术形式的科学应用。

（一）主动进攻战术的应用

主动进攻战术在散打运动中的应用相当重要，为运动员争取战斗主动权提供了直接且有效的策略。它是一种进攻形态，要求运动员积极主动地向对手发动进攻。这种策略的核心在于找准合适的时间和场合，以适当的方式发动进攻，达到破坏对手的防守、控制比赛的节奏、抢占战

190

场优势的目的。

主动进攻战术的应用，首先要求运动员对比赛场上的情况有着敏锐的观察和理解。当对方的防守姿势出现空隙，或者动作预兆较大时，就是进攻的最佳时机。运动员需要准确地判断和抓住这些瞬间，立即发动致命的攻击，打破对方的防线，占据比赛的优势。

与此同时，距离感也是主动进攻战术中的关键因素。当运动员与对方的距离恰到好处，既在自身的攻击范围内，又在对方的防御死角之外时，他们可以利用这一优势，发动强力的打击。对方的防守姿势和反应速度，以及我方的动作速度和位移速度，都将直接影响这种战术的效果。

此外，主动进攻战术还与对手的能力和心理状态紧密相连。例如，当对方的近战能力较弱，或者心理素质较差时，运动员可以选择适时的进攻，用压迫性的攻势让对方处于被动，消耗其体能和精神力量。同样，当对方的防腿能力较弱时，运动员则可以利用腿法发动远距离的打击，通过保持一定的距离，避免自身受到对方的攻击，同时令对方难以防御。

然而，主动进攻战术并非单纯的强行进攻，也不是无节制的乱打一气。它需要运动员有足够的身体素质，包括力量、速度、耐力等，以支持连续的进攻动作，并且需要有充足的体能，以便在紧张的比赛中保持冷静，作出正确的决策。

（二）反击战术的应用

在体育竞技运动中，反击战术是一种常用的战略方式，对于掌握比赛的主动权具有重要意义。这种战术强调的是"以静制动""后发先至"的理念，旨在利用对手的进攻动作作为自己反击的契机。在散打运动中，即便运动员处于防守地位，也可以通过合理应用反击战术来压制对手，转变比赛局面。

反击战术的应用需要运动员对比赛的局势有着敏锐的观察和判断，以及高超的技术和反应能力。在这种战术中，运动员需要等待对方发出进攻动作，然后在防守的过程中反击对方。这就要求运动员在对抗过程中，始终保持高度的警惕和精神集中，随时准备对对方的进攻动作作出反应。

反击战术的手段主要有防守反击和闪躲反击两种。防守反击是指通过运用接触式防守技术，防守对方的进攻，然后再进行反击。这需要运动员有强大的力量和稳定的技术，以防御对方的进攻，同时又能迅速转换姿态，进行有效的反击。闪躲反击则是通过运用非接触式防守技术，躲避对方的进攻，然后再进行反击。这种方法需要运动员有高超的移动和位移技巧，能在短时间内迅速改变位置，使对方的进攻失效，然后立即发动反击。

运用反击战术的关键，在于找准反击的时机。一般来说，主动发动进攻的一方，必须改变预备姿势，这时就是反击的关键时机。例如，当对方的正面进攻猛烈时，运动员可以采用移动技术躲避对方的锋芒，然后伺机反攻。当对方将全部注意力集中在进攻上时，其防守可能会出现漏洞，此时也是反击的好时机。

对手的特点和状态也是运用反击战术的重要参考因素。例如，当对方身高腿长占优势，使用横踢时，运动员的反击动作很难有效。此时，运动员可以选择向前，与对方贴近，打近身战。当对手性情急躁，或者喜欢猛攻且缺乏比赛经验时，运动员可以掩饰自己的反击意图，刺激对方进攻，然后抓住机会一招制敌。

（三）佯攻战术的应用

佯攻战术在散打运动中的应用至关重要，它的核心思想在于通过假动作迷惑对手，诱使对方作出错误的反应，从而为真实的进攻打开通道。这是一种精细的心理战术，需要运动员准确地判断对方的动作和反应，以便及时调整自己的动作和策略。

在散打比赛中，特别是面对反应快速、防守能力强的对手时，佯攻战术具有显著的效果。这种战术的运用需要运动员具有高超的技术和出色的应变能力，既能迅速地作出各种假动作，又能在对方反应的瞬间立即发动真实的进攻。

1. 步法假动作

步法假动作是实现佯攻战术的重要方式之一。它是通过突然改变步法，破坏对方的距离感或诱使对方作出错误的反应，从而制造进攻的机会。例如，当双方对抗时，运动员可以突然向前滑步，诱使对方进攻，然后突然向后滑步，破坏对方的距离感，使对方的进攻失效。在对方的防守漏洞出现或时间差产生的瞬间，运动员就可以迅速反击，从而获得比赛的优势。

同样，运动员还可以利用突然交换步的假动作来迷惑对手。在双方对抗时，运动员可以突然在原地交换步，转为反架，从而使对方产生困惑，或诱使对方作出错误的反应。这样，运动员就可以利用这个机会进行反击。

然而，要注意的是，佯攻战术并非单纯的假动作，而是要通过假动作制造出真实的威胁。运动员需要掌握好假动作的节奏和力度，使其看起来像是真实的攻击，从而诱使对方作出防守反应。同时，运动员还需要有足够的身体素质和技术，以便在发动假动作的同时，立即作出真实的进攻。

2. 肢体假动作

散打中的佯攻战术运用，不仅局限于步法假动作，肢体假动作的运用同样关键，可以通过引诱和迷惑对手，以实现真实进攻。这需要运动员准确的判断力、熟练的技巧和高度的专注，以便在对方最没有防备的时刻，发动有效的攻击。

拳法虚引的运用能有效分散对手的注意力，诱导对手防守我方的拳法，以此为契机，我方可以用腿法对对方进行有效进攻。这就需要运动员具有精准的拳法控制和迅速的反应能力，一方面，要让对手相信我方真的将发动拳法攻击，另一方面，要迅速切换到腿法进攻，抓住对方防守转换的瞬间。

提膝虚引通过单次或反复提左膝虚引，使对方误以为我方将以踹腿进攻，这时候我方可以趁势向前，用拳法对对方进行有效进攻。这就需要运动员有出色的身体协调能力和高超的腿法技术，能在提膝的同时，迅速发动拳法进攻。

腿法虚引也是一个常见的佯攻战术，我方可以用左腿虚踢对方下盘，诱使对方防守，然后趁机用腿法进攻对方头部。这就需要运动员有强大的力量和高超的腿法技术，既能迅速地发动假动作，又能在瞬间发动真实的攻击。

身形虚引也是一个很有用的佯攻战术，我方可以通过身体向左右闪引或突然降低重心，使对方产生错觉，为进攻创造有利时机。这就需要运动员有出色的身体灵活性和高度的专注力，能在闪躲的同时，迅速发动进攻。

3. 表情假动作

在散打运动中，佯攻战术的运用并不仅仅限于步法和肢体动作，更深层次的是运用表情和眼神的假动作以迷惑对手。这种微妙而独特的战术，对运动员的精神集中和心理素质有着极高的要求，同时也需要他们具有丰富的实战经验和深入的对对手的理解。

表情假动作的核心在于利用眼神或表情来误导对手，创造出虚假的攻击预兆，使对手产生错误的防守反应。例如，运动员可以通过眼神投向左侧，让对手误认为攻击将来自左侧，而实际上，运动员的攻击目标是对方的右侧。这种"视左击右"的战术需要运动员有高超的眼神控制和快速的动作转换能力。同样，运动员还可以通过表情来误导对手。例如，他们可以假装攻击对手的上半身，而实际上是对对手的下半身发动攻击。这种"视上击下"的战术，需要运动员有出色的表情控制和高超的攻击技巧，能在一瞬间改变攻击目标，迷惑对手。

然而，不同的运动员有不同的优势和风格，对于假动作的运用，也应因人而异。有的运动员擅长使用步法假动作，有的运动员擅长使用肢体假动作，还有的运动员擅长使用表情假动作。这就需要运动员在实战中不断摸索和总结，找出最适合自己的假动作。

同时，针对不同的对手和不同的战况，假动作的运用也应该灵活多变。在对抗过程中，运动员需要根据对手的特点和反应，以及比赛的局势，灵活调整自己的假动作，以最大限度地迷惑对手，为自己的真实进攻创造更多的机会。

（四）游击战术的应用

游击战术在散打比赛中是一种极具策略性和灵活性的战术形式。其本质在于"打了就走"，适用于我方技术或力量不如对方的情况，或者是在对手具有显著的力量优势，或者攻击强度大的情况下。这种战术需要运动员快速进攻后立即撤退，使对方无法抓住攻击机会，同时也为自己赢得进一步的进攻或防守的时间和空间。

当对方集中注意力进行正面防守时，运动员可以利用游击战术，向左右两侧灵活移动，通过改变自己的位置，打破对方的防守平衡，制造进攻的机会。如果对方的灵活性或速度稍差，那么运动员就可以抓住这个机会，迅速发动攻击，然后立即后退，避开对方的反击。

应用游击战术的关键，在于运动员的动作要快速而灵活。首先，运动员的步法要灵活，能够随时改变自己的方向和位置。他们需要有强大的腿部力量和高超的移动技术，才能在瞬间发动进攻或防守。同时，他们还需要有出色的判断力和反应速度，能够准确地把握比赛的节奏，作出正确的决策。运动员还需要与对手周旋，保持一定的安全距离，避免遭受对手的强力打击。这就需要他们有高超的距离控制能力和精准的攻击技巧，能在保持安全距离的同时，有效地打击对手。

（五）心理战术的应用

在散打比赛中，除了身体技巧和战术策略外，心理战术的运用同样至关重要。散打运动员的心理素质在很大程度上决定着他们的技术发挥和比赛结果。当赛场情势瞬息万变，将会引发运动员的心理变化，导致心理波动。心理战术就是通过一些特定的方式和措施，给予对手心理压力，从而扰乱对手的思维，创造进攻的机会。心理战术的运用需要运动员具有出色的心理素质和高度的专注力，能够在比赛中保持稳定的情绪，同时也要有深入的对对手的理解和丰富的实战经验，才能准确地判断对手的心理变化，采取有效的战术策略。

在散打运动中，心理战术的形式多样，运动员可以根据比赛的实际情况和对手的特点，灵活运用各种心理战术。例如，他们可以通过隐瞒自己的实力，麻痹对手，让对手降低警惕，然后在关键时刻发动强力的攻击。或者，他们也可以故意露出破绽，造成对手的错觉，诱使对手发动进攻，然后利用这个机会进行反击。此外，运动员还可以通过激怒对手，让对手在情绪失控的情况下，无法发挥出正常的水平，从而获得比赛的优势。这就需要运动员具有高度的心理控制能力，能够把握住自己的情绪，同时也要有出色的表演技巧，能够通过一些动作和表情，有效地激怒对手。

二、针对不同对手的战术应用

（一）应对擅长拳法者

1. 对手特点分析

在激烈的散打比赛中，理解对手的特点是战胜对手的关键。当面对擅长拳法的对手时，他们迅猛的进攻速度和在中距离战斗中的精准拳法会成为挑战。他们强大的爆发力和优越的步法技巧使他们能够在短时间内靠近运动员，这样的高速移动方式让运动员感到防不胜防。而且，他们的精准拳击技术和连续的组合拳在中距离战斗中更是发挥得淋漓尽致，给运动员带来不断的压力。

更重要的是，这些拳法高手具有出色的拼打能力，他们有着强大的力量和耐力，能够在比赛中持续发力，让运动员感受到持续的压迫。大力的拳击可以在短时间内对运动员造成大量伤害，而且他们的丰富实战经验和战术素养使他们能够在比赛中根据运动员和比赛形势作灵活的战术调整。

然而，无论对手多么强大，他们总会有弱点。例如，对于这样的拳法高手，他们的腿法和防守可能相对较弱。这为运动员提供了机会，可以尝试用腿法攻击他们，或者寻找他们防守中的破绽。这样，运动员可以有效地抵消他们的优势，从而提高自己的胜率。

每一个散打运动员都有自己的特点和风格，理解这些特点并能够根据实际情况灵活调整战术，是每一个想要在比赛中取得胜利的运动员必须具备的能力。相信自己，努力训练，就一定可以战胜任何对手。

2. 战术方法应用

在散打比赛中，应对擅长拳法的对手，需要具备多样化的战术方法。一种有效的战术是积极利用腿法进攻，因为腿比拳更具有力量，并且打击范围比拳要远。当对手以拳法主动进攻时，腿法可以有效阻击，以制衡对手的拳法。以侧踹腿阻截为例，这一招可以在对方进攻时，扩大自己的防御距离，让对手难以触及。

但仅凭腿法攻击可能并不足以对付精于拳法的对手，故拳腿结合的攻击方式尤为重要。虚实变化的运用，如指上打下、指下打上，能有效混淆视听，使对方无法准确判断你的攻击手段与方位。以腿法为主的攻击方式，配合拳法进行攻击，可以使对手防守失去平衡，从而打乱他们的攻防节奏。

在拉开距离方面，由于拳法的攻击范围有限，若能与对手保持一定的距离，对方的拳法优势就会大大降低。这需要运动员精确判断距离和时机，以防被对方的连续拳击攻击所伤。

然而，有时对手的压力可能让你无法有效地拉开距离，这时，你应立刻尽量贴近对手，运用抱缠、摔法等进行躲避或反击。贴身战的战术不仅可以让对手的拳法优势无法发挥，而且还可以利用其不稳定的身形找寻反击的机会。

3. 战术应用时机

在散打比赛中，战术的应用时机对于决定比赛结果至关重要。一方面，选择正确的时机发动攻击可以让你的攻击更有威力，同时也能避免被对方反击。另一方面，捕捉对方的攻击间隙，利用他们的攻击动作给自己创造机会，也是取得优势的重要方式。

当双方在散打对抗中，如果对手用右掼拳攻击你的头部，你可以以左臂向上格挡。与此同时，你可以顺势让右腿向前迈步，用右臂夹住对方的颈部，将对方摔倒。这样一来，你可以利用对方攻击的力度，让他们的攻击反而成为他们的弱点。另外，在对抗过程中，如果对方用左冲拳攻击你的头部，你可以迅速前进并下潜，用双手抱住对方的双腿并向后拉，同时让你的上身前倾，将对方摔倒。这样的战术可以让你利用对方的力道和进攻动作，用最小的力量达到最大的效果。

当你突然快速向前迈步，可以用左脚踹向对方的膝关节。这种突然的进攻可以让对方没有时间反应，从而让你的攻击能够达到最好的效果。当对方用拳法攻击你的头部时，你可以迅速向后闪身，同时用左脚踹向对方的躯干。或者，在他们进攻的同时，你可以用左脚蹬向对方的躯干，或者向前滑步，用左脚踹向对方的膝关节。这样的反击可以让你在防御的同时发动攻击，给对方带来更大的压力。在散打比赛中，你需要根据对手的动作和比赛的形势，灵活地选择战术和应用时机。只有这样，你才能在激烈的比赛中取得胜利。

（二）应对擅长腿法者

1. 对手特点分析

面对擅长腿法的对手，在散打赛场上需要特别警惕和全面的战术准备。这些运动员通常具有一些显著的特征，以便更好地利用他们的技巧。

腿法专家们步法的灵活性是他们的一大优势。他们能够利用丰富多样的步法技巧，以惊人的速度在战场上移动和变换位置。这种移动能力使他们能够迅速逼近对手或避开对手的攻击，给他们的进攻或防守带来了极大的便利。这些运动员的腿法威力强大，无论是蹬腿、踢腿还是膝撞，他们都能发挥出强大的力量。他们能够以强力的腿技给对手造成严重的打击，这也是他们赢得比赛的一大利器。不仅如此，他们还能用腿防守，通过高举腿，或者侧蹬来抵挡对手的进攻。

擅长腿法的运动员也往往在远距离战斗中具有优势。他们利用腿的长度，可以在保持安全距离的情况下，对对手进行有效的打击。而且他们的腿法通常包括多种打击方式，包括直接踢击、横扫、转身踢等，这种多样性使他们的进攻难以预测，增加了他们的攻击威力。

然而，尽管这些运动员在腿法和步法上都具有优势，但他们也有一些弱点可以被利用。例如，他们可能在近距离战斗中不擅长，而且他们的拳法可能相对较弱。因此，对付这样的运动员时，应尽量拉近距离，强行进入近身战，并尝试用拳法进行攻击。

2. 战术方法应用

面对擅长腿法的对手，我们需要精心制订策略并及时调整。一个显而易见的策略是尽量拉近与对手的距离。腿法虽然在打击力量和距离上具有优势，但这些优势只能在远距离中得以发挥。因此，靠近对手，进入中距离或近距离战斗，可以有效削弱他们的腿法威力。在这样的距离内，我们可以更好地利用拳法或贴身摔法对对手进行打击，实现以短制长的战术目标。同时，靠近对手也能降低他们腿法的攻击角度和力道，从而降低他们的攻击威力。

抓住对方抬腿攻击的时机进行反击，也是对付腿法高手的有效策略。在散打比赛中，有一种说法叫"起腿半边空"，意思是在对方抬腿攻击时，由于只有一脚支撑身体，会出现重心不稳的情况。这时，我们可以运用接腿摔法进行反击。利用这个时机，不仅可以破坏对手的攻击，而且还可能将他们摔倒在地，以此获得更大的优势。

然而，这些策略的执行需要散打运动员具备出色的观察和判断能力。在快速激烈的比赛中，我们需要在瞬息之间作出正确的决策。例如，我们需要及时识别出对手的攻击方式和时机，从而选择适当的方法进行反击。同时，我们还需要掌握正确的拳法和摔法，以便在近距离战斗中有效地打击对手。

3. 战术应用时机

在散打比赛中，对付擅长腿法的对手需要紧密关注他们的动作，抓住他们出腿的时机进行反击。这种灵活、迅速的反应和精准的决策对于在比赛中占据优势至关重要。

在对抗过程中，如果对手准备用腿法攻击，那么一种有效的反击策略是立即向前滑步靠近对手，并用拳法攻击对手的头部。靠近对手会削弱他们的腿法效果，因为在较近的距离下，对手使用腿法的空间和角度都将受到限制。同时，你的拳法攻击可以给对手带来突然的打击，可能使他们失去攻击的机会。

在一些情况下，我们可以主动快速靠近对手，然后用拳法攻击对手。这种战术可以使对手没有足够的时间和空间进行腿法攻击，从而削弱他们的攻击威力。同时，你的拳法攻击可以给对手造成压力，打乱他们的攻防节奏。

当对手用左横打腿击打你的胸部时，另一种有效的战术是用双手接抱他的左小腿，然后向前上步，用左腿别住对手的支撑腿，随后向右转身发力将对手摔倒。这种策略不仅能破解对手的攻击，而且还能让他们失去平衡，为你创造出更多的攻击机会。

（三）应对擅长摔法者

1.对手特点分析

散打中擅长摔法的选手往往具有特定的体型和攻击方式。他们的体型短小精悍，这样的身形使他们在接近对手和实施摔法时更为便捷，对于他们来说，身高并不是他们的优势，反而是他们的灵活性和敏捷性。这种体型也带给他们更大的灵活性，使他们更容易躲避对手的攻击，同时他们也擅长以此进行快速反击。

这样的选手往往倾向于逼迫式打法，他们会不断地压迫对手，通过强大的压力和密集的进攻，打乱对手的节奏，削弱对方的攻击力度。逼迫式打法使他们可以更好地控制比赛，使对手处于不断的防守状态，从而更容易找到实施摔法的机会。

而他们在比赛中的积极性也是值得注意的一点，他们会主动靠近对手，寻找合适的机会进行摔法攻击。他们精准的判断力和熟练的技术使他们能够找到最佳的摔法机会。然而，他们也有自己的弱点，可能在远距离攻击或者拳腿法上并不擅长。因此，在对抗这类选手时，我们需要制订出独特的策略，充分利用自己的优势，通过巧妙的保持距离和利用长打短的战术，避免让他们有机会接近和使用摔法。

2.战术方法应用

对抗擅长摔法的散打运动员时，理智的战术选择是使他们无法有效运用摔法。其中一个方法是与他们保持一定的距离。因为要实施摔法，对手必须进行肢体接触和搂抱，因此，保持适当的距离可以有效防止对手尝试实施摔法。

与对手周旋的方式也十分关键。运动员可以选择以游击、迂回的方式进行攻防，避免与对手正面冲突。如果对手试图逼近，他们可以快速反应，使用凌厉的组合拳法进行反击，然后迅速撤退，寻找机会进行反击。同时，保持攻守平衡也是防御摔法的重要策略。如果发现自己处于被动状态，运动员应注意争取时间，保持平衡，避免以自身弱势技术对抗对方的强势技术。避免与对手近身纠缠或进行相互的摔法竞争。

虽然腿法在散打中是一种强大的攻击手段，但对于擅长摔法的对手，运动员应谨慎使用腿法。这是因为，擅长摔法的运动员通常在防守腿法方面具有出色的技巧，他们可能会利用运动员使用腿法的机会，实施摔法进行反击。如果对手贴近并试图使用摔法，运动员应尽可能降低自己的重心。这样，即使对手试图进行摔法攻击，运动员也能保持稳定，防止被摔倒。通过这种方式，运动员可以在比赛中保持优势，有效对抗擅长摔法的对手。

3. 战术应用时机

散打对抗中，应对擅长摔法的对手，把握正确的战术应用时机是取胜的关键。当对手用左冲拳进攻时，可以快速向左移动，巧妙避开对手的攻击，然后立即用左摜拳和右冲拳连续进攻对方头部。这样不仅能够避免对方的进攻，而且还能适时地反击，给对方造成压力，打乱其节奏。

当对手与我方抱缠时，可能会试图使用摔法对我方进行攻击。这时，降低重心，同时用手推对方胯部，可以有效限制对方使用摔法的机会。这种技巧需要运动员在接近对手时保持冷静，预判对方可能的动作，并在适当的时机采取行动，使对方的摔法失去效果。

在双方散打对抗过程中，当对手试图下潜抱我方腿部时，这是对手可能利用摔法进行攻击的信号。我方应立即以身体向下俯压对手，同时向右蹬腿，这种防守方式能使对方的摔法失去平衡，进一步减小对方的摔法攻击威力。

（四）应对擅长防守反击者

1. 对手特点分析

防守反击型散打运动员是一种特殊的挑战，他们的特点在于敏锐的洞察力，对比赛时机的精准把握，以及独特的防守风格。这些运动员通常在比赛中能保持冷静和专注，他们会耐心等待，寻找时机，然后用他们强大的攻击来回应对手的进攻。

他们的防守技巧和反击能力是他们的核心特征，他们通常会使用严谨的防守来拖延比赛，等待对手犯错误。他们有着极高的观察和分析能力，这让他们能够在比赛中找出对手的破绽，并用反击来惩罚这些失误。这种类型的散打选手还具有强大的动作组合能力，他们可以迅速而有力地进行一系列的攻击，把防守转变为进攻。这种迅速的转变往往让对手措手不及，他们可能还在反应对手的防守就已经被反击了。

应对擅长防守反击的散打运动员，需要特别注意防守，尽量减少失误，同时也需要寻找他们防守中的破绽，通过自己的进攻打破他们的防线。更重要的是要有耐心，不要急于攻击，因为这正是防守反击型运动员所希望的。

2. 战术方法应用

面对善于防守反击的对手，首要的应对策略是持续且强大的进攻。这需要选手在场上占据主导地位，通过连续不断的攻势，压迫对方，使其没有太多时间和空间进行有效的反击。尽可能地控制比赛的节奏，让对手在你的攻势下感到压力，从而无法有效地组织反击。其次，假动作的运用也是打破对手防守的有效策略。通过一系列的假动作，你可以迷惑对手，诱使他们过早地进行反击，然后在他们出手的瞬间，利用他们的失误进行精准的打击。要记住，精确性和有效性是你的攻击的关键，一旦你能成功地用假动作诱使对手犯错，那么你的反击将有可能对他们造成重大的打击。同样，避免直接的单个动作进攻也是必要的。因为这样的进攻容易被防守反击型的对手看破并进行反击。相反，应该采取连续的组合技术进行攻击，通过一系列连贯的动作来破坏对手的节奏，使他们难以抓住你的破绽。

对于面对善于防守反击的对手，我们的进攻一定要有组织、有预判。

我们需要观察并分析敌人的动作，预测他们可能的反击方式，然后针对这些反击进行有针对性的防守和进攻。只有这样，我们才能在比赛中始终保持主动，使对手始终处在我们的攻势之下。

3. 战术应用时机

面对善于防守反击的对手，精准把握战术应用时机至关重要。例如，双方在紧张的散打对抗过程中，选手可以利用左踹腿做一个进攻的假动作，以此来引诱对手出手。此时，对手可能会以右横打腿来反击，我方则可以顺势接住对方的腿，并用右冲拳直接打击对方的头部。通过这种方式，我方成功地把防守转化为了攻击，同时也有效地扰乱了对手的防守节奏。

我方还可以通过一些刻意的动作来引诱对手攻击。例如，我方可以故意上体向前晃动，露出头部，给对手制造出一个进攻的机会。然后，当对手试图利用这个机会，用拳法攻击我方头部时，我方立即后退，同时用左横打腿攻击对方的左大腿内侧。这样的做法，不仅成功地避开了对手的攻击，也给对方造成了有效的打击。

在散打对抗中，突然的移动和攻击也是一个非常有效的策略。例如，我方可以突然向前垫步，用左横打腿攻击对方的左小腿内侧。在对手还没反应过来时，我方就迅速向前逼近，然后用右冲拳、左掼拳连续进攻对方，使对方处于被压制的状态，无法有效地进行反击。这样，我方就成功地占据了优势，控制了比赛的节奏。

（五）应对身高较高者

1. 对手特点分析

身高较高的散打选手通常有自然的优势，他们的体型高大，力量雄厚，并且拳法和腿法的攻击范围都更大。这样的优势往往使他们在比赛中能够以更大的距离进行攻击，更容易找到攻击的机会。然而，这样的优势也可能变成他们的弱点。身体越高，重心也就越高，这意味着他们在保持身体平衡方面可能会遇到更大的挑战。与此同时，高大的体型通常也意味着动作的幅度会更大，而大的动作幅度可能会降低他们的攻击速度。此外，他们的身高优势可能也会使他们在面对矮小、灵活的对手时遇到困难，因为这样的对手可能更容易避开他们的攻击，而他们则可能难以应对对方快速、灵活的进攻。

正因为如此，对阵身高较高的选手时，我方需要找到他们的弱点，并据此制订出有效的战术。例如，我方可以通过调整攻击的方向和距离，以更短的距离进攻对方的下半身，或者以更远的距离进攻对方的上半身，以此避开对方的主要攻击范围。同时，我方也可以通过灵活移动，打破对方的攻击节奏，迫使对方不断调整动作，从而消耗他们的体力，影响他们的攻击效果。此外，我方还可以通过防守反击，抓住对方进攻的破绽，利用对方的重心不稳进行有效的反击。

2. 战术方法应用

在面对身高较高的散打选手时，战术的运用是至关重要的，身高较高的选手往往具有攻击距离的优势，但同时他们的移动速度和灵敏性往往相对较差，这就为对手提供了可利用的空间。以一种灵活的方式运用步法，不断地移动和改变位置，可以让身高较高的对手无法精准定位和进行有效攻击，使他们始终处在对你的位置和动向的预判之中。而当他们发动攻击时，他们的移动速度较慢，更加容易被你捕捉到他们的动向和预判他们的下一步行动。

在此基础上，贴身进攻成为一种有效的战术。一旦身高较高的选手发起攻击，你可以迅速靠近他们，在他们攻击的间隙中进行反击。这需要你具备高度的反应能力和判断力，以确保在他们攻击的一瞬间，你能迅速进入他们的防守范围，发起有效的反击。而身高较高的选手由于他们的身体比例，他们的防守往往更难以做到完全的覆盖，这为你提供了更多的攻击机会。

身高较高的选手由于重心较高，他们的平衡能力往往较差，这提供了你实施摔法的机会。当他们用腿法进行进攻时，你可以迅速接近，用接腿摔技术进行防守反击。这种战术需要你在瞬间作出正确的判断和反应，而且必须精确地抓住他们失去平衡的一刹那。只有这样，才能成功地将身高较高的对手摔倒在地。

在这些战术的运用中，你需要充分利用你的速度和灵敏性优势，同时利用身高较高的对手的弱点，进行有效的攻击和防守。你需要始终保持清醒的头脑和高度的专注，只有这样，你才能在面对身高较高的对手时，取得胜利。

3. 战术应用时机

在散打对抗的过程中，特别是面对身高较高的选手时，对时机的把握至关重要。具体的战术应用时机主要包括以下几种情况。

当对手用侧踹腿进攻头部时，这是他利用身高优势展开进攻的一种方式，但也给了你一次近身并进行反击的机会。在这种情况下，你需要快速侧闪，躲避对方的攻击，然后利用这个瞬间的机会，迅速靠近对方，扛摔他，使其失去平衡，倒在地上。这种战术需要准确的判断和迅速的反应，同时，你必须保证自己的力量足以扛起对手的身体，从而达到将其摔倒的目的。

在对手用拳法进攻时，这是他尝试将战斗拉近到他的舒适区域的一种尝试，但同时，也是你反击的机会。在这种情况下，你需要做的是，侧身闪躲，避开对方的拳头，然后在他拳头收回的瞬间，迅速贴近对方，发动连续的左右掼拳攻击。这种方式不仅能有效避免对方的攻击，而且能在对方防守不及的时候，给予他有力的反击。

当对手用左横打腿进攻你的头部时，这是他试图利用自己的腿长优势，进行远距离的打击。但同样的，这也为你提供了反击的机会。在这个时候，你需要向后闪躲，避开他的腿，然后在他落腿之前，以右横打腿的方式进行反击。这样不仅能有效避免对方的攻击，还能在他最没有防备的时候，给予他有力的反击。

（六）应对多人战术

1.分散注意力和观察环境

在面对多人战术的散打比赛中，选手必须将注意力分散到每一个对手身上，同时紧密观察环境，以便在第一时间作出正确的反应。这需要散打选手具备较高的观察力和应变能力，以及对环境的敏锐感知。

多人战术比赛与单一对手比赛的最大不同在于，场上的每个选手都可能成为攻击目标，而且攻击的方向和形式可能会随时变化。因此，选手需要做到心无旁骛，时刻保持清醒的头脑，观察每一个对手的动向，以便在关键时刻作出反应。同时，选手还需要利用环境中的一切元素，如比赛区域的大小、形状、地面的质地等，来制订攻防策略。

在比赛过程中，选手需要时刻保持对周围环境的警觉。这包括对手的位置、动作，以及比赛环境的变化。选手应该时刻观察和判断，看清对手的意图，预测可能的动作，然后选择最佳的应对策略。比如，如果选手发现一名对手试图从侧面接近，他应该立即调整阵型，避免被对方突然袭击。

同时，选手还需要在比赛过程中，尽量将注意力分散到每一个对手身上。这是因为，在多人战术比赛中，任何一名对手的突然攻击都可能改变比赛的局势。因此，选手需要随时准备应对各种可能出现的情况。他需要时刻关注每一个对手的动向，不断调整自己的战术和策略，以应对不断变化的战场形势。

在多人战术比赛中，对于环境的观察同样重要。比如，选手需要注意比赛区域的大小和形状，以便选择最适合自己的战术。如果比赛区域较大，选手可以利用空间进行灵活的移动，避开对手的攻击；如果比赛区域较小，选手则需要采取更加紧凑的阵型，防止被对手包围。此外，选手还需要注意地面的质地，如地面是否平整，是否有可能滑倒等，以避免在比赛中出现意外。

2. 防止被包围和视线控制

面对多人战术比赛，维持自己在场上的自由度和控制力是每名选手的首要任务。无论是在身体素质、战术技巧还是心理素质上，选手都需要展现出极高的敏锐度和应变能力。在挥拳逐影的对战场中，身处对手环伺的包围圈中，意味着自身主动权的丧失，甚至可能因连续的攻击陷入被动防守甚至失去比赛的危险。

有效地避免被对手包围，一方面取决于选手的灵活移动能力。换言之，选手需要有良好的步伐移动技巧，如前进、后退、侧移和旋转等，通过不断改变自己的位置，打乱对方的战术部署，使其无法锁定目标，从而防止形成有效的包围和攻击。然而，独步江湖的轻功水平，并非每一名选手都能够掌握。更为现实可行的是每名选手都需要具备的视线控制能力。

选手要尽可能地保持对每一个对手的视线锁定，无论他们在场上的哪个位置。这意味着选手需要随时保持警觉，注视着场上的每一个动静，无论是来自对手的攻击动作，还是环境中可能发生的变化。预防可能来自任何方向的攻击，提前做好准备，才能在关键时刻作出最有效的应对。

纵观全局并不意味着可以忽视具体的问题。面对多个对手的攻击，选手还需要具备快速决策和行动的能力。迅速判断哪个对手的威胁最大，优先处理这个威胁，是减少自己受到伤害，甚至反制对方攻击的重要手段。

战术应用并非仅限于个人的攻防，充分利用对手之间的关系也是战术的一种延伸。在多人战术比赛中，对手之间并非总是团结一心，存在的竞争关系有可能成为打破对方包围的策略。通过引导和操控，让对手之间的攻防关系产生变化，甚至发生冲突，从而为自己赢得突围的机会。

3. 快速决策和战术转换

面对多人战术的挑战，散打选手必须保持敏锐的观察力和高度的决策力，任何时刻都需准备作出快速的战术转换。选手在比赛中，不仅要处理即时发生的对抗情况，还要预判对手可能的行动和变化，甚至要考虑到环境因素对比赛的影响。快速的决策与灵活的战术转换，正是散打选手应对多人战术的关键。

决策，首先是信息的收集与处理。选手需要持续观察比赛环境，包括对手的位置、行动、力量、速度等关键信息，同时也要观察到场地的大小、地形、地面情况等环境因素。此外，对于比赛的规则、时间、自身的体力等也要有准确的认知。所有这些信息都会影响到选手的决策。收集信息后，选手要进行快速的信息处理，判断当前的形势和可能的变化，预测出对手可能的行动和最优的应对策略。这一步是信息处理的核心，也是决策的关键。选手需要运用自己的知识和经验，结合当前的实际情况，作出快速的思考和判断。思考和判断后，就要作出决策，并将决策转化为具体的行动。比如，选手判断出对手可能会进行围攻，他就要迅速决定是逃脱还是反击，如果是逃脱，又要决定逃脱的方向和方式，如果是反击，又要决定攻击的对象和方法。每一个决策都要快速地转化为行动，因为在多人战术的比赛中，任何迟疑都可能导致失去机会或者被对手攻击。

除了快速决策，灵活的战术转换也是至关重要的。面对多人战术，形势瞬息万变，有利形势可能会在下一秒瞬间逆转。因此，散打选手要时刻准备进行战术转换，调整自己的攻击或防御策略，以应对变化的形势。比如，当选手被对手围攻时，他可能要采取防守为主的策略，以保护自己不受伤害。但如果他发现对手中有人疏忽防守，他就可以快速转变为攻击策略，对这个对手进行打击。或者，当选手发现自己体力耗尽，无法继续攻击时，他就要及时转变为防守策略，避免被对手攻击。这种灵活的战术转换，既需要选手的快速决策，也需要他有足够的技术和经验，才能在实际的比赛中有效地应用。

4. 寻找弱点和利用机会

面对多人战术时，寻找弱点和抓住机会的能力是决定胜负的重要因素。散打选手需要在激烈的对抗中，细心寻找和分析对手的弱点，并在恰当的时机，发动精准的攻击。同时，选手也需要有能力把握比赛的有利时机，如对手之间的争斗、注意力分散、体力下降等，迅速发动攻击或采取适宜的策略。

在寻找弱点方面，不同的对手有不同的弱点。对于身高较高的选手，他们的重心较高，动作幅度大，对于摔法和低位进攻可能较为脆弱。对于体型偏小的选手，他们在力量上可能存在一定的不足，对于持久战和力量对抗可能存在劣势。对于擅长攻击的选手，他们在进攻时，可能会忽视防守，露出破绽。而对于防守型的选手，他们可能会过于保守，缺乏足够的进攻力度。每一个对手都有可能存在的弱点，都是选手寻找的目标。

寻找弱点只是战术的第一步，如何有效利用这些弱点，是更为关键的问题。对此，选手需要依靠自身的技术和经验，制订出合理的战术策略。例如，面对身高较高的选手，选手可以通过低位进攻，或者摔法攻击对方的下半身；面对体型偏小的选手，可以尽量拉开比赛的时间，消耗对方的体力；面对擅长攻击的选手，可以通过瞬间的闪避和反击，打击对方的进攻；面对防守型选手，可以通过连续的攻击，打破对方的防线。

此外，利用机会的能力，也是选手面对多人战术时的一种重要战术。在比赛中，可能会出现各种意想不到的情况，如对手的攻击失误、被其他选手攻击、体力突然下降等。对于这些机会，选手需要有足够的警觉性和反应速度，及时捕捉并利用。无论是对手的失误，还是自身的有利状态，都可能成为扭转战局的关键因素。

第八章　武术散打运动员训练的 科学保障

第一节　武术散打运动员训练疲劳与消除

一、疲劳概述

（一）疲劳的定义与分类

疲劳是一种生理现象，由长时间或高强度的身体活动引发，表现为身体或者精神的不适感，以及运动性能的下降。在 1982 年第 5 届国际运动生化学术会议上，疲劳被定义为"机体生理过程不能持续其机能在特定水平上或 / 和不能维持预定的运动强度"。这个定义将人体运动性疲劳与体内组织、器官的机能水平和运动能力紧密结合起来，为评定疲劳的发生和程度提供了客观的指标。

通常，我们将疲劳分为两大类，即物理性疲劳和心理性疲劳。物理性疲劳，通常是由于过度使用肌肉，使肌肉无法继续产生所需的力量或速度。它的出现与人体内生化物质的积累，如乳酸、氨等有关，此外还可能包括神经递质的失衡、营养物质的耗尽和生理节律的改变等因素。而心理性疲劳主要来源于大脑和神经系统，可能表现为注意力下降、反应时间延长、记忆力减退、情绪低落等，这种疲劳通常与压力、情绪、睡眠质量等有关。

针对武术散打运动员来说，疲劳可能会对他们的训练和比赛造成很大影响，可能导致他们的表现下降，甚至可能增加受伤的风险。因此，了解疲劳的类型和影响，以及如何有效地消除疲劳，对他们的训练和比赛非常重要。

（二）训练疲劳的机制

在现代体育训练中，疲劳是不可避免的伴随现象。通过对疲劳的理解和管理，我们可以使运动员更好地适应训练，提高运动表现，并减少受伤的风险。在研究疲劳的机制时，科学家们提出了多种理论，其中最具代表性的有衰竭学说、堵塞学说、内环境稳定性失调学说以及保护性抑制学说。疲劳可分为躯体疲劳和心理疲劳，分别对应运动员的生理和心理层面。[①]

衰竭学说是最早的疲劳理论之一，它主张疲劳产生的原因是能量物质的耗竭。在长期或高强度训练中，运动员的肌肉所需的能量物质（如葡萄糖、肌酸磷酸等）会逐渐减少，直至耗尽，导致肌肉力量下降，即出现疲劳。

堵塞学说则认为，疲劳的产生是由于代谢产物在器官、组织中的堆积。在剧烈运动中，机体的代谢过程会加速，使得乳酸等代谢产物堆积在肌肉和血液中，引发酸碱平衡失调，进而影响肌肉的正常功能，导致疲劳。

---

① 王龙.运动性疲劳消除的探讨［J］.卫生职业教育，2012，30（16）：145-147.

内环境稳定性失调学说主张，疲劳是由于血液 pH 值下降，水盐代谢紊乱和血浆渗透压改变等因素引起的结果。身体的内环境，包括电解质平衡、酸碱平衡、温度等，对运动员的运动表现有着重要影响。当这些因素发生改变时，身体的内环境稳定性将会受到破坏，引发疲劳。

保护性抑制学说认为无论是体力疲劳还是脑力疲劳都是由于大脑皮质产生了保护性抑制。运动过程中的疲劳是身体自我保护的一种机制，通过减弱运动员的力量，以防止身体组织和器官因过度劳累而受损。

无论是躯体疲劳还是心理疲劳，其产生和发展都不是单一因素造成的，而是机体多因素综合性发生变化的结果。理解这些疲劳机制，可以帮助教练和运动员更加科学、有效地进行训练安排和疲劳管理，最大限度地提升训练效果，同时保护运动员的身心健康。

（三）训练疲劳消除的意义

对于运动训练的效果和运动员竞技能力的提高，有两种主要的理论支持：一种是机能超量恢复说，另一种是机能适应说。两种理论均未摆脱训练疲劳和疲劳消除这两个基本元素，甚至可以说它们是运动训练的关键组成部分。

机能超量恢复理论指出，在训练产生疲劳后，体能不仅能恢复到训练前的状态，还可能超越原来的水平。这是因为身体在经历了训练带来的压力后，会进行相应的适应和恢复，以防止未来相同强度的训练再次导致疲劳。这种超量恢复不仅消除了训练带来的疲劳，而且使身体的体能达到了更高的水平。

机能适应理论则强调，训练中产生的疲劳会引起身体的不适应，但是在疲劳消除后，身体会出现新的适应。不断从不适应到适应的过程，就是身体机能提升的过程。换句话说，疲劳是一种促使身体适应和进步

的力量。^①

因此，运动员的科学训练离不开适度的训练疲劳和训练后的疲劳消除。训练疲劳提供了训练刺激，引发身体的适应反应，而疲劳的消除则是恢复和进步的关键。训练疲劳和疲劳消除在提高运动员竞技能力中的作用，就如同一把双刃剑。如果管理得当，它可以有效提高运动员的运动表现；如果忽视或管理不善，则可能导致过度疲劳，甚至引发运动损伤。

（四）疲劳监测与评估方法

由于疲劳对运动员表现的影响，对运动员的疲劳状况进行有效的监测和评估，对他们的训练和比赛非常重要。目前，有许多疲劳监测和评估的方法，包括生理指标测试、心理量表评估和运动表现测试等。

生理指标测试主要是通过测量运动员的生理指标，如心率、血压、血液乳酸浓度等，来评估他们的疲劳状况。心理量表评估则是通过让运动员完成特定的心理量表，来评估他们的心理疲劳状况。运动表现测试则是通过测量运动员的运动表现，如力量、速度和耐力等，来评估他们的物理性疲劳状况。^②

对于武术散打运动员来说，由于他们的训练和比赛都非常高强度，因此他们的疲劳状况可能会更加复杂和严重。因此，在对他们进行疲劳监测和评估时，可能需要使用多种方法，并结合他们的实际情况作综合评估。

---

① 赵斌，宋剑君，王明建.2008 年北京武术比赛优秀散打运动员运动性疲劳监控手段研究［J］.成都体育学院学报，2009，35（12）：58-61.

② 马建州.运动性疲劳与疲劳消除研究的概述［J］.青海师范大学学报（自然科学版），2003（4）：90-93.

二、训练疲劳消除的方法

训练疲劳消除对于运动员来说至关重要。疲劳消除的效果直接影响着运动员的训练效果、竞技表现，甚至是运动生涯的持续时间。这里介绍了八种常见的训练疲劳消除的方法，即拉伸法、调息法、按摩法、震动法、悬垂法、倒立法、吸氧法和热浴法。

拉伸法主要通过各种牵拉手段对身体各部位的关节和肌肉进行拉伸，帮助训练中紧张的肌纤维得以松弛，进而促进血液循环，帮助身体更好地恢复。

调息法则是通过缓慢、深长的呼吸，来加快气体的交换，帮助身体更好地吐故纳新。这种方法特别适合在训练或比赛后的初期恢复阶段使用。

按摩法通常使用捏、揉、搓、按等手法，以放松身体重点部位的肌肉，使其松弛，同时也加快血液循环，从而缓解肌肉的疲劳。①

震动法则需配合专门的设备，如震动板或震动按摩器，通过对身体的各部位进行震动，帮助肌肉得到放松。

悬垂法是让运动员双手抓住类似单杠的物体，然后让身体悬空，通过摆动身体，起到放松和拉伸肌肉的作用。

倒立法可以帮助身体加快血液循环，同时也能通过改变身体的重力方向，帮助身体消除训练中积聚的疲劳。

吸氧法一般在高压氧舱内进行，运动员在 2 ～ 2.5 个标准大气压下吸入高压氧，这可以使血液中的氧气含量增加，二氧化碳浓度下降，从而缓解疲劳。

热浴法可以通过热水浴或蒸桑拿等方式，提高全身的血液循环，加

---

① 柴渭莉,郭书文,夏宝清等.运动性疲劳的判断和消除方法研究进展［J］.当代医学（学术版），2008（16）：21-23.

速新陈代谢，帮助身体更快地恢复。

以上这些疲劳消除的方法不仅有利于提高运动员的训练效果，而且能够延长运动员的运动生涯，防止运动员出现过度疲劳所导致的运动伤害。因此，运动员应在教练的指导下，根据自身的实际情况和训练需求，选择合适的疲劳消除方法，让身体在训练和比赛后得到充分的恢复，以期在下一次训练或比赛中能够发挥出最佳的竞技状态。

第二节　武术散打运动员的营养与恢复

一、运动员营养需求与能量摄入

对于武术散打运动员来说，适当的营养摄入是其能够保持良好训练状态和比赛表现的关键因素。在各种营养素中，碳水化合物、蛋白质、脂肪，以及维生素和矿物质都对运动员的能量产生和身体恢复有着重要的影响。

对于每一名运动员来说，其能量需求会根据训练强度、训练频率、体重，以及体脂百分比等因素有所不同。一般来说，武术散打运动员在训练期间的能量消耗相当大，因此他们需要较高的能量摄入来满足体能恢复和肌肉生长的需求。[1]

在运动营养学中，运动员的能量摄入通常以其基础代谢率（BMR）的倍数来计算。BMR 是指人体在静止状态下，不包括消化食物和进行物理活动所需要的能量消耗。对于大多数运动员来说，他们的日常能量摄入应在 BMR 的 1.2 ～ 2.5 倍，而对于进行高强度训练的武术散打运动员来说，这个比例可能需要提高到 BMR 的 2.5 ～ 3 倍。

---

① 刘浩. 武术散打运动员营养的补充［J］. 中华武术（研究），2019，8（9）：56-58.

这种能量需求需要通过合理的饮食计划来满足。在饮食结构中，碳水化合物、蛋白质和脂肪分别应占据总能量的 45% ～ 65%、10% ～ 35% 和 20% ～ 35%。这样的分配可以确保运动员在训练和比赛中有足够的能量，同时也有助于身体的恢复和肌肉生长。

二、营养素的功能与摄入建议

在满足能量需求的同时，运动员还需要注意营养素的摄入，以满足身体的其他需求。接下来，我们将分别讨论碳水化合物、蛋白质、脂肪及维生素和矿物质的功能和摄入建议。

（一）碳水化合物

碳水化合物是人体的主要能源，对于进行高强度训练的武术散打运动员来说，其摄入量应占总能量的 55% ～ 65%。碳水化合物在体内主要以糖的形式存在，它们是身体获取能量的最主要来源。糖是自然界中存在最多、分布最广 的一类有机化合物。绿色植物的根、茎、叶及果实中都含有诸如葡萄糖、果糖、蔗糖、淀粉和纤维素等糖类物质，在动物的组织和血液中也含有葡萄糖、糖原和含糖复合物等糖类物质。糖可分为三类（表 8-1）。

表8-1　糖的分类

类别	亚组	组成
单糖	单糖	葡萄糖、半乳糖、核糖、果糖等
寡糖（2 ～ 10）	双糖	蔗糖、麦芽糖、乳糖、海藻糖等
	糖醇	山梨醇、甘露醇等
	异麦芽低聚糖	麦芽糊精等
	其他寡糖	棉籽糖、水苏糖、低聚果糖等

类别	亚组	组成
多糖（≥10）	淀粉	直链淀粉、支链淀粉、变性淀粉
	非淀粉多糖	纤维素、半纤维素、果胶等

糖在人体内起着至关重要的作用。其中，葡萄糖是我们大脑的主要能量来源，它也是身体其他部位在需要快速产生能量时的首选燃料。当我们摄入富含碳水化合物的食物，如面包、米饭等，这些碳水化合物会被分解为葡萄糖，然后被吸收到血液中，供给身体所需能量。如果摄入的葡萄糖超过了身体立即所需，它就会被转化为糖原储存起来。当身体需要能量时，这些储存在肝脏和肌肉中的糖原就会被转化回葡萄糖。

对于进行高强度训练的武术散打运动员来说，他们的能量消耗特别大，所以需要摄取大量的碳水化合物来满足身体对能量的需求。在训练前，他们需要摄取富含碳水化合物的食物，以确保肌肉和肝脏中的糖原储存充足。训练后，他们则需要尽快补充碳水化合物，以促进糖原的再合成，加速身体的恢复。因此，理解糖的重要性，以及如何通过食物摄取和储存糖，对于这些运动员来说至关重要。

（二）蛋白质

蛋白质在人体中的作用的确无处不在，而且是所有生命活动的关键因素。蛋白质不仅是人体的主要建设物质，同时也是身体各种功能的调节者。它们是所有酶和许多激素的基础，参与细胞信号的传递，是抗体和其他免疫反应的重要组成部分，还可以在必要时为身体提供能量。

在高强度运动，如武术散打训练中，肌肉纤维可能会因为剧烈运动而受到损伤。这时，蛋白质的作用就显得尤为重要。蛋白质中的氨基酸是修复和建立新的肌肉纤维的基础。所以，运动员在训练后的饮食中，特别需要摄入富含优质蛋白质的食物。

更具体地说，武术散打运动员的蛋白质需求量比普通人更高，通常应占总能量的 15% ～ 20%。这是因为他们需要更多的蛋白质来帮助肌肉恢复和生长，以维持高强度的训练和比赛。他们可以通过食物摄取必需的氨基酸，这些氨基酸能够帮助修复训练过程中受到损伤的肌肉，并促进新肌肉的形成。

除了在训练后的恢复中起到关键作用，蛋白质也是身体制造抗体以抵抗疾病，维持免疫系统正常运行的必需营养素。所以，无论是在训练中还是在训练后，蛋白质都是武术散打运动员饮食的重要组成部分。

（三）脂肪

脂肪虽然在运动能量供应中的作用不如碳水化合物和蛋白质，但其在维持正常的体能状态和生理功能中仍有其必不可少的作用。脂肪不仅是构成人体细胞和组织的基本成分，还是储存和传输能量的重要途径。

首先，脂肪是构成人体组织的主要成分之一，包括肌肉和神经组织。它在细胞膜中起到重要的作用，维持细胞的结构并保证物质的正常进出。同时，脂肪也对保护我们的内脏，防止外部冲击的伤害，以及保持体温起到了重要的作用。其次，脂肪是人体的主要能量储存方式。当我们摄取的热量超过消耗时，多余的热量会以脂肪的形式储存起来。在长时间或强度较低的运动中，脂肪是主要的能量来源。这对于武术散打运动员来说尤其重要，因为他们需要在训练和比赛中保持持久的体能。再次，脂肪是脂溶性维生素（如维生素 A、D、E 和 K）吸收的必需物质。这些维生素对于人体的健康和正常运作至关重要，如维生素 D 对于骨骼健康和免疫功能至关重要，维生素 E 则具有强大的抗氧化功能。最后，脂肪中的某些成分也是合成其他生物活动所必需物质的前体，如胆汁酸和固醇类激素。

对于武术散打运动员来说，他们的脂肪摄入应占总能量的 20% ～ 30%。这些脂肪应主要来源于富含单不饱和和多不饱和脂肪酸的食物，如坚果、鱼类和橄榄油等，因为这些食物中的不饱和脂肪酸对于身体的健康和运动表现有着积极的影响。

（四）维生素

维生素是一种微量的有机化合物，对于维持人体的正常生理功能和健康至关重要。尽管它们在人体内所需的量相对较少，但由于大部分维生素无法在人体内自行合成，或者合成的量无法满足人体的需求，所以必须通过食物来摄取。如果人体内缺乏维生素，可能会导致各种生理功能障碍，甚至引发疾病。

根据其溶解性质，维生素通常被分为两大类：脂溶性维生素和水溶性维生素（表8-2）。脂溶性维生素，包括维生素 A、D、E 和 K，主要储存在体内的脂肪组织中。水溶性维生素，包括 B 族维生素和维生素 C，主要存在于体内的水分中。由于人体无法大量储存水溶性维生素，因此需要通过日常饮食定期补充。

表8-2　维生素的种类与功能

	维生素名称	生物学功能	主要来源
脂溶性维生素	维生素 A	为视紫质成分，是硫酸转移酶的辅酶	鱼肝油、肝脏、奶油、胡萝卜素、绿色叶菜、水果
	维生素 D	诱导钙载体蛋白质的生物合成，调节钙磷代谢，促进钙、磷吸收，调节免疫机能	鱼肝油、肝脏、奶油、胡萝卜素、绿色叶菜、水果
	维生素 E	抗氧化、维持细胞膜完整、保持正常免疫功能	谷类胚芽、植物油、水产品
	维生素 K	促进凝血酶原的合成	苜蓿、菠菜

	维生素名称	生物学功能	主要来源
水溶性维生素	维生素 B1	构成 α 酮酸氧化脱羧酶系的辅酶，维持神经传导	酵母、谷皮、麦麸、瘦肉
	维生素 B2	以黄素腺嘌呤二核苷酸和黄素单核苷酸两种辅酶形式参与多种酶的构成，参与机体抗氧化系统和能源物质代谢	肝脏、酵母、蛋黄、黄色蔬菜、黄豆
	维生素 PP（B5）	是构成尼克酰胺腺嘌呤二核苷酸、尼克酰胺腺嘌呤二核苷酸磷酸的成分，参与能量代谢	豆类、酵母、肝脏、瘦肉
水溶性维生素	维生素 B8	是转氨酶的辅酶，参与糖代谢，并是许多神经介质合成和代谢的必需物质，参与一碳单位代谢	酵母、米糠、麦皮、肝脏、海产品、瘦肉
	维生素 B12	以甲基 B2 和辅酶 B，参与机体生化反应，与骨髓造血机能有关	肉类、家禽、水产品、蛋类、乳制品和豆制品
	叶酸（B）	为一碳基团转移酶的辅酶，提供甲基，参与造血	酵母、肝脏、叶菜
	泛酸（B3）	组成辅酶 A 的成分	蔬菜、酵母、肝脏
	生物素（B7）	与脂肪合成、二氧化碳固定有关	酵母、肝脏
	维生素 C	作为羟化过程底物和酶的辅助因子，抗氧化，促进铁吸收，提供机体免疫力	新鲜水果、新鲜叶菜、柿子椒
	维生素 P	维持毛细血管正常渗透功能	橘皮、柠檬、槐花

维生素尽管不直接构成人体组织，也不能作为能量来源，但它们在人体内的生物学功能却不能被忽视。它们参与身体的许多重要生物化学反应，通常作为酶的辅助因子，对于身体的物质和能量代谢至关重要。除此之外，一些维生素，如维生素 C 和维生素 E，具有抗氧化功能，可以保护身体细胞不受自由基的损害。还有一些维生素，如维生素 A 和维生素 D，对免疫功能有着重要影响。

对于武术散打运动员来说，维生素的摄入尤其重要，因为他们需要保持身体的最佳状态，以支持高强度的训练和比赛。通过吃富含各种维生素的食物，他们可以保证身体的各种生物化学反应正常进行，增强免疫功能，保护身体不受自由基伤害，从而更好地保持健康和提高运动表现。

（五）矿物质

矿物质在人体中占有重要地位，大约构成体重的 5%，在维持人体正常功能和健康方面起着不可或缺的作用。尽管它们不提供能量，但在生物化学反应中发挥着关键作用。

钙、磷、钾、硫、氯、钠和镁是人体内含量较多的元素，每日需要量在几分之几克到几克，被称为常量元素。此外，还有一些我们每日需要但量相对较小的元素，如铬、铜、氟、碘、铁、锰、铝、硒、硅和锌等，这些被称为"微量元素"。无论是常量元素还是微量元素，都需要通过饮食来获取，主要在小肠进行吸收。

在人体内，矿物质有多种生物学功能。它们是构成人体组织的重要成分，参与形成骨骼和牙齿。它们帮助维持机体的渗透平衡，对于细胞内外的水分转移和物质交换至关重要。此外，矿物质还有助于维持体液的酸碱平衡和内环境稳定，对神经和肌肉的兴奋性有显著影响。

矿物质是一些重要的酶和激素的组成成分，对于这些生物化学反应的进行至关重要。例如，铁是构成血红蛋白和肌红蛋白的主要成分，对于运输和储存氧气十分重要。

尽管矿物质在人体内的丢失主要通过尿、汗和粪便，但必须通过日常饮食来补充，以保持人体内的矿物质平衡。对于运动员来说，了解矿物质的重要性，以及如何通过食物来获取和储存矿物质，是保持健康、提高运动表现的关键。

（六）食物纤维

食物纤维，被誉为"第七营养素"，虽然不能像其他营养素那样为人体提供能量，但却在维护健康和防病方面发挥着至关重要的作用。由于食物纤维中的葡萄糖构型与人体能利用的葡萄糖构型不同，人体不能将其转化为能量。

食物纤维主要存在于粗粮、蔬菜和水果中，能够通过刺激肠道蠕动，促进肠道中的发酵作用，从而有利于营养素的消化和吸收。同时，食物纤维可以增加饱腹感，对于控制饮食和维持健康的体重具有显著效果。此外，食物纤维还能吸附肠道中的有毒物质和过多的油脂，帮助排泄，有利于维持肠道健康，预防结肠癌。食物纤维也能降低肠道中的胆固醇含量，从而有助于预防心脑血管疾病的发生。

对于武术散打运动员来说，食物纤维的摄取更为重要。他们需要保持良好的体重和身体状况，以达到最佳的训练和比赛效果。通过摄取富含食物纤维的食物，不仅能帮助他们维持良好的肠道健康，还能防止因饮食不均衡导致的一些健康问题。

三、水分与补水策略

水，这种维持生命所必需的物质，占据了人体体重的 60% ～ 70%。对人类来说，水的价值仅次于氧气，是维持生命的最基本物质。一旦人体的水分损失达到 20%，生命便无法存续。因此，保证充足的水分摄入是生命维系的关键。水在人体内的重要性表现在多个方面。它是构成体液的基础，是血液、淋巴液、细胞内外液和各种分泌物的主要成分，这些体液对维持身体正常运行具有重要作用。水还负责维持电解质平衡，通过帮助体内电解质的运输和分布，有助于神经和肌肉的正常功能。此外，水是所有生物化学反应发生的场所，为各种酶和物质代谢提供了必要的环境。水还有助于调节体温，通过汗液蒸发帮助身体排出多余的热量，防止体温过高。作为润滑剂，水在关节、眼睛和消化道内壁等处起到保护和减少摩擦的作用。同时，水还承担了运输营养物质和废物的重要任务，通过血液将氧气、营养物质送达身体各部位，同时将代谢废物运送到排泄器官。

水对生命的重要性体现在其在维持体内环境稳定方面的关键作用。只有水代谢平衡，身体的各项生理机能才能正常运作。因此，对于运动员，尤其是高强度训练的武术散打运动员来说，保证充足的水分摄入以维持身体各项功能正常运行，是他们训练和比赛成功的关键所在。水分对于运动员的身体功能和表现有着至关重要的影响。长时间或高强度的训练会使身体产生大量的汗液，导致水分和电解质的损失。这不仅会影响运动员的体能表现，还可能对其健康产生风险。因此，运动员需要注意适时补充水分和电解质，以防止脱水和电解质不平衡。在训练前，运动员应确保身体水分充足。在训练中，他们则需要定期补充水分和电解质，以补充因出汗失去的水分和盐分。在训练后，他们则需要进一步补充水分和电解质，以帮助身体恢复。

四、运动后的恢复饮食与补剂

运动后的恢复饮食是优化训练成果，提升运动员体能的关键环节。尤其在运动结束后的 30 ～ 60 分钟的黄金恢复期，运动员应迅速补充富含碳水化合物和蛋白质的食物。这是因为，此时人体的糖原合成和肌肉修复效率最高，能够最大限度地利用这些营养物质来加速恢复。

实际上，许多运动员会选择使用运动饮料、蛋白质棒或蛋白质奶昔等补剂来满足这一需求。这些食品不仅便携、易于消化，而且能够快速补充运动消耗的能量和营养素。运动饮料能够迅速补充体液和电解质，维持水分和电解质平衡，有利于体能的快速恢复；蛋白质棒和蛋白质奶昔则是优质蛋白质的良好来源，能够有效地促进肌肉修复和生长。

然而，运动补剂并不能替代全面均衡的饮食，仍然需要运动员通过多样化的饮食来获取所有必需的营养素，包括脂肪、维生素和矿物质等。因此，运动后恢复饮食的选择应以均衡饮食为基础，适当地配合运动补剂，以达到最佳的恢复效果。

五、运动员体重管理

对于武术散打运动员来说，合适的体重对其表现有着重要的影响。过重或过轻都可能影响其速度、力量和耐力等体能表现，因此运动员需要注意合理的体重管理。

体重管理的关键在于平衡能量的摄入和消耗。如果运动员希望增加体重，他们需要保证能量摄入超过能量消耗；反之，如果他们希望减轻体重，他们则需要保证能量消耗超过能量摄入。在实际操作中，运动员可以通过调整饮食结构和增加或减少训练量来实现这个目标。

在进行体重管理时，运动员还需要注意营养的平衡。他们应该保证在满足能量需求的同时，摄入足够的蛋白质、脂肪、维生素和矿物质等，以支持身体的正常功能和训练恢复。

第三节　武术散打运动员运动性伤病与救治

一、运动性伤病的分类

运动损伤是运动中的常见现象，它们可以根据损伤的组织结构、属性、严重程度和发展速度进行分类。

（一）根据损伤的组织结构进行分类

运动损伤可以根据损伤的组织结构进行分类。这些损伤可能涉及多个部位，包括皮肤、肌肉和肌腱、腱鞘、筋膜、滑囊、关节或关节囊韧带、软骨、骨骼、神经、血管和内脏器官。男性的睾丸和女性的乳房也是易受伤的区域。

（二）根据其属性分类

运动损伤根据其属性可分为开放性损伤和闭合性损伤。开放性损伤是指损伤区域的皮肤或黏膜完整性被破坏，导致损伤组织与外界相通。这种类型的损伤通常可见到明显的伤口，并伴有外出血的现象。开放性损伤容易引起感染，因为外界的细菌和其他病原体可以进入伤口，导致进一步的并发症。闭合性损伤是指损伤区域的皮肤或黏膜保持完整，没有与外界相通。这种类型的损伤通常伴随着内部的出血现象，而外部没有明显的伤口。闭合性损伤可能由于血管破裂或组织受损而导致内部出血，这可能引起疼痛、肿胀和其他症状。

（三）根据损伤的严重程度和对运动能力的影响分类

根据损伤的严重程度和对运动能力的影响，运动损伤可分为轻伤、中等伤和重伤。这种分类有助于确定适当的治疗和康复计划，以便运动员能够尽快恢复并返回正常训练。

轻伤指的是损伤程度较轻，对运动员的训练计划影响较小的损伤。在轻伤情况下，运动员通常能够按照原计划进行训练，尽管可能需要一些额外的康复措施，如冷热敷、休息、局部按摩等。轻伤往往不会明显影响运动员的功能和表现，因此他们可以继续参与正常的训练和比赛。

中等伤表示损伤程度适中，对运动员的训练计划有一定影响的损伤。在中等伤情况下，运动员可能需要减少或者暂停对损伤部位的训练，以便给予伤势充分的恢复时间。此外，可能需要采取一些康复措施，如物理治疗、肌肉强化、伸展运动等，以加速康复过程。中等伤通常需要更长的恢复时间，因此运动员需要在医生或康复师的指导下进行逐步恢复训练。

重伤意味着损伤程度严重，可能导致功能丧失，伤后无法进行正常训练的损伤。在这种情况下，运动员需要专业的医疗团队进行全面评估和治疗。重伤可能需要手术干预或更长时间的康复过程。运动员可能需要暂停训练并进行康复治疗，直到损伤完全康复。这种类型的损伤对于运动员来说是具有挑战性的，需要耐心和专注于康复过程。

（四）根据其发展速度分类

运动损伤还可以根据其发展速度分为急性和慢性损伤。这种分类有助于了解损伤的发病机制和临床特点，以便采取相应的治疗和预防措施。

急性损伤是指由一次性或一瞬间的暴力引起的损伤，伤后即刻或短时间内就表现出来的损伤。这种损伤通常发生在剧烈的运动、外力冲击或不当的姿势等情况下。急性损伤的典型例子包括扭伤、肌肉拉伤、韧带撕裂等。急性损伤往往伴随着明显的疼痛、肿胀、活动受限等症状，需要立即采取适当的急救和治疗措施，如冷敷、止痛药物、休息和保护损伤部位。

慢性损伤是由于多次轻微的伤害或长期过度负荷引起的损伤。慢性损伤的发病过程相对较长，临床症状可能不那么明显，而且可能具有反复发作或变化的特点。常见的慢性损伤包括肌肉或韧带的过度使用引起的劳损性损伤、骨折未能完全愈合导致的应力性骨折、滑膜炎等。慢性损伤可能伴有隐痛、肿胀、僵硬感、运动时的不适等症状。治疗慢性损伤需要综合考虑康复训练、调整训练计划、炎症控制、休息和适当的药物治疗等。

二、运动性伤病的发生原因与风险因素

武术散打运动员运动性伤病的发生可能由多种原因和风险因素导致。这些原因和风险因素可能包括不当的训练方法和负荷、技术动作不准确、身体机能的不足、恢复不充分、装备不适当等。

不当的训练方法和负荷是导致运动性伤病的常见原因之一。过度训练、单一的训练方式、缺乏恰当的运动技能指导和身体机能训练都可能导致身体承受不适应的压力，从而引发伤病。

技术动作不准确，如拳击动作的过度外翻或内翻，拍打时未能做到力道、速度、角度的合理分配，都可能使肌肉、骨骼和关节承受异常的压力或冲击，增加受伤风险。

身体机能的不足，如肌肉力量不足、肌肉耐力不足、关节活动度不足、肌肉协调性差等，都可能导致运动员在训练和比赛中无法维持良好的身体姿态和动作质量，从而增加受伤风险。

恢复不充分，包括疲劳恢复不充分和身体损伤恢复不充分，都可能使身体机能处于低于正常水平的状态，增加受伤风险。充足的睡眠、良好的营养状态、适当的身体恢复策略等，都是保证恢复充分的重要措施。

装备不适当，如运动鞋的不适宜、防护装备的缺乏或不合适等，也可能增加运动员在训练和比赛中的受伤风险。

这些原因和风险因素需要在实际的训练和比赛中引起足够的重视。运动员和教练应结合运动员的个体差异，采取科学的训练方法、合理的训练负荷、准确的技术动作、充分的身体恢复和适当的装备等，以降低运动性伤病的发生风险。同时，应及时掌握运动员的身体状况和训练反应，及时调整训练计划和策略，保证运动员的身体健康和运动表现。

三、散打运动中常见的损伤及处理

（一）擦伤

在散打运动中，擦伤是一种十分常见的轻微开放性损伤。它通常发生在运动员被对手的拳套、护腿擦到或被对手摔倒时。表现为表皮受损、疼痛和出血。对于这种小面积、表浅的擦伤，如果没有异物污染，可以直接喷上"好得快"等药物后继续训练和比赛。训练或比赛结束后，需要使用生理盐水进行清洗消毒，然后涂抹 2% 的红汞药水或 1% ～ 2% 的龙胆紫液。需要注意的是，面部擦伤最好不使用染色剂，如龙胆紫液。此外，如果擦伤发生在关节附近，不建议采用干燥暴露的方式处理，因为伤口干裂会影响运动并增加感染风险，甚至可能波及关节。这种情况下，建议使用 5% ～ 10% 的磺胺软膏或青霉素软膏进行涂敷。对于大面积擦伤或伤口有异物的情况，应先用生理盐水彻底冲洗伤口，然后用绷带进行加压包扎。如果伤口污染严重，需要先彻底清除异物，然后用凡士林纱布覆敷伤口，之后由医生进行清创，再施用抗菌药物和注射破伤风抗毒血清。

（二）撕裂伤

撕裂伤是一种常见的开放性损伤，在散打运动中经常发生。其主要原因是在比赛中，当运动员受到对手重拳击中眉弓部、额部、唇部等部位时，容易导致组织的撕裂。

撕裂伤的征象主要包括表皮受损、疼痛和流血。受伤部位的皮肤被撕裂，可能伴有较大的疼痛感，并出现出血的情况。在处理眉弓部撕裂伤时，为了能够继续比赛，可以先使用生理盐水进行冲洗，清洁伤口，并去除污物。随后，可以使用含有肾上腺素的液体浸透的棉球来进行压迫止血，以促使血液凝结。最后，可以使用粘胶材料封合伤口，以保护伤口免受外界细菌感染。然而，这样的临时处理只是为了暂时止血，并不能代替进一步的医疗治疗。因此，在比赛结束后，应及时就医进行清创缝合，采取抗感染措施并接种破伤风疫苗，以预防伤口感染和并发症的发生。

（三）肌肉拉伤

肌肉拉伤是一种常见的运动伤害，主要是由于肌肉主动收缩超过其承受能力或伸展性，导致肌肉微细损伤、部分撕裂或完全断裂。在散打运动中，如大腿后群屈肌的肌肉拉伤是最常见的，尤其在侧踹动作过猛而又踹空时，腘绳肌起点或肌腹部的拉伤易发生。此外，运动员在抱摔时，腰部用力过猛或扭转过度，都有可能造成腰肌拉伤。在长时间训练和连续比赛的情况下，肌肉疲劳积累可能导致肌肉僵硬和酸痛，若不注意调整，也易造成肌肉拉伤。此外，如果比赛或训练前没有充分的准备活动，也可能增加肌肉拉伤的风险。

肌肉拉伤的主要征象包括局部疼痛、压痛、肿胀、肌肉紧张、硬化、痉挛及功能障碍。在严重的肌肉拉伤中，常伴有明显的肿胀和皮下淤血。例如，出现肌肉断裂，局部可能出现凹陷或一端异常膨大。当受伤肌肉主动收缩或被动拉长时，疼痛通常会加重，且肌肉收缩抗阻力试验阳性。

处理肌肉拉伤首要的措施是伤后马上进行冷敷和局部加压包扎，制动、抬高伤肢，并把患肢放在使受伤肌肉松弛的位置以减轻疼痛。针灸法对轻度拉伤及有肌痉挛的患者有很好的疗效，可在 24 小时后进行按摩。肌纤维部分断裂者，在 48 小时后可开始按摩，但手法必须轻缓。怀疑有肌肉、肌腱完全断裂的情况，应在局部加压包扎固定患肢后，立即送医院确诊，必要时进行手术治疗。

在伤后康复期，肌纤维轻度拉伤的患者，伤部应停训 2～3 天，而肢体运动不必完全停止，可以进行一些静力性肌肉收缩练习，但应避免那些可能重复受伤的动作。7 天后，可以逐渐增加肌肉的力量和柔韧性练习，10～15天后，当症状基本消除时，可恢复正式训练，但训练时应使用保护支持带或戴上护腿。部分肌纤维断裂者应立即停训，最好能在肌肉松弛状态下休息2～3天，第4天后可在无疼痛范围内进行伸展性练习，3～4周后进行正常的专项训练。经手术缝合的肌肉断裂患者，术后固定期可以进行一些不负重的收缩练习；拆线及去除固定后，应进行有效的伸展与提高肌力的练习；约3个月后，可以恢复正常训练。

预防肌肉拉伤的措施主要是加强易受伤部位的力量和柔韧性训练，并注意提升屈肌与伸肌的力量平衡。训练和比赛前要做好充分的准备活动，合理安排运动量，并改进技术动作以防止肌肉拉伤。

（四）挫伤

挫伤是一种由直接撞击或外力冲击引发的损伤，常见于包括散打在内的各种运动活动中。在散打运动中，运动员可能会被对方踢中或击中，从而导致挫伤。尤其容易发生挫伤的部位包括大腿、小腿、胸部、头部和睾丸。

挫伤的症状取决于伤害的严重程度。单纯性挫伤的主要表现包括疼痛（通常是先轻后重，持续约24小时）、压痛、肿胀、出血及功能障碍。出血可能以淤点、淤斑或局限性皮下积血（血肿）的形式出现。重度挫伤的患者疼痛和功能障碍可能更为明显。然而，挫伤也可能复杂化，造成更为严重的损伤。例如，头部挫伤可能引发轻度的脑震荡，严重时甚至可能导致颅骨骨折，伴随脑挫伤，危及生命；大腿和小腿的重度挫伤可能引发股四头肌和腓肠肌的肌肉或肌腱断裂；胸部挫伤可能导致肋骨骨折，甚至肺部损伤，形成气胸或血胸；睾丸挫伤可能引发剧烈的疼痛，甚至导致休克；腰部挫伤可能伴有肾挫伤。此外，少数情况下，挫伤部位可能发生感染性化脓，肌肉挫伤后可能出现钙质沉积和骨化，形成骨化性肌炎。严重的挫伤形成的血肿有时会阻碍血液循环，导致局部肌肉的缺血性收缩。

对于挫伤的处理，对于单纯性挫伤，可以进行局部冷敷、加压包扎、抬高伤肢和使用新伤药等治疗方法。对于复杂性的挫伤，如果出现休克症状，应首先进行抗休克处理，采取止痛、止血等措施，并立即送往医院治疗。例如，遇到睾丸挫伤，应使用三角带吊起，卧床局部冷敷；若肌肉或肌腱断裂，应将患肢固定包扎后送往医院治疗。

为防止挫伤，散打训练和比赛时，除了必须佩戴规定的护具外，还应加强运动员的自我保护能力训练，并严格遵守比赛规则，禁止对禁踢部位进行粗野的动作。

（五）关节脱位

关节脱位，也称为脱臼，是一种严重的运动伤害，通常发生在散打或其他高强度运动中。它指的是关节面之间失去正常的接触。在散打运动中，肩关节脱位是最常见的。导致关节脱位的原因可能是突然或过度的力量作用于关节，导致关节囊撕裂和周围软组织损伤，严重时可能伴有骨折。关节脱位通常由间接的强力引起。

关节脱位的症状包括受伤关节的疼痛、压痛、肿胀和功能丧失，同时，也可能出现关节畸形的特征，如肢体的轴线改变、整个肢体呈现特殊的姿势并与健侧不对称。通过 X 线检查可以确定脱位的情况及是否存在骨折。

对于关节脱位的处理，应立即在脱位形成的姿势下用夹板和绷带固定伤肢，使伤者保持冷静，然后尽快送往医院治疗。值得强调的是，在没有医生或整复技术的情况下，不应随意进行整复手术，以免加重关节周围的损伤。

在肩关节脱位的复位方面，如果在发生急性肩关节脱位后的半小时内进行处理，由于患处反射性神经传导阻滞处于麻木状态，无须麻醉即可进行复位。下面介绍一种简单易行的足蹬复位法。在肩关节脱位时，大多数为前脱位。当检查发现为肩关节脱位时，可以让患者仰卧，手术者半坐在患者床边，将一只脚的脚跟置于患者腋窝内，紧贴胸壁并向外推挤上臂的上端，同时双手握住患肢的腕部，以脚跟对腋窝施加压力进行牵引。左肩脱位时，手术者使用左脚，右肩脱位时，使用右脚。通过持续牵引患肢，并逐渐内收、内旋即可复位。

预防关节脱位的重要措施包括加强肌肉力量训练，提高关节的稳定性，以及进行适当的伸展训练，增强关节的灵活性。同时，进行规范的技术训练，学习如何在运动中正确使用和保护关节，也是防止关节脱位的关键。

（六）关节韧带扭伤

关节韧带扭伤是一种常见的运动损伤，其发生原因可以归结为运动员训练水平不够、比赛或训练中攻防技术不到位、场地条件不佳，以及身体状况等多种因素。这种损伤多发生在腕关节、踝关节、膝关节、肩关节、肘关节和脊柱椎间小关节。关节韧带扭伤的征象包括局部剧痛、肿胀和皮下淤血。如果关节囊滑膜层受损，整个关节会出现肿胀。此外，关节功能也会受到影响，局部会有压痛感，牵拉受损韧带时疼痛加重。

在处理关节韧带扭伤时，应该及时采取措施。首先，需要进行冷敷来减少出血和肿胀，并进行加压包扎。同时，适当制动和抬高伤肢有助于缓解症状。对于局部伤，可以使用止血药和消肿药进行处理。对于较严重的损伤，可以口服云南白药和止痛药等药物。在24小时后，可以进行局部按摩或理疗来促进康复。如果韧带断裂，则应尽早送往医院进行进一步治疗。[①]

为预防关节韧带扭伤，有几点建议。首先，应加强关节周围相关肌群的力量和韧带的柔韧性练习，以提高关节的稳定性和活动幅度。其次，

---

① 夏月红. 武术散打训练中膝关节常见运动损伤的预防措施探析［J］. 文体用品与科技，2021（8）：91-92.

需要加强运动场地的安全卫生和医务监督工作，确保运动环境的安全性。此外，运动员应提高专项技术水平，熟练掌握运动技术，以减少错误动作引发的损伤。最后，充分准备活动，提高专项准备活动的质量，包括适当的热身和拉伸，有助于预防关节韧带扭伤的发生。

（七）骨折

骨折是指骨骼完整性受到破坏的医学状况，这种现象在高对抗性运动如散打中常常发生。当运动员未能预防被对手摔倒的情况下，容易发生骨折。一旦出现骨折或疑似骨折的情况，应立即按照医学要求进行现场急救。

骨折的表现形式各异，可分为闭合性骨折、开放性骨折和复杂性骨折。闭合性骨折指的是皮肤表面完好，骨折部位与外界不通；开放性骨折则是骨折端破裂皮肤与外界直接相通，易导致感染，进一步引发骨髓炎或败血症；复杂性骨折指的是骨折后骨端刺破了重要的组织或器官，可能引发严重并发症。骨折的特征包括疼痛、压痛、肿胀、皮下淤血，以及震痛、骨擦音、畸形或假关节活动、功能丧失等特征，严重的可能引发休克。

对于骨折的处理，应优先进行出血止血和伤口保护；如有休克症状，应优先进行抗休克处理，然后进行固定。在进行固定前，不应随意移动伤肢，如果需要暴露伤口，可以剪开衣物和鞋袜，但不能脱掉。针对大腿、小腿和脊柱骨，应尽可能就地固定。如有露出伤口的骨片，不应将其放回伤口或移除。现场临时固定时，应采用牢固的夹板，夹板长度必须超过骨折部位的上下两个关节。在夹板与肢体接触处应有垫衬物，空隙处要填紧，以避免产生压迫性损伤。固定时，应使用绷带或布包缠绕，固定要适当且牢固，过紧可能会压迫神经、血管，影响肢体血液循环。固定后，应保持伤肢暖和。

对于不同部位的骨折，有各种不同的临时固定方法，包括颈椎、肩骨、肱骨、前臂、手部、股骨、小腿、膝盖和足骨的固定方法。此外，对于疑似胸腰椎骨折和颈椎骨折的固定与搬运，都有相应的规定。

对于预防骨折，应增强运动员的肌肉力量和身体协调性，减少因动作不准确导致的骨折风险。同时，应当在训练和比赛中严格遵守规则，避免不必要的伤害。当发生骨折时，及时和正确的处理至关重要，能有效减轻病人的痛苦并提高康复的成功率。

（八）急性腰部损伤

急性腰部损伤是一种普遍的运动伤害，涵盖了肌肉、韧带、筋膜及小关节的扭伤。这种伤害常发生在对抗性的体育活动中，如散打运动。腰部的急性损伤通常由于弯腰屈髋伸膝时的突然用力、下肢运动快于躯干的侧鞭腿动作、腰骶部肌力不足，或者脊柱过度前屈和突然转体，或者脊柱超常范围的运动引起。

在腰部损伤的情况下，往往可以观察到几种不同的征象。首先，是轻度肌肉扭伤，此时患者会感到隐痛，且任意运动受限，不能弯腰。严重的扭伤可以引起肌肉痉挛，导致脊柱生理曲线的改变。其次，棘上韧带与棘间韧带扭伤时，扭伤后局部压痛，过度前弯腰时疼痛加重，而腰伸展时疼痛较轻。最后，筋膜破裂的情况也可能发生，这在腰背筋膜破裂，尤其是在骶棘肌鞘部和髂嵴上、下缘的地方更常见。①

在处理急性腰扭伤时，建议病人一般应卧床休息，在有垫子的木板床上仰卧，腰部垫一个薄枕，以便放松腰肌。轻度扭伤的休息期为 2～3 天，而较重的扭伤可能需要一周左右的休息。疼痛缓解和活动度增加可通过穴位按摩，特别是在人中、肾俞、大肠俞、委中等穴位上进行。此外，还可以配合使用活络止痛膏、内服活络止痛药，以及拔罐、针灸、理疗、局部注射强的松龙等方法。

---

① 蒋科, 黄潇潇. 浅析体育教学中常见伤害事故及临时处理方法 [J]. 体育科技文献通报, 2011, 19（8）: 47-49.

预防急性腰部损伤的方法包括正确掌握技术要领，提高腰部和腹部肌肉的协调性和反应性，避免突然的上爆发力动作，如伸膝、弯腰、屈髋。腰部力量练习时，适当使用护腰带可以帮助减轻腰部的压力和损伤的可能性。

（九）脑震荡

脑震荡被定义为颅脑损伤中最轻微的一种急性闭合性损伤，其病因主要是头部受到暴力冲击，如在散打比赛中被重拳击中头部或从擂台上摔落头部撞击地面。在脑震荡的情况下，脑部的神经组织会受到震动，引起暂时性的大脑意识和机能障碍。值得注意的是，尽管脑震荡在病理解剖和神经系统检查中无明显的器质性病变，但可能与其他颅脑损伤（如颅内血肿、脑挫伤、颅骨骨折）并存，因此应当引起足够的重视。

脑震荡的主要征象包括短暂的轻度意识障碍，全身肌肉松弛无力，面色苍白，瞳孔放大，皮肤和腱反射减弱或消失，脉搏细弱，呼吸表浅等。当患者恢复清醒后，可能出现逆行性健忘症，即对受伤情景甚至受伤前一段时间的事不能回忆。此外，患者还可能伴有头痛、头晕、耳鸣、心悸、失眠等症状，少数患者可能会有恶心、呕吐、心烦不安、注意力不集中，并可因头部活动或情绪紧张而加重。

对于脑震荡的处理，首要之务是让患者安静、平卧、保暖，不要随意搬动患者或让患者坐起或站立。如果患者处于昏迷状态，可以尝试用掐人中或嗅氨水的方法使其苏醒。在治疗期间，应嘱咐患者短期内卧床休息，保持安静和良好的睡眠状态，直至头痛、恶心等症状消失。在此期间，患者不应过早参加运动活动，否则可能会出现后遗症。对于症状的缓解，可通过适当的药物治疗，如使用止痛片对付头痛，使用氯丙嗪治疗恶心和呕吐，对于情绪烦躁和失眠的患者，可以使用安定。针灸、按摩、太极拳等手段也可辅助治疗。

鉴别脑震荡和严重颅脑损伤的标准包括：昏迷时间超过 5 分钟，耳、口、鼻流脑脊液或血液，清醒后出现剧烈的头昏、恶心和呕吐，两瞳孔不对称或变形，清醒后出现颈项强直或第二次昏迷等。这些情况需要立即送医院进行处理。

（十）休克

休克是一种严重的全身性综合征，主要表现为急性周围循环衰竭。它通常是人体在遭受内外部的强烈刺激后产生的反应，这些刺激导致有效的循环血量显著减少，造成组织器官缺氧和一系列的代谢紊乱。这种恶性循环可能导致呼吸和心跳突然停止，如果不及时处理，可能导致死亡。

休克的主要症状包括面色苍白，四肢发冷，出冷汗，脉搏细弱。在早期阶段，运动员可能表现出兴奋不安的症状，但随后可能出现精神萎靡，表情淡漠，四肢厥冷，血压下降，尿量减少和呼吸浅快等症状。在严重的情况下，可能发生昏迷。

对于休克的处理，首先应让患者安静平卧并给予精神安慰。尽管有所谓的"休克位"，即头低脚高的休息姿势，但是这可能会使颅内压增高，静脉回流受阻，并可能导致呼吸困难，加重缺氧。在冬天应注意保暖，夏天应注意防暑。如果患者的神志清醒且无消化道损伤，他们可以酌情饮用热茶或糖水。对于昏迷的患者，可以通过点掐人中、合谷、内关等穴位或嗅氨水来唤醒。对于疼痛重的患者，应进行止痛和镇静，并进行必要的包扎、固定和止血。在进行急救的同时，应立即请求医生的帮助或尽快送往医院治疗。

运动伤害可能会导致几种类型的休克，包括出血性休克和创伤性休克。急剧大量的出血是休克的常见原因，当失血量低于总血量的 1/4 时，血压可能仍能维持在正常水平或稍有变化。但是当失血量超过总血量的 1/3 时，血压就会下降。骨折和软组织损伤、剧烈的疼痛，以及伴有一定量的失血都可能引起创伤性休克。

当运动员因严重的外伤性休克出现呼吸或心跳停止时，应立即采用人工呼吸和胸外心脏按压（复苏术）。关键在于迅速而准确的实施，为进一步的治疗打下基础。

四、运动性伤病的康复与恢复训练

康复与恢复训练是对运动性伤病的重要处理环节，旨在恢复受伤后的身体功能，提升运动能力，并预防类似伤病的再次发生。康复与恢复训练的具体形式与方法根据受伤部位、伤病种类和伤病严重程度的不同而不同，以下内容将针对一些常见的康复方法进行详细阐述。

（一）物理治疗

物理治疗是一种常用的康复治疗方式，包括冷热疗法、电刺激疗法、超声疗法等。例如，冷热疗法通过改变组织温度，可以缓解疼痛、降低肿胀、改善血液循环，从而加速康复过程。物理治疗应由专业的物理治疗师进行，以保证治疗的安全性和有效性。

（二）运动疗法

运动疗法是运动性伤病康复中非常重要的一部分。运动疗法可以根据个体的伤病状况和康复目标，设计和实施一套个性化的康复训练计划。运动疗法可以通过提高肌肉力量、改善关节活动度、增强肌肉耐力和协调性等方式，帮助运动员恢复受伤部位的功能。

（三）康复训练

康复训练通常在运动疗法之后进行，目的是让运动员逐渐恢复运动能力，准备返回比赛或训练。康复训练需要循序渐进，遵循由简单到复杂，由轻度到高强度的原则。在进行康复训练时，运动员应遵循专业指导，避免过早或过快地进行高强度训练，以免造成二次伤害。

（四）心理康复

除了身体康复外，运动性伤病后的心理康复同样重要。伤病可能会给运动员带来焦虑、恐惧、沮丧等负面情绪，影响康复效果。因此，运动员可能需要进行心理咨询或心理干预，帮助他们调整心态，树立积极的康复态度。

康复与恢复训练的过程是一个长期且需要耐心和毅力的过程。在这个过程中，应尊重身体的自我恢复能力，避免因过度急躁而产生不良后果。同时，整个康复过程需要在专业人员的监督和指导下进行，以确保康复的科学性和有效性。

运动性伤病的康复与恢复训练是一个全面的过程，需要结合物理治疗、运动疗法、康复训练和心理康复等多种手段，以达到最佳的康复效果。此外，应该根据运动员的具体情况，制订个性化的康复计划，使运动员能够在保证康复质量的同时，尽快恢复运动能力，重新回到赛场。

五、运动性伤病的预防策略

（一）适当的热身与拉伸

在进行武术散打等高强度运动时，运动性伤病的预防是必不可少的一部分。预防策略的目标是减少运动员受伤的风险，保障其在运动中的健康和安全。其中，适当的热身和拉伸活动是预防运动性伤病的关键策略。

每次运动或体育活动之前，运动员都应进行热身活动。通过提升体温，热身活动能增强肌肉的柔韧性，从而降低运动中可能出现的肌肉损伤风险。有效的热身活动应包括轻度的有氧运动，如慢跑、快走或跳绳，持续时间在 10 ～ 15 分钟。

拉伸活动的目标是增强肌肉和关节的灵活性，以此减少受伤的可能性。为了取得最佳效果，拉伸活动需要关注动作的正确性，以及持续的时间。每个拉伸动作都应持续 15～30 秒，同时，应避免快速的"弹簧式"拉伸，取而代之的是缓慢、逐步的拉伸方式。

最佳的预防策略是在热身后进行拉伸。在热身活动后，肌肉更加温暖和灵活，此时进行拉伸将更有效。此外，不仅在运动前需要进行拉伸，日常生活中也需要进行灵活性训练，以保持肌肉的柔韧性并降低运动性伤病的风险。[①]

在实施这些策略时，需要考虑运动员的个体差异，如体能状况和运动习惯，避免因过度或不适当的拉伸而导致反效果。并且，在进行任何运动项目时，运动员应寻求专业教练的指导，以保证动作的正确性和技巧的准确性，最大限度地减少受伤的风险。

（二）技术正确与安全的训练

在运动领域，为了避免伤病的发生，合理有效的训练与正确的技术掌握有着不可替代的作用。根据科学研究，技术不良是运动伤害的主要原因之一，因此，技术正确与安全的训练应作为运动性伤病预防策略的重要组成部分。

精确的运动技术可以提高运动表现，同时减少伤病风险。因此，运动员必须通过科学、系统的训练来掌握技能和技术。训练过程中需要注重细节，对动作的各个环节进行反复训练和修正，从而达到技术的熟练和自然。在运动中，使用不正确的技术或是过度使用某一部分身体常常会导致运动伤害。例如，错误的跑步姿态可能会增加下肢受伤的风险；投掷动作不当可能会对肩部产生过大压力，从而引起伤病。因此，运动员应在专业教练的指导下，正确掌握并运用运动技术，同时注意身体各部位的协调与平衡，避免因技术不当或过度使用而导致的伤病。

---

① 夏月红. 武术散打训练中膝关节常见运动损伤的预防措施探析［J］. 文体用品与科技，2021（8）：91-92.

安全的训练是预防运动性伤病的另一项重要策略。首先，训练强度应适当，避免训练过度。训练过度不仅无法提高运动表现，反而可能导致伤病。因此，运动员应按照科学的训练计划进行训练，合理安排训练的强度、频率和时长，避免过度疲劳。同时，训练计划应个性化，根据每个运动员的身体状况和运动能力进行调整。其次，运动员在训练中应使用正确的器材并注意器材的维护。例如，运动鞋应合脚，能提供足够的缓冲和稳定，以减少运动中脚和踝部的伤病风险。运动器材的选择和维护同样重要，使用不当或破损的器材可能会增加受伤的风险。最后，运动员应在安全的环境中进行训练。训练场地应平整、清洁，避免有导致摔倒、碰撞等安全事故的隐患。在团队运动中，运动员应遵守游戏规则，尊重对手，避免因粗暴的对抗而导致的伤病。

（三）强化肌肉力量与稳定性

肌肉力量和稳定性对于运动员来说是至关重要的，它们不仅可以提高运动表现，而且能起到预防运动性伤病的作用。研究表明，具有良好肌肉力量和稳定性的运动员相对于肌肉力量和稳定性较差的运动员来说在运动中受伤的概率更低。

强化肌肉力量不仅意味着提高肌肉的力量输出，而且包括提升肌肉耐力，减少肌肉疲劳。肌肉疲劳可能会影响运动员的运动技术，增加运动伤害的风险。因此，肌肉力量训练应以提高肌肉的力量输出和耐力为目标。此外，肌肉力量训练应覆盖全身的主要肌肉群，特别是在运动中起主导作用的肌肉。

在强化肌肉力量的同时，运动员还应注意增强肌肉和关节的稳定性。肌肉和关节的稳定性可以保证运动的正确进行，保护关节和软组织免受伤害。对于稳定性训练，重要的一点是要平衡对肌肉的训练，不仅要训练肌肉的力量，还要训练肌肉的控制能力。例如，对于膝关节稳定性的训练，不仅要强化四头肌的力量，还要训练肌肉的协调性，保证膝关节在运动中的稳定性。

在强化肌肉力量与稳定性的训练中，运动员应注意以下几点：一是要有针对性的训练，针对自己的运动项目和身体情况选择合适的训练方法；二是训练强度和频率要适中，过度训练可能会增加受伤的风险；三是要保持训练的持续性，肌肉力量和稳定性的提高需要长时间的训练，不能一蹴而就。

为了最大限度地减少运动性伤病的风险，强化肌肉力量与稳定性的训练应该与上述的合理热身、正确技术和安全训练等策略相结合。只有通过多方面的努力，运动员才能在享受运动的乐趣的同时，保护自己免受伤害。

第九章 新时代武术散打发展探索

第一节 武术散打运动科学竞技体系构建

一、竞技体系构建的目标

建立科学的武术散打竞技体系是新时代武术散打发展的重要环节，其目标主要涵盖以下几个方面。

（一）规范比赛制度

构建科学的武术散打竞技体系的首要任务就是规范比赛制度。比赛制度是一项运动比赛中的核心环节，它既是比赛的基本规则，也是对运动员能力进行评价的标准。制度的公平、公正和透明性是决定一项运动能否得到广泛认可和参与的重要因素。

首先，比赛制度的公平性体现在每个参赛选手在比赛中应有相同的权利和机会。无论是对比赛规则的解释和执行，还是对运动员表现的评价，都应该公平对待每一个运动员。每一个运动员，无论他们的背景、经验或者实力如何，都应该根据相同的规则进行比赛。公平性是比赛制度的基本要求，也是保证比赛公正性的基础。

其次，比赛制度的公正性要求比赛的组织和裁判必须对所有参赛选手保持公正的态度。公正的裁判会按照规则公平地评价运动员的表现，而不会受到任何非比赛因素的影响，如运动员的名气、外貌或个人喜好等。此外，公正的比赛制度还要求比赛的结果必须完全依赖于运动员在比赛中的实际表现，而不是其他非比赛因素。

再次，比赛制度的透明性意味着所有的规则和决定都应该公开、清晰，让所有的参赛者、观众、媒体和其他相关人员都能理解和接受。透明的比赛制度可以提高比赛的公信力，吸引更多的人参与和关注比赛。比赛的评分标准、裁判决定的依据、比赛的流程和安排等都应该是透明的。

最后，规范的比赛制度也会增强比赛的观赏性和吸引力。通过清晰的规则和公正的判定，观众可以更好地理解比赛，感受运动员的技艺和比赛的激烈程度。规范的比赛制度也能吸引更多的优秀运动员参与比赛，提升比赛的竞技水平。

（二）提升运动员竞技水平

提升运动员的竞技水平，是一个科学且系统的过程，关乎武术散打运动的整体进步，同时也是衡量其竞技体系是否有效的重要指标。为了实现这一目标，需要从各个方面进行积极配合和全面的考量。

科学合理的训练计划和方法对运动员竞技水平的提升具有决定性的影响。因此，训练内容需要针对运动员个体差异，包括身体状况、技能水平和竞赛需求，进行细致而深入的设计。此外，训练计划需涵盖技术训练、身体素质训练、战术训练和心理训练等多个维度，保证运动员全面而均衡的发展。

教练团队的作用在于，他们具备丰富的散打专业知识，擅长运用科学的训练理论和方法，并且具有良好的沟通能力和团队管理能力。教练团队的职责不只是传授技术，更重要的是对运动员进行全方位的塑造，包括他们的身心素质，提升其竞技水平。①

提供良好的训练环境和设施也是至关重要的。合适的场地、先进的设备和符合标准的保护器具，不仅确保了运动员的训练质量和安全，还有助于提高训练效率，以及增强运动员的训练热情。

参加比赛可以提供一个实战的舞台，让运动员检验训练成果，提高他们的心理素质和比赛经验。通过比赛，运动员可以更好地了解自己的优势和不足，也能从更高水平的运动员那里学习经验，激发他们进一步提升自身水平的动力。

然而，最为关键的还是运动员自身的努力和决心。明确的目标、高度的热情、坚韧的毅力，这些是推动运动员不断自我突破，提升竞技水平的内在动力。无论多么出色的教练员、科学的训练方法或者先进的设备，都只是辅助，真正的核心始终是运动员自身的精神状态和心理素质。

（三）保障运动员的健康与安全

运动员是运动竞技的主体，他们的健康和安全无疑是竞技体系构建过程中的重中之重。如何保障运动员在激烈的训练和比赛中能够避免受伤，不仅是对每位运动员个体健康的关注，也是对运动本身公平、公正、人文关怀理念的体现。这一重要任务需要训练制度、比赛规则、医疗保障，以及运动员自我保护意识等多方面的共同努力。

对于训练制度来说，需要根据每名运动员的实际情况，包括年龄、性别、身体状况、技术水平等因素，制订出科学、合理的训练计划。训练量要适中，既不能让运动员过度疲劳，增加受伤风险，也不能让他们长时间处于低负荷状态，导致运动能力下降。同时，运动员应得到足够的休息和恢复时间，保持良好的身体状态。

---

① 陈养胜.对进一步健全武术散打竞赛规则及裁判法的思考［J］.中国体育教练，2015，23（1）：22-23.

对于比赛规则，需要细化和严格执行，规避可能带来伤害的行为。此外，比赛过程中，裁判员应根据比赛规则及时制止任何可能对运动员健康造成威胁的行为，及时中止显然失衡的比赛，保证比赛的公正性和安全性。

在医疗保障方面，竞技体系需要提供完善的医疗服务，包括但不限于定期的健康检查、赛前赛后的体检，以及比赛期间的紧急医疗救援等。这些医疗服务可以及时发现并处理运动员的健康问题，防止小问题演变为大问题，甚至危及生命。

对于运动员个人，提高自我保护意识也是保障自身健康的重要方式。运动员需要了解自身的身体状况，正确评估训练和比赛的难度，合理安排训练和休息，及时向教练或医生反映身体状况，学会自我保护。

在构建科学的竞技体系中，保障运动员的健康与安全不仅需要运动员自身的努力，更需要教练、裁判、医生等各方面的协作，需要科学合理的训练制度和严谨的比赛规则。只有这样，才能在追求竞技水平提升的同时，确保运动员的身体健康和生命安全。

（四）推广和传承武术文化

武术散打作为中国传统武术的一个重要分支，其背后的文化底蕴丰富而深厚，包含了古代先民对于生活、自然和社会的理解和哲思。构建科学的竞技体系，不仅有利于提升武术散打的竞技水平和影响力，而且是对于传统文化进行传承与推广的重要方式。武术文化的推广，既需要对武术散打的技术和规则有深入的理解，也需要对于其背后的精神内涵有全面的把握。从技术和规则的角度来看，武术散打的竞技体系可以将传统的招式和套路进行系统的整理和创新，使得更多的人能够通过学习和实践，了解和掌握武术散打的技术要领。

然而，武术散打的精髓不仅在于技术和规则，更在于其背后所蕴含的精神价值和文化意义。这些价值和意义包括对于个体修养的追求，对于生命和自然的尊重，对于和谐与平衡的理解，以及对于公正和勇气的崇尚。在竞技体系的构建过程中，这些价值和意义应当被明确地体现和弘扬出来，让参与者在学习和实践武术散打的过程中，同时也能够体验和感悟这些深层次的文化内涵。

为了更好地推广和传承武术文化，需要在各级学校、社区和企事业单位中设立更多的武术散打培训和比赛活动，让更多的人有机会了解和接触武术散打，体验其独特的魅力。同时，也可以通过举办国内外的交流活动和大型赛事，将武术散打推向国际，让世界更多地了解中国武术，了解中国文化。在媒体的推广上，除了传统的电视和报纸外，也可以利用网络和新媒体，如社交媒体、视频网站等，传播武术散打的相关知识和动态，吸引更多的年轻人对武术散打产生兴趣。

（五）提升国际影响力

武术散打的国际影响力是衡量其在全球范围内受到的关注程度和接受度，体现在国际赛事的参与度、全球范围内的教学和训练活动，以及媒体的关注度等方面。构建科学、规范的竞技体系对于提升武术散打的国际影响力至关重要，它能有效推动武术散打的国际化进程，提升武术散打在全球体育舞台的地位。科学、规范的竞技体系能够让国际社会更加公正、客观地了解和评价武术散打。科学的比赛制度和公正的评分体系能够保证比赛的公平性和公正性，提升比赛的观赏性和吸引力，吸引更多国际选手和观众参与和关注。这有助于提升武术散打的国际知名度，增加其在国际体育界的影响力。

与此同时，举办国际级别的赛事是提升武术散打国际影响力的有效途径。通过组织和参与国际比赛，武术散打可以吸引全球范围内的选手和观众，展示其独特的魅力。这些比赛不仅能提供一个让国际运动员交流技艺、切磋技能水平的平台，也能让更多的人了解和认识武术散打，提升其在全球的影响力。

247

进一步而言，推动武术散打在全球范围内的普及和推广也是提升其国际影响力的关键。通过开展教学活动，让更多的人了解武术散打的技术和精神，引导他们参与到武术散打的学习和实践中来，可以增强武术散打的国际影响力。值得注意的是，提升武术散打的国际影响力不仅是为了让武术散打在国际体育界有更大的话语权，更重要的是，通过提升武术散打的国际影响力，可以向世界展示中国传统文化的独特魅力，传播和弘扬中国精神，增进国际社会对中国的了解和认知，推动文化交流和友谊，为构建人类命运共同体作出积极贡献。

二、武术散打运动的竞技规则与评分体系

武术散打运动的竞技规则与评分体系是武术散打运动科学竞技体系的重要组成部分，它直接影响着比赛的公平性、公正性和透明性。武术散打的竞技规则与评分体系应当包括以下几个主要方面。

（一）竞赛通则

散打比赛可分为团体赛和个人赛两种类型。竞赛办法通常采用循环赛和淘汰赛的方式进行。每场比赛采用三局两胜制，每局比赛时长为 2 分钟（青少年比赛为 1 分 30 秒），运动员在每局比赛后休息 1 分钟。

参赛资格方面，成年运动员的参赛年龄范围为 18 周岁至 40 周岁，青年运动员为 16 周岁至 17 周岁，少年运动员为 12 周岁至 15 周岁。参赛运动员必须具备身份证明，注册的武术散打运动员可使用自己的身份证参赛，并需要提供人身保险证明。运动员必须在报到之前 15 天内进行体检，体检证明由县级以上医院出具，包括脑电图、心电图、血压、脉搏等指标，以确保他们能正式参加比赛①。

散打比赛的体重分级如下：48 公斤级、52 公斤级、56 公斤级、60

---

① 薛统 . 我国武术散打竞赛规则的变迁与现状分析［J］. 阴山学刊（自然科学版），2008（2）：79-82.

公斤级、65公斤级、70公斤级、75公斤级、80公斤级、85公斤级、90公斤级、100公斤级和100公斤以上级。

体重称量是确保比赛公平性的重要环节。运动员在体重称量时必须携带身份证，由仲裁委员监督下进行称量，检录长负责，记录员协助。运动员需按规定的时间和地点进行体重称量，裸体或仅穿短裤（女运动员可穿紧身内衣）。称量应从设定的最小级别开始，每个级别应在1小时内完成。若运动员体重不符合报名级别，则不能参加后续比赛。

抽签是散打比赛中的必要环节。抽签由编排记录组负责，通常有散打的仲裁委员会主任、总裁判长及参赛队的教练或领队参与。抽签在第一次体重称量后进行，从最小级别开始抽签，各队的教练或领队为本队的运动员进行抽签。

参赛服装和护具方面，运动员必须穿着中国武术协会认可的散打比赛服装和护具。护具分为红色和蓝色，包括拳套、护头和护胸。运动员必须自备护齿、护裆和缠手带，护裆必须穿在短裤内，缠手带的长度为3.5米至4.5米。拳套的重量对于不同级别的运动员有规定要求。

弃权规定包括运动员因伤病或体重不符合报名级别而不能参赛，以及比赛过程中实力悬殊或其他原因导致的弃权情况。未经裁判长许可，临场裁判员不得离开席位。运动员必须遵守规则和比赛礼节，不得有任何吵闹、谩骂、甩护具等不满行为。运动员在比赛结果宣布前不得退场，除非因伤需急救。教练只能代表所报名单位，着正装坐在指定位置进行现场指导，并只能带一名队医或助手协助工作。运动员严禁使用兴奋剂，局间休息时也不得吸氧。

（二）竞赛方法规则

散打比赛的竞赛方法规则包括可用的比赛方法和禁用的比赛方法，以及得分部位和禁忌部位。

在散打比赛中，可以运用武术中的拳法、腿法和摔法进行比赛。运动员可以使用各种技巧和组合，包括打出拳击动作、踢出腿法，以及施展摔技来攻击对手。然而，也存在一些禁用的比赛方法，以确保比赛的安全性和公平性。以下是一些禁用的比赛方法。

（1）禁止使用头、肘、膝等部位攻击对手，也禁止使用迫使对手成为反关节的技法。

（2）禁止使用迫使对手头部先着地的摔法，以及故意砸压对手。

（3）不得采取任何方法攻击倒地一方的头部。

（4）在青少年比赛中，严禁运动员使用腿法打击对手的头部，同时禁止使用拳法连续击打对手的头部。

在散打比赛中，存在得分部位和禁忌部位。得分部位包括头部、躯干和大腿，运动员在攻击这些部位时可以获得得分。然而，禁止攻击的部位包括后脑、颈部和裆部，运动员不得以任何方式对这些部位进行攻击。

这些竞赛方法规则的目的是保证比赛的安全性和公正性，同时提供一个公平竞争的环境，使运动员能够展示他们的技巧和实力。

（三）得分规则

散打比赛的得分规则如下。

（1）得 2 分的情况如下。

①一方被击倒或被迫下台，对方得 2 分。

②一方成功将对手击倒，并自己站立起来，得 2 分。

③使用腿法成功击中对手的头部或躯干，得 2 分。

④通过主动倒地的动作使对方倒地，并自己迅速站立起来，得 2 分。

⑤一方被裁判强制读秒一次，对方得 2 分。

⑥一方受到一次警告，对方得 2 分。

（2）得 1 分的情况如下。

①使用拳法成功击中对手的头部或躯干，得 1 分。

②使用腿法成功击中对手的大腿，得 1 分。

③先后倒地，后倒地者得 1 分。

④一方被指定进攻后 5 秒钟内仍未进攻，对方得 1 分。

⑤一方主动倒地后 3 秒钟不起立，对方得 1 分。

⑥一方受到一次劝告，对方得 1 分。

（3）不得分的情况如下。

①方法不清楚、效果不明显，不得分。

②双方同时下台或同时倒地，不得分。

③使用攻击方法时自己主动倒地，对方不得分。

④在抱缠时击中对手，不得分。

这些得分规则旨在根据比赛过程中的动作和效果，公正地评判运动员的表现和攻击效果，以确定比分。这有助于确保比赛的公平性和竞技性。

（四）犯规和判罚规则

犯规和判罚规则是散打比赛中的重要规定，旨在维护比赛的公平性和运动员的安全。主要分为技术犯规和侵人犯规两类，以及相应的判罚规则。

技术犯规包括以下行为：消极搂抱对方和消极逃跑、在不利状况下举手要求暂停、故意拖延比赛时间、不尊重裁判员或对裁判员不礼貌、上场时不佩戴或故意松脱护齿、不遵守比赛相关礼节等。

侵人犯规包括以下行为：在裁判员喊出口令"开始"前或喊"停"后仍然进攻对方、击中对方的禁击部位、使用禁用方法击中对方、故意致使对方伤情加重等。

针对不同的犯规行为，有相应的判罚规则。

（1）每次出现技术犯规，将给予一次劝告。

（2）每次出现侵人犯规，将给予一次警告。

（3）如果在一场比赛中出现 3 次侵人犯规，将取消该场比赛的参赛资格。

（4）如果运动员故意伤人，将取消其比赛资格，并宣布所有比赛成绩无效。

（5）如果运动员使用违禁药物或在局间休息时吸氧，将取消其比赛资格，并宣布所有成绩无效。

（五）暂停比赛的规定

在比赛进行中，根据以下情况的发生，需要对比赛进行暂停处理：

（1）运动员倒地（除非是主动倒地）或离开比赛场地。

（2）运动员因违反规则而受到处罚时。

（3）运动员出现受伤情况。

（4）双方运动员在搏击时相互抱缠超过 2 秒而无法有效施展摔法时。

（5）运动员主动倒地超过 3 秒。

（6）运动员被指定进攻后，在 5 秒钟内仍未发起攻击。

（7）运动员举手请求暂停。

（8）裁判长在纠正错误判罚或漏判时。

（9）比赛场上出现问题或危险情况。

（10）比赛受到客观原因的影响，如灯光问题、场地问题或电子计分系统故障等，妨碍比赛的正常进行。

（六）比赛胜负判定规则

1. 优势胜利评定

（1）如果比赛中双方实力悬殊，经台上裁判员征得裁判长同意后，技术强者将被判定为该场比赛的胜方。

（2）如果一方运动员被重击倒地且在 10 秒内无法起身（排除侵人犯规情况），或者虽能站立但知觉失常，对方将被判定为该场比赛的胜方。

（3）如果在一场比赛中，运动员被强制读秒达到3次（排除侵人犯规情况），对方将被判定为该场比赛的胜方。

（4）如果在一局比赛中，双方运动员的得分差距达到12分，得分较多者将被判定为该局比赛的胜方。

2. 每局胜负评定

（1）在每局比赛结束时，根据边裁判员的评判结果来判定每局的胜负。

（2）在一局比赛中，如果运动员受到重击并被强制读秒2次（排除侵人犯规情况），对方将被判定为该局比赛的胜方。

（3）在一局比赛中，如果一方运动员2次离开比赛场地，对方将被判定为该局比赛的胜方。

（4）在一局比赛中，如果双方出现平局，则按照以下顺序判定胜负。

①较少受到警告的一方将被判定为胜方。

②较少受到劝告的一方将被判定为胜方。

③较轻体重的一方将被判定为胜方。如果以上三种情况仍相同，则判定为平局。

3. 每场胜负评定

（1）在一场比赛中，先胜两局的一方将被判定为该场比赛的获胜方。

（2）如果运动员在比赛中出现伤病，并经医务监督诊断无法继续比赛，对方将被判定为该场比赛的胜方。

（3）如果运动员在比赛中被医务监督确诊为诈伤者，对方将被判定为该场比赛的胜方。

（4）如果因对方犯规而受伤，并经医务监督检查确认无法继续比赛，对方将被判定为该场比赛的胜方。然而，受伤运动员将被禁止参加后续的所有比赛场次。

（5）在参加循环赛时，如果一场比赛中获胜的局数相同，则判定为平局。

（6）在参加淘汰赛时，如果一场比赛中获胜的局数相同，将按照以下顺序决定胜负：

①较少受到警告的一方将被判定为胜方。

②较少受到劝告的一方将被判定为胜方。如果仍相同，则需要进行额外的一局比赛，以此类推。

（七）竞赛名次的评定

1. 个人名次

（1）在进行淘汰赛时，名次直接根据比赛结果确定。

（2）在进行循环赛时，个人名次根据积分进行排列，积分较高者排名靠前。如果有两位或两位以上选手积分相同，则按照以下顺序确定名次。

①较少负局数者排在前面。

②较少受到警告者排在前面。

③较少受到劝告者排在前面。

④较轻体重者排在前面（根据抽签时的体重确定）。

如果以上四种情况仍然相同，则名次并列。

2. 团体名次

（1）按照名次分进行评定。

①在各级别比赛中，如果录取前八名，则按照9、7、6、5、4、3、2、1的得分计算名次。

②在各级别比赛中，如果录取前六名，则按照7、5、4、3、2、1的得分计算名次。

（2）如果有两个或两个以上的团体得分相同，按照以下顺序确定名次：

①根据个人获得第1名较多的队伍排在前面；如果仍然相同，则根据个人获得第2名较多的队伍排在前面，以此类推。

②较少受到警告的队伍排在前面。

③较少受到劝告的队伍排在前面。

如果以上几种情况仍然相同，则名次并列。

（八）竞赛仲裁委员会及其职责

为确保比赛的公平性和公正性，竞赛组织必须设立相应的仲裁委员会。散打比赛的竞赛仲裁委员会通常由主任、副主任和委员共同组成，成员人数为3人或5人。①竞赛仲裁委员会的职责主要涵盖以下几个方面：

（1）仲裁委员会在大会组委会的领导下工作，主要负责处理参赛队对裁判人员或裁判组执行竞赛规程和规则所作判决结果的异议申诉，但仅限于对本队的评判提出的申诉。

（2）一旦接到相关申诉，仲裁委员会应立即处理，确保不耽误其他比赛场次、名次评定和颁奖工作。处理结果出来后，应及时通知相关参赛队伍。

（3）根据申诉材料所提供的情况，仲裁委员会必要时可进行复审录像、调查，并召开会议进行讨论和研究。会议期间可以邀请相关人员列席参加，但列席人员无表决权。仲裁委员会作出决定时，出席人数必须超过半数以上才算有效。在表决票数相同时，仲裁委员会主任有最终裁决权。

（4）仲裁委员会成员不得参与讨论与本人所在单位参赛队伍有牵连的问题。

（5）对于运动员或运动队提出的申诉问题，经过严格认真的复审后，若确认原判无误，则维持原判；若确认原判存在明显错误，仲裁委员会将提请竞赛监督委员会根据相关规定处理错误判决的裁判员，但不改变评判结果。仲裁委员会的裁决为最终裁决。

---

① 刘有缘.武术散打竞赛规则现状与对策的研究 [D].武汉：武汉体育学院，2007：16.

（6）运动队的申诉程序和要求。

①如果运动队对裁判组的评判结果有异议，必须在该运动员比赛结束后的 15 分钟内，由本队领队或教练向仲裁委员会提交书面申诉，并同时缴纳 1000 元人民币的申诉费。若申诉被确认为正确，申诉费将退还；若申诉被判定为不正确，则维持原判，申诉费不予退还。

②所有运动队必须服从仲裁委员会的最终裁决。若继续无理纠缠，根据情节轻重，可以建议竞赛监督委员会和大会组委会采取严肃处理措施。

（九）竞赛监督委员会及其职责

竞赛监督委员会由主任、副主任和委员组成，成员人数为 3 人或 5 人。竞赛监督委员会的职责主要涵盖以下几个方面。

（1）监督仲裁委员会的工作：对于不能正确履行仲裁委员会职责、裁决运动队申诉不公、违反《仲裁委员会条例》的人员，根据情节轻重，给予批评、教育、撤换甚至停止工作等处分。

（2）监督裁判人员的工作：对于不能正确履行职责、未能认真、公正、准确地进行裁判、明显违反规程和规则的行为、明显的错误判决、漏判、误判、接受贿赂、不正当偏袒运动员等行为，根据情节轻重，给予批评、教育、撤换、停止工作，甚至建议对其降级或撤销裁判等级等处分。

（3）监督参赛单位的领队、教练和运动员的行为：对于不遵守竞赛规程、规则和赛场纪律，行贿受贿，运动员之间进行交易、故意打假赛等违纪行为的相关人员，根据情节轻重，给予批评、教育、通报、取消比赛成绩、取消比赛资格等处分。

（4）竞赛监督委员会负责听取领队、教练、运动员、仲裁人员、裁判人员对竞赛过程中的各种反映和意见，以保证竞赛的公正、准确、圆满和顺利进行。

（5）竞赛监督委员会不直接参与仲裁委员会和裁判人员的职责范围内的工作，不干涉仲裁委员会和裁判人员正确履行职责，不介入判决结果的争议，也不改变裁判组的评判结果和仲裁委员会的裁决结果。

（十）竞赛的场地和器材

1. 竞赛场地

散打比赛的场地是一个擂台，其规格为高 80 厘米、长 800 厘米、宽 800 厘米。擂台的台面上铺有软垫，并覆盖盖单。台中心绘有中国武术协会的会徽，直径为 120 厘米。擂台的边缘有一条宽度为 5 厘米的红色边线，而台面四边向内 90 厘米处则画有一条宽度为 10 厘米的黄色警戒线。擂台的周围铺设有高 30 厘米、宽 200 厘米的保护软垫，以确保比赛安全。

2. 竞赛器材

（1）色别牌：色别牌是边裁判员用来判定运动员比赛胜负的标志。它们是圆形的，直径为 20 厘米，边长为 20 厘米，共有 18 块，其中红色、蓝色和红蓝各半色牌各有 6 块。

（2）劝告牌、警告牌和强制读秒牌：这些牌是用来向运动员发出警告或强制读秒的信号。劝告牌是黄色的，尺寸为长 15 厘米、宽 5 厘米，共有 12 块，上面写有"劝告"字样。警告牌是红色的，尺寸和数量与劝告牌相同，上面写有"警告"字样。强制读秒牌是蓝色的，尺寸为长 15 厘米、宽 5 厘米，共有 6 块，上面写有"强读"字样。

（3）弃权牌：弃权牌是圆形的，直径为 40 厘米，边长为 40 厘米，颜色为黄色，共有 2 块。弃权牌的正反面分别用红蓝色标注了"弃权"字样。

（4）放牌架：放牌架是用来存放色别牌的支架，有红色和蓝色各 1 个，尺寸为长 60 厘米、高 15 厘米。

（5）其他必备器材：除了上述器材外，散打比赛还需要配备以下器材：2块秒表、2个哨子（单音和双音各1个）、3个扩音喇叭、1副铜锣、锣锤、锣架、15块至20块计数器、2台摄像机、一套电子计分系统和无线麦克风。

三、竞技体系的组织与管理

武术散打竞技体系的组织与管理是推动武术散打健康发展的关键因素之一，其主要任务是保障比赛的顺利进行，促进运动员的发展，以及推动武术散打在全球范围内的推广。

（一）组织结构的优化

组织结构是竞技体系组织与管理的核心要素之一，它涉及比赛组织、运动员培训、裁判选拔等各个层面。合理的组织结构能够更好地调配资源，提高运作效率，从而促进比赛的公平性和公正性。一般来说，武术散打的组织结构应包括运动管理机构、教练团队、运动员队伍、裁判团队等。

运动管理机构是负责比赛的组织和协调，制定比赛规则，选拔和培训裁判等工作的部门，它应具有公正性和公平性，能够公正无私地服务于所有的运动员和教练。教练团队是指负责运动员的训练和指导的专业人员，他们应具备丰富的教练经验和专业知识，能够为运动员提供科学、个性化的训练计划。运动员队伍是指参与比赛的运动员，他们是竞技体系的主体，其竞技水平的高低直接影响到比赛的质量和观赏性。裁判团队是指负责比赛的裁判，他们负责执行比赛规则，公正地评判比赛结果，他们的公正性和专业性对于保证比赛公平性和公正性至关重要。

（二）管理体系的构建

管理体系是竞技体系组织与管理的另一个要素，它涉及比赛的筹备、运行和后续管理等各个环节。有效的管理体系能够确保比赛的顺利进行，提高比赛的效率和品质。

比赛的筹备阶段，管理体系需要对比赛的场地、设备、人员等资源进行全面的调配，确保比赛的顺利进行。比赛的运行阶段，管理体系需要对比赛的进程进行实时的监控和调度，解决比赛中可能出现的各种问题。比赛的后续管理阶段，管理体系需要对比赛的结果进行公正的评判，对比赛的过程进行全面的反馈和总结，为下一次比赛提供经验和参考。

四、参赛选手的选拔与培养机制

在武术散打的竞技体系中，选拔与培养参赛选手的机制起着决定性的作用。有效的选拔机制可以确保选出最具潜力和最有竞争力的选手，而科学的培养机制则能确保这些选手得到最优质的训练，不断提升他们的竞技水平。

对于选拔机制来说，需要以公开、公平、公正为原则，确保每一个具有潜力的选手都有机会获得展示自己的机会。选拔过程可以通过多级比赛来进行，如区级、市级、省级和国家级的比赛。在这些比赛中，选手需要在严格遵守比赛规则的前提下，展示自己的技术水平、身体素质、战术理解和比赛心态。在每一级比赛中，优胜者会晋级到下一级比赛，这样一轮一轮的选拔，最终可以选出最优秀的选手。这种选拔方式既能确保选拔的公平性和公正性，也能让选手在比赛过程中积累经验，提升自己的竞技水平。

对于培养机制来说，需要根据选手的个体差异来制订个性化的训练计划。每个选手都有他们的优势和不足，有的可能在技术上特别突出，有的可能在身体素质上有优势，有的可能在战术理解和执行上特别出色。因此，教练需要针对每个选手的特点来设计训练计划，提升他们的优势，改善他们的不足。同时，教练还需要关注选手的心理状态，帮助他们建立正确的比赛心态，提升他们的心理素质。

在培养选手的过程中，也需要为他们提供良好的训练环境和设备。

训练场地的大小、设备的完善程度，以及保护器具的质量，都直接影响到训练的效果和选手的安全。因此，组织者需要为选手提供科学的训练设施和环境，确保他们能在最佳的条件下进行训练。在培养机制中，比赛是最好的训练。通过参加比赛，选手可以检验自己的训练成果，提升自己的竞技水平，积累比赛经验。因此，组织者需要为选手提供足够的比赛机会，让他们在实战中不断进步。

五、武术散打竞技场馆与设施建设

武术散打竞技场馆和设施的建设，对于武术散打运动的普及、选手的训练，以及比赛的进行都有着至关重要的作用。具备良好设施的竞技场馆不仅能为运动员提供优质的训练环境，也是吸引观众、传播武术散打运动的重要载体。

在构建竞技场馆时，应以满足运动员训练需要、保证运动员安全和提升观赏性为原则，综合考虑场地选择、设施配置、设计规划等多方面因素。场地选择应便于运动员和观众的到达，且场地的规模应能满足训练和比赛的需求。设施配置则应包括训练区、休息区、换衣区、医疗服务区等，以及必要的安全设施，如消防设施等。

设计规划方面，竞技场馆的设计应尽可能充分利用空间，提供充足的训练和比赛空间，同时考虑运动员和观众的舒适度和安全。例如，观众区的设计应保证观众有良好的视线，同时，运动员的训练区和休息区应远离嘈杂声，保证运动员能在安静的环境中准备比赛和恢复体力。

设施建设方面，竞技场馆应配置有适合武术散打训练和比赛的设备，如沙袋、拳套、护具等，并且设备的质量和数量应能满足训练和比赛的需求。另外，比赛设备如计分设备、时间显示设备等，应具备现代化、智能化的特点，以提高比赛的公正性和观赏性。

在场馆管理方面，应确保场馆的清洁卫生和设备的正常使用，同时，应根据使用情况定期对场馆设施进行维护和更新，以保证场馆设施的长期良好运行。

建立完善的竞技场馆与设施，能为武术散打运动的普及和发展提供强有力的支撑，有助于提升武术散打运动的专业性和观赏性，吸引更多的人参与到武术散打的学习和比赛中来，推动武术散打运动的发展。

第二节　武术散打的未来挑战与机遇

一、武术散打的社会认可与推广

武术散打作为中国传统武术的一个重要分支，蕴含着深厚的文化底蕴，是中国非物质文化遗产的重要组成部分。然而，如何让更多的人了解和接受武术散打，让其在社会上得到更广泛的认可和推广，是当下面临的一个重要任务。

在提高武术散打的社会认可度上，需要从以下几个方面着手。教育推广是一项基础性的工作，通过在学校设立武术散打课程，让学生从小就有机会接触和学习武术散打，了解其历史、文化和技巧。这不仅能帮助他们增强身体素质，提高自我保护能力，同时也能让他们从小对武术散打产生认同感和亲近感，为社会认可度的提高打下基础。

社区推广也是提高社会认可度的重要途径。通过在社区开设武术散打培训班，举办武术散打表演和比赛，让社区居民有机会近距离接触和了解武术散打。通过这些活动，社区居民不仅能感受到武术散打的魅力，也能亲身体验武术散打带来的身心健康的益处，从而提高对武术散打的认可度。

媒体推广是提高社会认可度的重要工具。可以利用电视、报纸、网络和社交媒体等多种平台，发布武术散打的故事、比赛、训练等内容，让更多的人了解武术散打。媒体推广的内容应注重深度和广度，既有专业的技术解析，又有通俗易懂的故事，既有大型的国际比赛，也有基层的社区活动，以满足不同观众的需求。

在推广武术散打的过程中，也需要注意处理好传统和现代、文化和竞技、中国和世界之间的关系，既要保持武术散打的传统特色和文化内涵，也要适应现代社会的需求，既要突出武术散打的中国特色，也要努力提高其在国际上的影响力。这样才能使武术散打在更广泛的社会领域得到认可和推广，为武术散打的持续发展打下坚实的基础。

二、新技术对武术散打的影响

科技进步正在改变着我们生活的方方面面，而体育领域，包括武术散打在内，也在这个潮流中得到了深远的影响。新技术为武术散打带来了前所未有的机会，同时也带来了一些挑战。这种影响体现在训练、比赛、推广等多个方面。

在训练方面，新技术帮助教练和运动员获取更为精确的数据，为他们提供了更科学、个性化的训练方法。例如，运动生物力学和传感器技术可以通过分析运动员的动作数据，帮助他们优化技术，减少伤病风险。虚拟现实和增强现实技术可以模拟真实比赛场景，提高运动员的反应速度和战术水平。人工智能和机器学习可以通过分析大量的训练和比赛数据，为运动员提供精准的训练建议和比赛策略。

在比赛方面，新技术提升了比赛的公平性和观赏性。例如，视频回放技术可以帮助裁判更准确地判断比赛情况，提高比赛的公平性。实时数据分析技术可以为观众提供丰富的比赛数据，提高比赛的观赏性。同时，新技术也使得比赛的组织和管理更为高效，如在线报名系统、电子票务系统等。

在推广方面，新技术为武术散打提供了更广阔的传播平台和更多元的传播方式。例如，社交媒体和直播技术使得比赛可以触及更多的观众，运动员的故事和比赛精彩瞬间可以在短时间内传播到全球。网络和移动设备让教学资源得以广泛传播，使得更多人有机会学习武术散打，推动了武术散打的普及。

然而，新技术的引入也带来了一些挑战。例如，如何在利用技术提高训练效率的同时，保持武术散打的传统特性和文化底蕴。如何在利用新技术进行比赛直播和推广的同时，确保比赛的公正性和运动员的权益。这些都需要我们在引入新技术的同时，进行深思熟虑，找到最合适的方法。

三、武术散打在全球体育舞台的发展前景

武术散打，作为一项融合了中国传统武术精髓与现代竞技理念的体育项目，近年来已在全球范围内逐渐引起关注。在全球体育舞台上，武术散打的发展前景广阔，其中包含的机会和挑战并存。武术散打的特点使其具有很高的观赏性和竞技性，这使得它具有很大的发展潜力。多元化的技术，融合了拳击、摔跤和踢腿等多种技能，使比赛充满变化和激情。这些元素吸引了广大观众的注意，使得武术散打有可能在全球范围内获得更多的关注。

在全球化的大背景下，武术散打有机会进一步推广到全世界。随着互联网和新媒体技术的发展，武术散打的比赛和培训资源可以更方便地传播到全球。同时，随着中国影响力的提升，中国文化，包括武术，也越来越受到全球关注。这为武术散打的全球推广创造了有利条件。然而，武术散打的全球化发展也面临一些挑战。例如，如何将具有中国特色的武术散打与不同文化背景的观众和运动员接轨，这需要适应各地的文化习俗和体育发展状况。另外，如何在竞争激烈的全球体育市场中找到自己的位置，也是一个挑战。

武术散打在全球体育舞台的发展前景取决于多种因素。为了推动武术散打的全球化发展，我们需要继续推广武术散打的独特价值，提升其专业水平和观赏性，同时也需要积极面对各种挑战，包括文化差异、市

场竞争等。只有这样，武术散打才能在全球体育舞台上占据一席之地，展现出其独特的魅力。

四、国际化交流与合作的机遇

随着全球化的深入发展，武术散打面临着更广阔的国际化交流与合作机遇。这些机遇将为武术散打的发展注入新的活力，促进其在全球范围内的推广和发展。

一方面，国际比赛与交流会议的增多为武术散打提供了向世界展示自身魅力的舞台。例如，世界武术锦标赛、亚洲武术锦标赛等国际级比赛中，武术散打的比赛项目在吸引了众多国际运动员的同时，也吸引了全球观众的目光。此外，各种国际武术散打研讨会和交流会议也为专家学者们提供了互相学习和探讨的平台，推动了武术散打理论研究的深入。另一方面，随着中国的崛起，中国文化在全球的影响力越来越大。作为中国文化的重要组成部分，武术散打有机会在全球范围内得到更广泛的认可和尊重。这将为武术散打在全球范围内的推广和发展创造有利条件。

与其他国家和地区的武术组织开展合作，可以使武术散打受益于其他国家和地区的经验和技术。这种交流与合作有可能帮助武术散打在教学方法、训练技术、比赛规则等方面得到提升和创新。同时，借助互联网和新媒体的发展，武术散打可以更方便地与全球观众进行互动，提高其在全球范围内的知名度。例如，通过网络直播比赛、发布训练视频、开设在线教学课程等方式，可以使全球观众在家中就能了解和学习武术散打，从而进一步扩大武术散打的影响力。

五、武术散打运动员的形象与角色塑造

武术散打运动员的形象与角色塑造，关乎着武术散打运动的社会认同度和影响力。一个成功的武术散打运动员，不仅需要卓越的技术和竞技实力，还应具备良好的品格和社会责任感，能够在激烈的比赛中展现

人性的光辉，传递积极健康的价值观，从而赢得社会的尊重和爱戴。

在武术散打运动员的形象塑造中，体现武者精神是至关重要的一环。武者精神主要表现为坚韧不拔的意志、无畏挫折的勇气、遵守规则的公正以及尊重对手的礼仪。武者精神是武术散打运动员形象的核心，是他们在竞技场上的行为准则，也是他们赢得公众尊重的重要途径。

此外，作为公众人物，武术散打运动员需要具备高度的社会责任感。他们的一言一行都会影响到公众，特别是年轻人的价值观和行为模式。因此，他们不仅需要在赛场上展现良好的风貌，还应在赛场之外积极参与社会公益活动，用自己的行动对社会产生积极影响。

对于运动员本人来说，良好的形象和角色意识能够提高自我认同感，增强自信心，有助于他们更好地面对比赛中的挑战。对于武术散打运动来说，有着良好形象的运动员能够提升武术散打的社会形象，吸引更多的人参与和关注武术散打运动。

为了塑造良好的运动员形象，需要家庭、学校、教练和社会多方面的配合。家庭应该从小培养孩子的良好品质，学校和教练应该在训练中强调品格教育，社会应该给予运动员应有的尊重和支持。

参考文献

[1] 白永正，权黎明. 武术散打教学与训练［M］. 北京：北京体育大学出版社，2004.

[2] 曾于久. 武术散打训练新论［M］. 北京：人民体育出版社，2013.

[3] 陈猛醒. 散打运动理论新探与技能培养研究［M］. 北京：中国书籍出版社，2018.

[4] 次春雷. 散打［M］. 长春：吉林科学技术出版社，2013.

[5] 崔建功. 武术散打运动教程［M］. 北京：北京体育大学出版社，2016.

[6] 翟磊. 高校学术文库体育研究论著丛刊现代散打技法解析与训练研究［M］. 北京：中国书籍出版社，2019.

[7] 董大志，周余，陈维富. 现代体育教学管理探索与课程实务研究［M］. 北京：中国书籍出版社，2016.

[8] 杜刚. 散打［M］. 天津：天津人民美术出版社，2016.

[9] 郭纯. 武术课程探析与教学创新研究［M］. 北京：中国纺织出版社，2018.

[10] 郭玉成，李守培. 中国武术标准化发展研究［M］. 上海：上海人民出版社，2020.

[11] 胡玉华，马景卫，刘有缘. 散打［M］. 长沙：湖南大学出版社，2009.

[12] 黄美好. 散打［M］. 广州：广东高等教育出版社，2006.

[13] 姜传银. 散打运动训练监控科学化探微［M］. 北京：北京体育大学出版

社，2005.

[14] 李士英. 武术散打裁判必读［M］. 北京：北京体育大学出版社，2001.

[15] 刘凤虎. 优秀男子散打运动员体能训练理论与实践［M］. 北京：知识产
    权出版社，2018.

[16] 刘洪宾，蒋继武. 武术散打损伤防治［M］. 北京：北京体育学院出版社，
    1990.

[17] 彭飞. 武术健身方法与推广发展研究［M］. 北京：中国书籍出版社，
    2019.

[18] 权黎明. 武术散打运动训练理论与方法［M］. 北京：中国商务出版社，
    2008.

[19] 沈理然. 现代武术散打速成［M］. 北京：北京体育学院出版社，1989.

[20] 孙宏伟，于淑华，崔煜. 中国武术与散打［M］. 哈尔滨：哈尔滨地图出
    版社，2006.

[21] 孙永武，丁兰英，徐诚堂. 散打［M］. 福州：福建科学技术出版社，
    2013.

[22] 佟庆辉. 散打擒摔技法［M］. 北京：北京体育大学出版社，1994.

[23] 佟庆辉. 武术散打技法［M］. 北京：北京体育学院出版社，1987.

[24] 徐强，次春雷. 散打［M］. 长春：吉林出版集团有限责任公司，2010.

[25] 张颖. 散打［M］. 吉林出版集团股份有限公司，2019.

[26] 钟为民，徐宏魁，王彦庆. 传统武术与健身研究［M］. 长春：吉林大学
    出版社，2012. 10.

[27] 朱瑞琪. 武术散打技术理论与裁判［M］. 北京：人民体育出版社，
    2015.

[28] 王越芬，曲长海. 高校思想政治理论课教学效果提升的生态化思考［J］.
    思想教育研究，2018（10）：98-101.

[29] 张宝禹，吴博，赵明旭等. 武术散打运动员灵敏性测试研究［J］. 武术研究，
    2023，8（6）：29-33.

[30] 李路军，张硕. 武术散打项目的时代价值研究［J］. 武术研究，2023，8

（3）：31-34.

[31] 刘畅宇，李春木，王宏．武术散打段位制推广价值、困境与对策［J］.
体育教育学刊，2023，39（1）：66-71.

[32] 李青．高校体育教学中"武术散打"抢攻与防反步法的运用［J］. 教育
教学论坛，2023（1）：49-52.

[33] 林才．武术散打一体化课程体系建设路径探析［J］. 武术研究，2022，7
（12）：46-49.

[34] 曲会林．我国武术散打的生成逻辑与学理审思［J］. 北京体育大学学报，
2022，45（7）：123-133.

[35] 姜飞，王勇，罗应景等．中华武术"打、育、玩"一体化的演进规律与发
展策略［J］. 体育学刊，2022，29（4）：92-97.

[36] 肖清．武术散打文化传承的理论探索［J］. 文体用品与科技，2022（9）：
4-6.

[37] 汤传德．武术散打训练模式下"打练结合"探究［J］. 菏泽学院学报，
2021，43（5）：135-138.

[38] 马程浩．武术散打与综合格斗比较研究［J］. 武术研究，2021，6（8）：
49-51.

[39] 宋宜清．基于项目特征的武术散打健身价值探析［J］. 赣南师范大学学报，
2021，42（3）：136-140.

[40] 贾朝辉．武术散打的现状及可持续发展探析［J］. 文体用品与科技，2021
（9）：3-4.

[41] 夏月红．武术散打训练中膝关节常见运动损伤的预防措施探析［J］. 文
体用品与科技，2021（8）：91-92.

[42] 房立中，王晓雯．"武术之乡"武术散打运动现状及未来走向探骊［J］.
武术研究，2020，5（6）：35-37.

[43] 梁杰．基于传统特色的武术技巧分解［J］. 电子技术，2020，49（6）：
178-179.

[44] 黄岩红．从武术散打的健身价值看高校武术散打的发展［J］. 农家参谋，

2020（11）：296.

[45] 乔超. 大众武术健身之眼法问题辨析［J］. 武术研究，2020，5（3）：67-69.

[46] 白鸽. 羁绊与蜕变：武术散打国际传播探究［J］. 武术研究，2020，5（3）：63-66.

[47] 尤帮孟. 武术散打中传统文化渗透及武德建设思考［J］. 武术研究，2020，5（1）：38-40.

[48] 吴志勇. 普通高校武术散打运动发展对策研究［J］. 当代体育科技，2019，9（36）：106-108.

[49] 陈养胜. 武术散打组合技术创编探讨［J］. 中国体育教练，2019，27（4）：71-72，76.

[50] 廖建华. 关于武术散打训练模式"打练结合"研究［J］. 当代体育科技，2019，9（32）：59-60.

[51] 朱忠华，刘雪朋，陈涛. 武术散打和军事格斗术的比较研究［J］. 中华武术（研究），2019，8（11）：13-15.

[52] 刘浩. 武术散打运动员营养的补充［J］. 中华武术（研究），2019，8（9）：56-58.

[53] 蒲泓静. 健康中国视阈下高校武术散打探析［J］. 中华武术（研究），2019，8（8）：43-45，42.

[54] 王艳屏. 武术散打裁判理论课教学模式的创新与实践研究［D］. 北京：北京体育大学，2020.

[55] 荣磊. 武术散打的传统文化研究［D］. 上海：上海体育学院，2020.

[56] 刘晨阳. 竞技武术散打发展的口述史研究［D］. 上海：上海体育学院，2020.

[57] 姚菲菲. 武术散打专项大学生身体自尊的研究［D］. 武汉：武汉体育学院，2020.

[58] 朱康娇. 中国式摔跤与武术散打摔法技术的对比研究［D］. 天津：天津体育学院，2018.